승자의 공부

3000년
고전에서 찾아낸
승부의
인문학

승자의 공부

유필화 지음

흐름출판

승자는 공부하고,
공부하는 자는 승리한다

지난 2007년 인문학과 경영을 접목한 저의 첫 책《CEO, 고전에서 답을 찾다》가 나온 지 어느새 10년이 지났습니다. 그동안 우리 사회에는 많은 변화가 있었지만 그중에서도 눈에 띄는 변화는 인문학에 대한 관심과 수요가 예전에 비해 부쩍 높아진 것입니다. 정부, 기업, 대학은 물론 각종 기관과 사회단체에 수많은 인문학 강좌가 개설되고, 수준 높은 인문 서적이 꾸준히 출간돼 독자들의 사랑을 받고 있습니다. 경영계도 예외가 아닙니다. 기업 경영에서도 인문학적 소양이 점차 중요한 가치로 인정받고 있습니다. 이런 흐름 속에서 몇몇 대기업에서는 신입사원 입사 시험에 국사를 비롯한 인문학 관련 내용을 포함시키고 있습니다.

이 같은 우리 사회의 인문학 붐에 중대하게 공헌한 주체는 다름 아닌 우리 기업과 그 기업을 이끄는 리더들입니다. 눈코 뜰 새 없이 바쁘게 사는 이 땅의 경영자들이 인문학에 눈을 돌리게 된 까닭은 무엇일까요? 저는 크게 두 가지 이유가 있다고 생각합니다.

첫째, 창의성과 상상력, 그리고 인간에 대한 깊은 이해가 그 어느 때보다 중요한 경영 화두로 떠오르고 있습니다. 그런 점에서 사람과 삶에 관한 근본적인 질문을 던지는 인문학은 기업가들에게 통찰과 영감inspiration은 물론 신선한 아이디어까지 제공합니다.

둘째, 사람과 삶을 총체적으로 조감할 수 있는 인문학적 성찰은 기업 경영을 통합적으로 바라보는 데 도움을 줍니다.

저는 인문학과 경영을 창의적으로 융합하는 작업은 우리 사회에 꼭 필요한 일이라고 확신해왔습니다. 인문학과 경영의 통섭의 필요성과 당위성을 오래전부터 절감하고 있던 저는 아래의 조건을 충족하는 책을 쓰겠다는 간절한 원願을 수년 전부터 가져왔습니다.

첫째, 내용이 참신하다.
둘째, 읽는 재미가 있다.
셋째, 현대인의 삶, 특히 기업 경영에 많은 시사점을 준다.
넷째, 독자가 새롭고 유용한 지식을 풍부하게 습득할 수 있다.
다섯째, 쉽고 유려한 우리 글로 쓰여 빨리 읽을 수 있다.

기나긴 사색과 공부 끝에 위의 조건들을 충족하는 저 나름의 인문학 주제를 감히 고르고, 이를 한 권의 책으로 엮어내는 데 줄기차게 매달렸습니다. 그리고 마침내 오랜 산고産苦 끝에 《승자의 공부》를 세상에 내놓습니다. 제가 고른 주제는 다음과 같습니다.

- 중국 대륙을 호령한 황제, 재상, 장군
- 동양의 7대 병법서로 불리는 무경칠서武經七書
- 3000년 역사의 지략과 협상법이 집대성된《삼십육계三十六計》와《전
  국책戰國策》
- 지극히 현실적인 내용을 담고 있는 불교 경전

위기의 순간에도 공부의 끈을 놓지 않는 리더들

세계 4대 문명(메소포타미아, 인더스, 이집트, 황하) 가운데 유일하게 역사의
연속성을 유지하고 있는 문명이 황하 문명, 즉 한족漢族의 문명입니
다. 중국인들은 거대한 대륙을 배경으로 고대부터 현재까지 역사의
단절 없이 유구한 문명을 이어오며 뛰어난 지도자를 수없이 배출했
습니다. 이렇게 넓고 깊고 화려한 문명을 탄생시킨 중국인들을 이끈
리더십이라면 그 자체가 참으로 눈부신 역량입니다. 이것은 배울 만
한 가치가 충분하며, 이를 공부해 자기 것으로 만든 사람이라면 어떤
기업이나 조직체라도 훌륭하게 이끌 수 있을 것이라고 생각합니다.

수천 년 역사에서 연구해야 할 리더십이 많겠지만, 저는 중국 대륙
을 호령한 황제, 재상, 장군 가운데 그 삶이 흥미진진하고 현대인들에
게 귀하고 생생한 시사점을 주는 지도자 여섯 명을 골랐습니다. 그들
은 당나라의 태종, 청나라의 강희제, 주周나라의 재상 주공 단, 춘추시
대 제齊나라의 재상 관중, 청나라 말기의 장군 좌종당, 그리고 아직도
우리의 기억에 선명히 남아 있는 중국 공산당의 걸출한 지도자 저우
언라이(주은래)입니다.

이들은 모두 끈질긴 의지의 소유자였으며, 겸손하면서도 과감한 결단력을 갖췄습니다. 무엇보다 전쟁 중에도, 위기의 순간에도 배움의 끈을 놓지 않았습니다. 당태종은 빼어난 신하들과 대화를 통해 배웠고, 강희제는 바쁜 와중에도 하루도 독서를 거르지 않았습니다. 앞으로 살펴보겠지만 학습을 바탕으로 한 그들의 경쟁력은 위기를 기회로, 기회를 성공으로 이끄는 데 크나큰 도움이 되었습니다.

서양의 지도자들도 이 점에서는 크게 다르지 않습니다. 고대 로마의 대표적인 철학자이자 정치가, 그리고 문필가였던 세네카는 다음과 같은 명언을 남겼습니다.

학교가 아닌 인생을 위해 우리는 배운다.
누구를 위해 나는 이 모든 것을 배웠는가? 만일 네가 너 자신을 위해 그것을 배웠다면 너는 네가 들인 노력이 헛수고라고 걱정할 필요가 없다.
우리가 더 많은 것을 흡수할수록, 우리의 정신적인 이해 능력은 더 커지게 마련이다.
만일 어떤 사람이 위험에 처했을 때 그가 떨지 않기를 바란다면, 위험이 닥치기 전에 그를 가르쳐라.

19세기 후반 독일을 통일하고 독일 제국을 유럽 최강의 나라로 만든 비스마르크 총리는 1885년 2월 12일 제국의회에서 다음과 같이 말한 바 있습니다.

나는 내가 사는 한 배웁니다. 나는 오늘도 배우고 있습니다.

저는 과감히 이렇게 말하겠습니다.

승자는 공부하고, 공부하는 자는 승리한다.

무경칠서, 고수는 싸우지 않고 이긴다

앞에서 저는 '유구한 중국 문명'이라고 말씀드렸습니다. 그 긴 세월 동안 중국인들은 수많은 전쟁을 치렀습니다. 전쟁은 중국 역사의 매우 중요한 부분을 차지하고 있습니다. 중국인들은 '어떻게 하면 이길 수 있는가'에 늘 지대한 관심을 가져왔습니다. 이런 고민과 내공이 담긴 책이 이른바 병법서兵法書입니다. 수많은 병법서 가운데 가장 대표적인 책 7권이 《손자》, 《오자》, 《사마법》, 《울료자》, 《이위공문대》, 《육도》, 그리고 《삼략》입니다. 우리는 이를 무경칠서武經七書라고 부릅니다. 저는 이 책에서 우리나라에서는 처음으로 무경칠서 전체의 핵심 내용을 소개하고, 이것이 우리의 삶, 특히 기업 경영에 갖는 의미를 논의하려 합니다.

무경칠서 전편에 걸쳐 공통적으로 강조되는 메시지가 있습니다. 바로 '싸우지 않고 이기는 법(원칙)'입니다. 이러한 사상은 클라우제비츠의 전쟁론Vom Kriege을 비롯한 서양의 병법서에서는 찾아볼 수 없습니다.

무경칠서는 싸움에서 이기려면 먼저 국내 정치를 안정시켜야 한다고 말합니다. 그래서 무경칠서의 상당 부분은 민심을 모으고, 경제를 살리며, 임전태세를 튼튼히 하기 위한 치세에 관한 이야기를 담고 있습니다. 이런 의미에서 무경칠서는 정치사상의 보물창고이기도 합니다.

그런데 안정된 정치 체제의 열쇠는 군주의 리더십이고, 그것의 핵심은 군주의 덕德입니다. 무경칠서가 전쟁에 임하는 장수의 리더십뿐만 아니라 군주의 덕에 관해서도 광범위하게 논의하는 까닭은 그것이 전쟁에서 이기는 데에 큰 영향을 끼치기 때문입니다. 따라서 저는 무경칠서를 현대인들이 꼭 읽어야 하는 리더십 교과서라고 봅니다.

또한 무경칠서는 한결같이 '어떻게 하면 싸움에서 이길 수 있는가'란 질문에 해답을 주는 전략전술의 알맹이를 담고 있습니다. 무경칠서는 한 나라나 군대가 위기에 처했을 때 이를 어떻게 이겨내야 하는가를 논하므로 이것은 훌륭한 '위기관리의 사상서思想書'이기도 합니다. 그래서 저는 무경칠서가 오늘날 불확실성의 시대를 살아가야 하는 경영자, 정치지도자, 각종 조직의 리더들에게 전략전술의 지혜, 위기 관리의 노하우, 리더십의 진수眞髓, 뛰어난 정치사상을 가르쳐준다고 확신합니다.

정도正道만으로 안 되는 게 인생이다

그러나 정치나 무력만으로는 이길 수 없습니다. 변화무쌍한 상황에 맞게 흐름을 읽고, 판을 뒤집는 지략이 필요할 때가 있습니다. 이런 지략이 집대성된 병법서가 바로 《삼십육계三十六計》입니다. 《삼십육계》에 대해서는 많이 알려진 듯하지만, 사실은 제대로 알려진 것이 별로 없습니다. '삼십육계 줄행랑을 놓는다'란 말을 많이 들어보셨을 겁니다. 일반적으로 이 말은 '매우 급하게 도망친다'란 뜻으로 사용되는데《삼십육계》의 맨 끄트머리에 있는 36번째 계책 주위상走爲上에서 나온 표현입니다. '주위상'의 뜻은 '싸움을 피해 달아난다'입니다. 자칫 비겁해 보일 수도 있지만, 극히 현실적인 판단이 담긴 계책이라 하겠습니다.

저는 이 책에서《삼십육계》의 제1계인 만천과해(瞞天過海, 하늘을 속이고 바다를 건넌다)부터 제36계 주위상에 이르기까지 36가지 지략을 실제 사례와 함께 다루었습니다. 숱한 전쟁을 겪은 중국인들의 내공의 결정結晶이라고 할 수 있는 이 36개의 지략은 하나같이 유연하고 무리 없는 사고방식에 바탕을 두고 있습니다. 그래서《삼십육계》에 담긴 여러 계책은 경영 전략의 지침, 처세의 지혜로도 얼마든지 활용할 수 있습니다. 한 치 앞도 보기 힘든 현대 경영의 세계에서《삼십육계》는 신선하고 다양한 아이디어와 힌트, 그리고 깊은 통찰을 제공해줄 것입니다.

불교는 고구려 소수림왕 2년(서기 372년)에 우리나라에 들어온 이후 우리 민족의 정신 세계에서 매우 큰 부분을 차지하고 있습니다. 붓다의 가르침은 한마디로 말해 '어떻게 하면 모든 중생이 괴로움에서 벗어날 수 있는가'에 초점이 맞춰져 있습니다. 저는 수많은 현대인들의 삶에 결정적인 영향을 미치는 기업에서 숱한 어려움을 겪고 있는 기업인, 회사원들에게 붓다의 가르침이 구체적이면서도 실질적인 도움을 줄 수 있을 거라고 오래전부터 생각했습니다. 그러한 생각을 이 책의 마지막 장에서 체계적으로 정리해보았습니다.

아무리 좋은 내용도 형식이 받쳐주지 않으면 공부하기가 힘든 법입니다. 그래서 저는 이 같은 내용을 최대한 쉽고 친절하게 독자들에게 전달하기 위해 높임말로 글을 썼습니다. 그리고 가능하면 한글 낱말을 많이 사용했습니다. 다만 이 책 끄트머리의 〈붓다의 가르침과 현대의 기업 경영〉은 논문의 성격이 약간 있는 글이라서 평상시처럼 낮춤말로 서술했습니다.

저의 정성이 담뿍 담긴 이 책이 우리 사회의 인문학적 소양을 깊이고, 리더십과 인간관계에 대한 통찰을 주며, 기업 경영의 지혜를 제공하는 데 조금이나마 도움이 되길 바랍니다.

저의 조교 최장한 군은 분량도 적지 않고 어려운 한자가 수시로 나오는 이 책의 원고를 깔끔히 정리해 주었습니다. 흐름출판의 신성식 차장은 까다로운 저자와 일하면서 모든 과정을 아주 매끄럽게 처리했습니다. 역시 흐름출판의 유정연 대표와 백지선 주간은 힘든 기간 내내 격려를 아끼지 않았습니다. 이 자리를 빌려 이분들께 깊은 고마움의 뜻을 표하며, 그들의 삶이 아름답게 전개되기를 진심으로 기원합니다.

2017년 6월 9일
명륜동 연구실에서
유 필 화

차례

2부 ── 승자의 원칙

무경칠서에서 찾아낸 싸우지 않고 이기는 법

〈중권〉과 〈하권〉의 핵심

장군의 유형

3부 ─ 승자의 책략

위기의 순간, 판을 뒤집는 신의 한 수

1부

승자의 그릇

어떻게 마음을 얻을 것인가

제 1 강

당태종

물은
배를 엎을 수 있다

강의를 시작하며

당唐나라 제2대 황제 태종太宗(재위 기간 626~649)은 중국의 기나긴 역사에서 명군을 꼽을 때 항상 선두에 서는 지도자입니다. 그의 연호인 정관貞觀에서 유래한 '정관의 치治'는 지금도 태평성대의 대명사로 불립니다. 그의 통치 아래 당나라는 이전 통일왕조와는 비교할 수 없을 만큼 넓은 영토를 정복한 강국으로 거듭납니다. 안정된 내치로 수도 장안長安은 세계 각국의 문물이 모이는 국제적 도시로 발전합니다.

태종의 치세가 처음부터 순탄했던 것은 아닙니다. 오히려 그 반대였습니다. 당의 건국부터 황제가 되기까지, 그리고 정관의 치로 불리는 통치 시기를 태종은 자신의 리더십과 지략으로 헤쳐 나갔습니다. 이 과정에서 형과 동생을 자신의 손으로 죽이는 비정한 면모를 보이

19

제1강 ◆ 당태종

기도 합니다. 그런 그를 두고 어떤 이는 "한고조漢高祖 유방劉邦과 위무제魏武帝 조조曹操의 기량을 한 몸에 갖췄다"라는 평가를 내리기도 합니다.

　태종이 후대에 이름을 남길 수 있었던 것은《정관정요貞觀政要》란 책의 영향도 큽니다. 이 책은 태종과 여러 신하들이 국정을 운영하며 나눈 대화를 문답 형식으로 기록한 것인데, 제왕학의 교과서로 불리며 지금까지 애독되고 있습니다. 이번 강의에서는 중국 역사상 가장 뛰어난 명군名君으로 불리는 당 태종의 일생과《정관정요》에 담긴 그의 철학을 통해 리더가 갖춰야 할 자질에 대해 살펴보겠습니다.

창업과 수성의 명군

　당태종唐太宗 이세민李世民은 598년 당을 건국한 고조高祖 이연李淵의 둘째 아들로 태어납니다. 이세민이 태어났을 때만 해도 이연은 수나라의 장수였습니다. 이세민은 어릴 때부터 남다른 자질을 보여서 성인이 되자 여러 인재들이 주변에 모여들었다고 합니다. 그러던 중, 617년 날로 국력이 약해지던 수나라에 큰 난리가 일어나자 이세민은 당시 태원太原 지방 총사령관으로 있던 아버지 이연을 부추겨서 쿠데타를 일으킵니다. 이세민은 이미 이러한 때가 올 것을 예측하고 개인 재산까지 투입하면서 미래의 동지들을 포섭하고 병사들을 양성하고 있었습니다.

　617년 5월, 태원에서 행동을 개시한 이연은 수나라 군대의 저항을 물리치며 산서山西 지방 남쪽으로 진군합니다. 그리고 해가 바뀌기 전에 수도 장안을 함락합니다. 이때 수양제는 난리를 피해 강남의 양주揚州로 피신합니다. 그러자 이연은 양제의 손자 대왕유代王侑를 황제의 자리에 앉힙니다. 그가 바로 수나라의 마지막 황제 공제恭帝입니다. 이듬해인 618년 양제가 양주에서 우문화급宇文化及의 손에 살해되자, 민심은 완전히 수 왕조를 떠나게 됩니다. 이미 실권을 쥐고 있던 이연은 황제가 신하에게 자리를 물려주는 형태[선양禪讓]로 황제의 자리에 오릅니다. 당 왕조가 시작된 것이죠. 창업 과정에서 이세민이 아버지의 오른팔로서 맹활약한 것은 두말할 나위 없습니다. 당의 건국과 더불어 이세민은 진왕秦王으로 책봉됩니다.

왕조는 출범했지만 새 정권은 기껏해야 위수渭水 강 언저리에서만 통치권을 행사하고 있었습니다. 감숙, 산서, 낙양, 하북 등 각 지방에는 여전히 강력한 적대 세력이 버티고 있었기에 당나라가 중국 대륙의 통일국가가 되려면 먼저 지방 세력을 격파해야 했습니다. 이 일을 도맡아서 해낸 이가 이세민입니다. 그는 신생 국가의 최고 군사책임자로서 글자 그대로 동분서주東奔西走하며 반란 세력을 차례차례 격멸합니다. 덕분에 불안해 보였던 당의 기반은 단단해집니다.

이 싸움에서 이세민은 천재적인 용병술을 유감없이 발휘합니다. 그의 용병술을 간략하게 살펴보면 대체로 다음과 같습니다. 전쟁이 시작되면 처음에 그의 군대는 꼼짝 않고 오랫동안 버티며 움직이지 않습니다. 그러다가 적이 지치면 대대적으로 군대를 투입해 단숨에 결판냅니다. 또한 적을 지치게 하기 위해 또는 그들을 유인하여 격파하기 위해 소규모 병력을 보내 싸움을 거는 것도 이세민이 즐겨 쓰는 전법戰法이었습니다. 이세민은 이렇게 유연한 용병술로 중원中原으로 불리는 황하 유역 전체를 평정하는 데 성공합니다. 당시의 형세를 보

21

면 중원을 손아귀에 넣으면 중국의 통일은 이루어진 것이나 다름없었지요.

이세민의 혁혁한 활동으로 당 왕조는 창업의 위기에서 벗어납니다. 어찌 보면 비록 창업을 한 왕은 아니지만 공으로 친다면 이세민은 창업과 수성, 모두 해낸 리더라고 하겠습니다.

결단이 바꾼 운명

건국한 지 얼마 안 된 당나라가 위기를 극복하는 데 이세민이 발군의 능력을 발휘하자 고조는 그에게 천책상장天策上將(하늘이 내린 장수)이라는 특별한 벼슬을 내립니다. 이세민의 명성과 위신이 한껏 올라간 것은 말할 것도 없겠지요. 그러나 이를 시샘한 형 건성建成은 즐겁지 않았습니다.

이건성은 첫째로 태어난 덕에 태자로 책봉되었지만, 아우의 명성과 신망이 올라갈수록 자신의 존재감이 희미해지는 것은 어쩔 수 없었죠. 멍하니 있다가는 태자 자리마저 뺏길지도 모르는 상황이 되자 건성은 막냇동생 원길元吉과 힘을 합쳐 세민을 없애버리기로 작정합니다. 우선 형제는 고조에게 자꾸만 세민을 중상모략합니다. 그러나 고조는 친형제들끼리 다투는 것을 보고 당황할 뿐 어떤 조치도 취하지 않았습니다. 이세민의 공적을 높이 평가한 고조는 그를 후계자의 자리에 앉히고 싶었지만 후계자로 지명된 건성에게 특별한 흠이 있는 것도 아니었지요. 고조의 우유부단한 태도는 결국 파국을 초래하고 맙니다.

626년 6월 4일, 드디어 올 것이 오고야 맙니다. 처음에는 망설이던 이세민이 측근의 건의에 따라 행동에 나선 겁니다. 이날 장안의 현무문에서 형과 아우, 즉 이건성과 이원길이 오기를 기다리고 있던 이세민은 그들이 나타나자 둘을 그 자리에서 살해합니다. 이 사건을 역사에서는 현무문의 변玄武門之變이라고 부릅니다.

당시 고조는 궁궐에서 뱃놀이를 즐기고 있었습니다. 이 소식을 전해 들었을 때는 이미 선택의 여지가 없었지요. 고조는 3일 만에 이세민을 새로운 태자로 세웁니다. 3개월 뒤인 626년 9월에는 이세민에게 황제의 자리를 물려줍니다. 궁정 쿠데타라고 할 수 있는 현무문의 변은 비교적 조용히 넘어간 듯합니다. 아마도 이세민의 실력과 명성이 두 형제에 비해 월등히 뛰어나서 그런 게 아닌가 싶습니다. 이유야 어떻든 간에 친형제를 둘이나 죽인 것은 우리 같은 일반인이 보기에는 끔찍한 일입니다. 당사자에게도 이 사건은 두고두고 마음에 무거운 응어리로 남지 않았을까요?

쓴소리에 귀 기울이는 자가 일류다

626년, 당나라 제2대 황제가 된 태종 이세민은 연호를 정관貞觀으로 정하고, 649년 세상을 떠날 때까지 23년간 국정을 총괄합니다. 앞에서 잠깐 소개한 것처럼 역사가들은 이 시기를 정관의 치라 부르며 중국 역사의 대표적인 태평성세로 평가합니다. 태종의 치세 아래 당은 세계 최강의 제국이 됩니다.

태종의 명군 이미지가 널리 퍼진 데는《정관정요》의 영향도 큽니다. 《정관정요》는 태종이 죽고 나서 약 50년 뒤에 당의 사관史官 오긍吳兢이 쓴 책입니다. 이 책은 태종과 그를 보좌한 신하들의 정치문답집인데, 당태종의 리더십을 후세에 전하기 위해 '교육적 관점'에서 그와 신하들이 나눈 이야기를 조목별로 재편집한 형태입니다. 이 책은 당나라는 물론이고 중국의 역대 왕조, 우리나라, 일본 등 동아시아 군주들의 필독서가 됩니다. 정관의 치라는 이상적인 시대를 구현한 정치의 요체는 무엇일까요? 한마디로 말해 '수성守成해야 하는 시대의 리더가 갖춰야 할 원칙'이 그것입니다.

《정관정요》 제1장에는 '창업이 어려운가, 수성이 어려운가?'라는 유명한 문답이 있습니다. 정관 10년에 있었던 태종과 신화들의 대화를 들어보시죠.

"제왕이 하는 큰 사업 가운데 창업과 수성 중 어느 것이 더 어렵소?"
이에 대해 방현령房玄齡은 창업이, 위징魏徵은 수성이 어렵다고 답한다. 두 사람의 말을 다 들은 태종은 양쪽의 주장에 모두 일리가 있다고 한 후에 이렇게 말한다.
"창업의 어려움은 과거의 일이 되었소. 이제부터는 그대들과 함께 단단히 마음먹고 수성의 어려움을 극복해가고자 하오."

태종은 신하들의 직언과 비판을 과감히 받아들이고 그들의 의견을 통치에 적극 반영했습니다. 이런 자세 때문에 수성에 성공했을 뿐 아니라 한 걸음 더 나아가 외세를 몰아내는 등 과감한 대외정책을 펼칠 수 있었습니다. 이제 우리나라도 어느덧 저성장 노령화 시대에 접어들었습니다. 고도성장 시기에 이룩한 성과를 착실히 다지는 동시에

승자의 공부

참신한 도전정신을 불러일으키고 새로운 시대에 적극적으로 대응해야 할 때입니다. 이러한 시점에 우리가, 특히 한국 기업들이, 태종의 정치에서 배울 점은 매우 많다고 생각합니다. 《정관정요》가 오늘날의 우리 기업의 지도자들에게 주는 주요 시사점은 구체적으로 다음과 같습니다.

《정관정요》에서 찾은 자기경영 5원칙

첫째, 부하의 의견에 귀를 기울여야 합니다. 《정관정요》 4장의 제목은 〈간언을 장려하라求諫〉입니다. 태종은 거울이 없으면 자신의 생김새를 볼 수 없듯이 신하들의 간언이 없으면 정치적 득실에 관해 정확히 알 방법이 없다고 지적합니다. 먹줄이 있으면 굽은 나무를 바르게 자를 수 있고, 기술이 정교한 장인이 있으면 보옥寶玉을 얻을 수 있듯이 시대를 꿰뚫어보는 혜안을 가진 신하의 충언은 군주를 바로 서게 할 뿐만 아니라 천하를 태평성대로 만들 수 있다는 것이죠.

간언이 중요함에도 불구하고 신하들이 침묵하는 이유는 충성스러운 간언을 할 분위기가 조성되지 않기 때문입니다. 일반적으로 군주는 신임하지 않는 자가 간언하면 비방한다고 생각하고, 신임하는 사람이 간언하지 않으면 봉록奉祿만 훔치는 자라고 생각하는 경향이 있습니다.

때문에 성격이 유약한 사람은 속마음은 충직해도 말을 하지 못하고, 관계가 소원한 이는 신임 받지 못할 것을 두려워해 감히 말을 하지 못합니다. 춘추전국시대, 관중管仲이 제齊 환공의 허리띠를 화살로

쏘아 맞혔어도 쓰임을 받은 것처럼 군주가 먼저 신하를 믿고 간언을 구할 준비가 되어야만 합니다. 태종은 전 생애에 걸쳐서 겸허한 태도로 간언을 받아들이는 태도를 견지했습니다.

지난 2014년 12월에 일어난 대한항공 회항 사건에서 보듯이 안타깝게도 우리에게는 한국 기업, 특히 재벌에게 간언할 수 있는 열린 기업 문화가 없습니다. 이런 상황에서 우리가 《정관정요》에서 주목해야 할 첫 번째 원칙은 간언할 수 있는 쟁쟁한 인재를 모으고, 그들이 거리낌 없이 말하게 하고, 그들의 말에 귀를 기울이라는 것입니다.

둘째, 자신의 몸가짐을 먼저 바르게 해야 합니다. 어느 조직이건 부하들은 지도자의 일거수일투족을 주목하게 마련입니다. 높은 자리에 있는 사람이 엉성한 태도나 행동을 보이면 즉각 부하들의 사기에 영향을 미칩니다. 심지어 조직의 붕괴로까지 이어질 수도 있습니다. 태종은 이러한 점에 있어서도 자신에 대한 경계를 게을리하지 않았습니다. 그의 말을 들어봅시다.

천하가 평안하기를 바라면 먼저 자신의 자세를 바르게 할 필요가 있다.

나는 언제나 이렇게 생각한다. 자신의 파멸을 가져오는 것은 다름 아닌 바로 자기 자신의 욕망이 원인이다.

군주가 도리에 어긋나는 말을 한마디라도 하면 민심은 뿔뿔이 흩어지고 반란을 도모하는 자가 나오게 된다. 그래서 나는 언제나 그런 것을 생각하여 극도로 자신의 욕망을 억제하려고 애쓰고 있다.

26

당태종은 이러한 각오로 국정에 임하고, 늘 솔선하여 자신의 자세를 바르게 하려고 노력했습니다. 지도자가 솔선하여 자신의 자세를 바르게 하면, 부하들은 자연히 이를 본받게 되고, 따라서 조직에는 건강한 긴장감이 넘치게 됩니다.

셋째, 최초의 긴장감을 지속시켜야 합니다. 누구나 새로운 보직을 받으면 새로운 결의를 다지고 긴장하여 업무를 시작합니다. 더군다나 기업 최고경영자 자리에 오르면 당사자는 더더욱 강하게 자신을 채찍질합니다. 그러나 긴장감을 계속 유지하기란 결코 쉬운 일이 아닙니다. 많은 경우 시간이 지나면서 서서히 긴장이 풀리고 안이한 태도가 뿌리를 내리게 됩니다. 《정관정요》는 최초의 긴장감을 지속시키지 못하는 지도자는 조직의 우두머리로서 실격이라고 단언합니다. 제1장 〈군주의 도리君道〉의 끄트머리에는 다음과 같은 대화가 등장합니다.

정관 15년, 태종이 곁에서 모시는 신하들에게 말했다.
"천하를 지키는 일이 쉬운가, 어려운가?"
위징이 대답했다.
"매우 어렵습니다."
태종이 말했다.
"현명하고 능력 있는 자를 임명하고, 간언을 받아들이면 되거늘, 어찌 어렵다고 하는 것이오?"
위징이 말했다.
"예로부터 내려오는 제왕들을 살펴보면, 상황이 위급할 때는 현명하고

27

재능 있는 사람을 임명하고 간언을 받아들였습니다. 그러나 일단 천하가 안정되고 살기 좋아지면 반드시 게을러졌습니다. 천하가 안정되고 편안한 상태에 기대어 나태해지면, 간언하는 자는 간언이 받아들여지지 않았을 경우의 자기 앞날을 걱정해 모조리 말할 수 없었습니다. 그 결과, 나라의 세력이 나날이 약해져 결국 위급한 지경에 이르렀습니다. 성인이 편안할 때에도 위험한 때를 생각한 까닭은 바로 이러한 상황이 발생하는 것을 피하기 위해서였습니다. 편안한 생활을 하면서 두려운 마음을 가질 수 있으면 어찌 어렵다고 할 수 있겠습니까?"

여기서의 핵심은 '편안할 때에도 위험한 때를 생각한다'라는 말입니다. 불교의 《잡보장경雜寶藏經》에도 아래와 같은 구절이 있습니다.

역경을 참아 이겨내고, 형편이 잘 풀릴 때를 조심하라.

물론 태종은 이 점을 잘 알고 있었습니다. 그래서 제2장 〈정치의 요체政體〉에서 이렇게 말합니다.

나라를 다스리는 것과 질병을 치료하는 것에는 어떠한 차이도 없소. 환자의 상태가 좋아졌다고 생각되면 잘 보살펴야 하오. 만일 다시 발병해 악화되면 반드시 죽음에 이를 것이기 때문이오. 나라를 다스리는 것 또한 그러하니, 천하가 조금 안정되면 더욱 조심하고 삼가야지, 평화롭다고 하여 교만하게 굴거나 사치스러운 생활을 하면 틀림없이 멸망에 이를 것이오. 오늘날 천하의 안정과 위험은 나에게 달려 있기 때문에 나는 매일매일 근신하고 있소. 비록 누릴 만한 조건이 되어도 누릴 수 없소. 그러나 나의 눈, 귀와 팔다리가 할 수 있는 일은 여러분에게 맡기겠소. 군주와 신하가 한몸이 되었으니 한마음으로 협력해야만 하오. 일을 함에 있어 이치에 맞지 않는 부분이 있으면 한 치도 숨김없이 간언해야 하오. 만일 군주와 신하가 서로를 의심해 마음속의 말을 할 수 없다면, 이것은 실제로 나라를 다스리는 데 큰 재앙이오.

어찌 보면 너무나 당연한 이야기처럼 들리지만 이를 실천하려면 의외로 어렵습니다. 원칙이란 너무나 당연하게 느껴지지만 실천하기란 쉽지 않은 것이죠.

712년 당나라의 황제로 즉위한 현종玄宗도 치세 초기에는 긴장하여 나라를 그런대로 잘 다스렸습니다. 그 결과, '개원의 치開元之治'라고 불리는 융성한 시대를 일구었습니다. 그러나 현종은 점차 정치에 싫증을 내고 마지막에는 양귀비라는 미녀에 빠져, 나라를 파멸의 길로 몰고 갑니다. 반면 태종은 그의 치세가 끝날 때까지 긴장의 끈을 놓지 않은 지도자였습니다.

넷째, 철저한 자기절제입니다. 고대 황제는 절대권력을 갖고 있었기 때문에 마음만 먹으면 언제든지 신하의 목을 벨 수도 있고 미녀를 데려오라고 명령할 수도 있었습니다. 그러나 그렇게 하다 보면 순식간에 폭군으로 전락하게 됩니다. 훌륭한 군주가 되려면 한층 더 엄격한 자기통제가 필요합니다. 《정관정요》 제18장 〈검소와 절약儉約〉을 살펴봅시다.

정관 2년, 신하들이 건의했다.

"여름 마지막 달은 높이 쌓아 올린 망루에서 거주할 수 있습니다. 여름은 아직 물러가지 않았고, 가을비가 이어 내리기 시작하여 황궁 안의 낮은 곳은 습합니다. 청컨대 폐하께서는 누각 하나를 지어 머물도록 하십시오."

태종이 말했다.

"나는 기력이 쇠약하고 질병이 있는데 어찌 낮고 습한 곳이 거주 조건에 맞을 수 있겠소? 하지만 만일 여러분의 요청에 동의한다면 낭비가 많을 것이오. 일찍이 한문제漢文帝는 높은 누각을 건축하려다가 열 가구의 재산에 상당하는 비용을 아까워하여 세우지 않았소. 나는 덕행에 있어서는 한문제를 따르지 못하고, 재물을 소비함에 있어서는 그를 넘어 섰으니, 어찌 백성들의 부모인 군주의 도리라고 할 수 있겠소?"

신하들이 거듭 건의하였으나 태종은 끝내 허락하지 않았다.

수준 높은 지도자가 되려면 철저히 자기절제를 해야 한다는 것이 《정관정요》의 중요한 가르침 중 하나입니다. 이 말은 공적인 생활뿐만 아니라 사적인 생활에도 그대로 적용됩니다. 《정관정요》 제38장 〈사냥〉에 나오는 사례를 봅시다. 태종의 취미는 사냥이었습니다. 사냥은 취미인 동시에 그의 유일한 스트레스 해소법이기도 했지요. 그런 그에게 위징은 이렇게 간언합니다.

"신臣은 폐하께서 최근 직접 맹수들과 격투하며 아침에 나갔다가 저녁에 돌아오신다고 들었습니다. 천하의 제왕으로서 황량한 들에서 어리석은 행동을 하고, 깊숙한 숲속까지 달려 들어가고, 무성한 풀을 밟는다고 들었습니다. 이것은 만전을 기하는 방법이 아닙니다. 폐하께서 개인적인 즐거움을 버려 야수와 격투하는 취미를 멀리하시고, 위로는 종묘사직을 생각하고, 아래로는 백관百官과 억만 백성들을 편안하게 하기를 바랍니다."

태종이 말했다.

"어제의 일은 우연히 일시적으로 한 것일 뿐 계속하여 이렇게 한 것은 아니오. 오늘 이후로 이 점을 깊이 경계하겠소."

절대권력을 가진 태종이었지만 사냥조차 마음대로 할 수 없는 것이 황제의 개인생활이었습니다. 이러한 자기절제가 있었기 때문에 그는 탁월한 군주로 기억되는 것입니다.

끝으로, 겸허한 태도 및 신중한 언어 구사입니다. 겸양은 누구에게나 요구되는 덕목이지만 특히 조직을 이끌어가는 지도자에게는 없어서는 안 되는 절대적인 요건입니다. 당태종은 이 점에서도 자기경계를 게을리하지 않았습니다. 정관정요의 제19장 〈겸손과 사양謙讓〉에 나오는 대화를 봅시다.

정관 2년, 태종이 곁에서 모시는 신하들에게 말했다.

"사람들은 황제가 되면 스스로 존귀하고 필요한 존재로 생각하여 어떤 것도 두려워하지 않을 수 있다고 말하오. 그러나 나는 스스로 겸허함과 공손함을 가지고 항상 두려움을 느껴야 한다고 생각하오.

무릇 황제가 스스로 존귀하고 빛난다고 생각하면 그는 겸허와 공손을 가지지 못하고, 그가 옳지 않은 일이라도 하면 누가 감히 간언을 하겠소? 나는 말 한마디를 하거나 한 가지 일을 할 때마다 위로는 하늘을 두려워하고 아래로는 신하들을 두려워할 생각이오. 하늘은 아주 높이 위에 있어 인간 세상의 선과 악을 듣는데 어찌 두려워하지 않을 수 있소? 수많은 공경대신과 선비들이 모두 우러러보는데 어찌 두려워하지 않을 수 있겠소? 이렇게 생각하면, 오직 언제나 겸손과 공손함을 가지며, 하늘의 뜻과 백성들의 마음에 부합하지 못함을 두려워할 뿐이오."

태종은 겸허한 태도를 죽는 날까지 잃지 않았다고 합니다. 지도자는 몸을 낮추어야 할 뿐만 아니라 말도 매우 신중히 해야 합니다. 한 번 입 밖에 나온 말은 다시 주워 담을 수가 없기 때문입니다. 태종이야말로 이 점을 아주 깊이 의식하고 있던 군주였습니다. 《정관정요》 제22장 〈말을 삼가라愼言語〉에는 다음과 같은 구절이 나옵니다.

"말이란 군자에게 있어서 가장 중요한 것이오. 말하는 것이 어찌 쉬운 일이겠소? 일반 백성들의 경우에도 말 한마디가 나쁘면 사람들이 그것을 기억하여 치욕과 손해를 낳게 되오. 더구나 한 나라의 군주가 만일 말을 잘못하여 손실이 매우 크면 어찌 백성과 비교할 만한 것이겠소? 나는 항상 이것을 경계하고 있소."

태종은 언제나 이러한 마음가짐으로 신하들을 대했습니다. 겸허한 태도를 가지고 신중한 언어를 사용하는 것은 《정관정요》가 말하는 리더십의 다섯 번째 원칙입니다.

당 태종은 자신이 말한 리더의 원칙을 철저히 지킴으로써 뛰어난 군주가 되었는데, 나는 그의 성공 비결은 제2장 〈정치의 요체政體〉에 나오는 다음 구절에 집약돼 있다고 생각합니다.

승자의 공부

군주는 배이고 백성은 물이다.

물은 배를 띄울 수도 있지만,

배를 뒤엎을 수도 있다.

君舟人水 水能載舟 亦能覆舟

참으로 날카로운 현실인식입니다. 절대군주도 이런 생각으로 나라를 다스렸는데, 요즘의 사회의 지도자들을 보면 안타까운 마음이 앞섭니다. 태종은 군주보다 백성이 중요하다는 것을 마음 깊이 깨달은 제왕이었습니다. 모든 정치의 근본이 백성임을 확신한 그는 백성들의 눈으로 보고 그에 따라 행동하려고 애썼습니다. 경영학자인 제 식대로 표현하자면 '철저한 고객 지향 정신'이 태종이 성공한 핵심 이유라 하겠습니다.

태종은 즉위한 이후 가급적이면 군사행동을 하지 않으려고 노력합니다. 북방의 돌궐突厥과 서방의 티베트 등 이민족을 치러 가는 것도 최소한으로 했으며, 그것도 민생의 안정을 해치지 않는 범위에서 했습니다. 이는 말할 것도 없이 고구려 원정으로 나라를 결딴낸 수양제의 실패에서 얻은 교훈입니다.

그런데 태종은 만년에 대의명분도 없는 고구려 원정을 단행합니다. 당시 한반도와 그 북쪽에는 고구려, 백제, 신라 삼국이 서로 대립하고 있었습니다. 그러던 차에 644년(정관 18년), 신라가 당에 도움을 요청합니다. 이를 계기로 태종은 무려 세 차례나 고구려를 공격합니다. 그러나 그의 원정은 고구려의 완강한 저항에 부딪혀 모두 실패합니다.

태종이 사망하면서 결국 이 원정도 중단되는데, 당나라는 이 싸움으로 얻은 것이 하나도 없었습니다. 오히려 쓸데없는 전쟁으로 국력만 낭비했습니다. 물론 태종이 고구려 원정을 결정할 때도 방현령 같은 충신, 장손무기長孫無忌 등 측근들은 원정을 극구 만류했습니다. 그런데 웬일인지 태종은 이때만은 그들의 말에 귀를 기울이지 않았습니다. 고구려 원정은 명확히 당태종의 실패작이라 하겠습니다. 아무리 뛰어난 군주라 할지라도 최초의 긴장감을 20년 이상 지속시키기는 무척 어려웠나 봅니다.

정관 23년(649년) 태종은 자신이 쌓아 올린 대당제국大唐帝國의 앞날을 걱정하며 수도 장안에서 눈을 감습니다. 고구려 원정으로 심신이 극도로 피로해진 것이 그의 죽음을 앞당겼다고 합니다.

제 2 강
강희제

성실, 성실,
성실하라

강의를 시작하며

중국은 오랜 역사 동안 뛰어난 군주를 여럿 배출했습니다. 저는 그 가운데 가장 으뜸으로 청淸나라 제4대 황제 강희제(康熙帝, 1654~1722)를 꼽습니다. 그 까닭은 무엇일까요?

그 이유를 살펴보기 앞서 훌륭한 임금으로 평가받기가 얼마나 어려운가를 알아봅시다. 명나라 말기 사상가 황종희黃宗羲는《명이대방록明夷待訪錄》이라는 명저를 남겼는데 여기에는 이런 말이 나옵니다.

명군이란 자기희생 이외의 아무것도 아니다. 따라서 이것만큼 수지가 안 맞는 직업은 없다.

35

명군이란 개인적인 욕구나 좋아하는 것을 끊임없이 억제하고, 있는 힘을 다해 나라 다스리는 일에 매진해야만 얻을 수 있는 칭호입니다. 더구나 이런 힘든 일을 5년, 10년도 아니고 20년, 30년 해야 한다니 명군의 명성을 지키기란 얼마나 어려울까요?

강희제는 황제의 자리에 여덟 살에 즉위하여 세상을 떠날 때까지 무려 61년이나 나라를 다스렸습니다. 중국 역사상 가장 긴 황제 재임 기간이지요. 그는 이 긴 세월 동안 거의 완벽하게 명군답게 행동했습니다. 강희제는 언제나 긴장을 풀지 않고 부지런히 정무政務에 힘썼으며, 선정善政을 베풀었습니다. 그 결과, 청 왕조의 기초는 튼튼해지고, 안으로는 중국 전역에 청의 통치권이 미치게 되었으며, 밖으로는 러시아의 남하를 저지하게 됩니다. 강희제가 얼마나 진지하고 열심히 국정에 임했는가는 그가 만년에 자신의 삶을 돌아보며 했다는 말에서 잘 읽을 수 있습니다.

제갈공명諸葛孔明은 "윗사람의 뜻을 받들어 온 힘을 다하고 죽은 뒤에야 그친다"라고 말했다. 이 정도까지 정치에 힘을 기울인 신하는 공명한 사람뿐이다. 제왕에게는 남에게 맡길 수 없는 무거운 책임이 있고 그것이 그의 어깨를 짓누른다. 그래서 도저히 제왕을 신하와 동렬同列로 논할 수 없다. 따라서 제왕은 한평생 마음 편히 쉴 수가 없고, 죽을 때까지 그에게 휴식은 허락되지 않는다.

이런 말도 남겼습니다.

한 가지 일을 안 하면 사해四海의 우환을 남기고, 한 시기를 등한히 하면 수없이 긴 세월 동안 재앙이 따라다닌다. 그래서 나는 어떤 사소한 일도 소홀히 하지 않았다. 오늘 처리하지 않으면 내일 그만큼 더 많은 일을 처리해야 한다. 내일 하루를 편안하고 한가로이 보내면, 후일 그만큼 처리하지 않으면 안 되는 일이 더 많아진다. 정치상 많은 중요한 일은 지극히 중대하므로 단 하루도 지연시키면 안 된다. 그래서 나는 국정에 임하는 데 있어서 잔일과 큰일의 구별 없이 주의를 기울였으며, 나한테 올라오는 문서에서 한 글자라도 틀린 것을 발견하면 반드시 고치고 조금도 허술하게 하지 않았다.

강희제는 무려 61년 동안이나 이런 자세를 유지하며 나라를 다스렸습니다. 가히 초인적인 노력입니다. 그의 또 다른 말을 들어봅시다.

나는 국고의 금金은 전쟁 및 기근 대책 이외의 용도로는 일절 쓰지 않았다. 왜냐하면 그것은 모두 백성들의 땀과 기름의 결정結晶이기 때문이다. 내가 나라 안을 두루 돌아다닐 때나 내가 행궁行宮에 머무를 때는 사치를 금했고, 궁궐에서 쓰는 비용은 1만~2만 량에 지나지 않았다. 이것은 우리가 연간 하천 수리비에 쓰는 예산 300만 량과 비교하면 실로 100분의 1에도 미치지 못한다.

백성을 생각하며 검소하게 살았던 강희제를 근대의 역사학자 소일산蕭一山은 그의 명저《청사淸史》에서 다음과 같이 평합니다.

강희제는 역사상 손꼽힐 만큼 뛰어난 군주이며, 그의 총명, 재간, 학문상의 실력은 그 어느 면에서도 한문제나 당태종에 뒤지지 않는다. 그

는 군주란 백성에게 봉사하는 사람이며, '한 가지 일을 안 하면 사해의
우환을 남기고, 한 시기를 등한히 하면 수없이 긴 세월 동안 재앙이 따
라다닌다'는 것을 알고 있었다. 그래서 그는 황제의 자리에 있은 60여
년 동안 부지런히 정치에 힘썼으며, 일찍이 조금도 게으름을 피우지 않
았다.

이번 강의에서는 평생을 황제의 자리에 있으면서도, 실질강건實質
剛健의 자세를 잃지 않은 강희제의 리더십을 살펴보겠습니다.

과감한 결단, 치밀한 준비, 끝없는 실천

청나라 제3대 황제 순치제順治帝의 셋째 아들인 강희제는 아버지의
유언에 따라 1661년 여덟 살의 나이로 제4대 황제에 즉위합니다. 너
무 어린 나이였기에 초기에는 네 사람의 대신이 그를 보좌했습니다.
6년이 지난 1667년 강희제는 직접 정사政事를 보는 이른바 친정親政
체제를 확립합니다. 강희제가 직접 나라를 다스리기 시작한 지 7년째
되는 1673년, 청 왕조는 건국 이후 최대 위기에 부딪힙니다. 지방에
할거하던 한족漢族 출신의 세 장군이 연합하여 반란을 일으킨 것이지
요. 이를 삼번三藩의 난이라 부릅니다. 이 전란은 무려 8년이나 지속
되었는데, 대략적인 경위를 살펴보겠습니다.

청 왕조는 중국 본토를 지배하는 과정에서 한족 출신 장군들의 도
움을 많이 받습니다. 대표적인 사람이 오삼계吳三桂, 상가희尙可喜, 경

중명耿仲明입니다. 청 왕조는 그들의 공적을 인정하여 그들을 각각 평서왕平西王, 평남왕平南王, 정남왕靖南王으로 책봉합니다. 그리고 그들을 모두 군관구軍管區 장관으로 임명하는데 오삼계에게는 운남, 상가희에게는 광동, 경중명에게는 복건을 맡깁니다. 이 세 군관구를 삼번이라 부릅니다.

이들 가운데 최대 세력을 자랑하는 이가 운남의 오삼계였습니다. 그는 운남의 군사권, 행정권을 손에 쥐고 은밀히 독립 세력을 형성합니다. 상가희, 경중명도 비슷한 입장을 취하지요. 삼번이 차차 독립정권과 비슷한 존재로 성장하자 청 왕조도 위협을 느끼기 시작합니다.

그러던 1673년 2월 평남왕 상가희가 늦은 나이를 이유로 왕위를 아들 상지신尙之信에게 물려주고 자신은 은퇴해서 고향에 돌아가고 싶다는 의사를 표시합니다. 강희제는 그의 뜻을 즉각 받아들이지만 상가희의 번藩을 아들에게 물려주는 것은 허락하지 않습니다. 대신 각 번의 해체를 명하지요.

조정의 강경한 태도를 보고 세력이 가장 큰 오삼계는 크게 당황합니다. 그는 슬쩍 (조정의) 속을 떠보기 위해 정남왕 경정충耿精忠(경중명의 손자)과 상의하여 자신의 번을 반환하겠다고 말합니다. 이때 청 조정에서는 그의 신청을 받아주지 말자는 의견이 압도적으로 많았습니다. 중신重臣들의 대부분이 여전히 무사안일주의에 물들어 있었던 것이지요. 그러나 결단력 있는 강희제는 오삼계의 신청을 전혀 망설이지 않고 받아들입니다.

그러자 이제는 거꾸로 대답할 말이 궁해진 오삼계가 1673년 12월, '명明의 부흥'을 기치로 내걸며 경정충과 함께 군사를 일으킵니다. 1674년에는 상가희도 반란에 가담하지요.

39

삼번의 난을 맞은 강희제는 당황하지 않고 소란 피우지 않으면서 반격 태세를 가다듬습니다. 청 왕조가 이 반란의 진압에 성공한 것은 강희제의 굳은 결의, 뛰어난 지략, 그리고 그의 훌륭한 작전 지도指導 덕분입니다. 그는 협상과 양보를 단호하게 거부하고 매우 치밀하게 작전을 지도합니다. 그는 북경에 머무르면서 총지휘를 하였는데, 그때 중국 전역으로 통하는 통신망을 구축하여 정보 수집과 전달을 원활하게 했습니다. 이 통신망을 이용하면 북경에서 서쪽의 감숙까지는 9일, 그리고 남쪽의 절강까지는 불과 나흘 만에 명령을 전달할 수 있었습니다. 또한 강희제는 매일 각지에서 올라오는 전황보고 수백 통을 모두 손수 검토하고 명쾌한 지시를 내렸습니다. 이러한 효율적인 체제 덕분에 전국에 배치된 청나라 군대는 강희제의 지휘 아래 통합되고 일관성 있는 작전을 전개할 수 있었습니다.

삼번의 난 같은 큰 전란이 8년이나 계속되면 당연히 많은 전비가 소요되고 그래서 백성들을 괴롭히는 조치를 취하기 쉽습니다. 그러나 강희제는 증세같이 백성에게 짐이 되는 정책은 시행하지 않았습니다. 오히려 피해를 입은 지역에는 매년 세금을 깎아주었지요.

이처럼 강희제는 과감하게 결단을 내리되, 행동은 신중하고 주도면밀했습니다. 강희제의 뛰어난 리더십으로 삼번의 난이 평정되자 강희제의 위신은 크게 올라가고 청의 뿌리는 더욱 탄탄하게 내리게 됩니다.

삼번의 난이 평정되고 2년 후인 1683년(강희 23년), 강희제는 바다 건너 대만에 군대를 보내어 정극상鄭克塽의 항복을 받아냅니다. 정극상은 마지막까지 청나라에 저항하며 명나라 부흥 운동을 이끈 것으로 유명한 정성공(鄭成功)의 손자로, 정성공이 대만에 건너온 이후 정 씨 집안은 대만에서 사실상 독립정권의 지위를 유지하고 있었습니다. 강희제의 정벌로 정극상이 항복하면서 대만은 역사상 처음으로 중국 땅의 일부가 됩니다.

대만 문제가 해결되기 전부터 강희제는 북방의 안전보장에도 관심을 갖고 있었습니다. 중국인들의 전통적인 사고방식에 따르면 중국은 세계의 중심입니다. 따라서 그들의 의식 속에는 국경이라는 개념이 없었습니다. 그러나 청나라 때에 이르러 유럽의 여러 나라가 동방에 진출하려는 움직임이 뚜렷해지면서 이런 사고방식도 바뀌어야 하는 시대가 됩니다. 특히 중국의 북쪽에 있는 제정 러시아는 동방으로 진출하기 위해 기회를 엿보고 있었습니다. 러시아 세력은 강희제가 즉위하기 전에 이미 시베리아를 넘어 오호츠크 해에 도달하였는데, 그 뒤에도 헤이룽 강 연변에 네르친스크, 아르바진 등의 요새를 세우고 만주 쪽으로 남하할 기세를 보이고 있었습니다.

그런데 만주는 청 왕조의 발상지로, 만주를 잃는 것은 청 왕조의 입장에선 고향을 잃는 것과 같았습니다. 강희제는 종종 군대를 보내 러시아인들의 거점을 파괴했으나, 군대가 철수하면 러시아인들이 또다시 그 자리를 점령했습니다. 정식 외교 경로를 통해 철수를 요구했지만, 러시아는 애매한 태도를 취할 뿐이어서 결말이 나지 않았습니다. 삼번의 난을 평정하여 남쪽의 불안을 없앤 강희제는 본격적으로 북쪽의 안전을 확보하기로 마음먹습니다.

강희제는 먼저 면밀한 현지 조사를 하고 치밀한 작전계획을 세웁니다. 그리고 1685년 5월 대군을 보내 러시아의 전진기지인 아르바진을 공격해 파괴합니다. 그러나 청나라 군대가 철수하자, 러시아 측은 곧 모스크바에 병력의 증원을 요청하고 아르바진을 탈환하지요. 뿐만 아니라 이전보다 더 견고하게 성곽을 쌓고 한 걸음도 물러서지 않으려는 태세를 갖춥니다.

강희제는 이듬해인 1686년 봄, 또 다시 아르바진 공격을 명령합니다. 이번 공방전은 이전보다 치열했습니다. 청나라 군은 압도적인 병력으로 아르바진을 포위해 맹렬히 공격하지만, 러시아 군도 완강히 저항했습니다.

강희제가 강공 정책만을 밀어붙인 것은 아닙니다. 이즈음 강희제는 러시아 황제에게 친서를 보내 대화에 의한 해결을 제안합니다. 러시아가 강희제의 제안을 받아들이자 청나라 군은 포위망을 풀고 물러났습니다. 이렇게 강희제는 러시아에 대하여 강온 양면 작전을 펼치며 국경 문제를 해결하기 위해 노력합니다. 이런 노력 끝에 1689년 러시아와 네르친스크조약을 맺게 됩니다. 네르친스크조약에 따라 러시아는 헤이룽 강 유역에서 완전히 철수합니다. 청은 유리한 조건으로 국경선을 확정했던 것이죠. 이는 청나라 외교의 승리라고 해도 좋은데, 이 승리는 강희제의 굳은 결의와 적극적이면서도 유연한 태도로 얻어낸 결과입니다.

그러나 이것으로 북쪽의 문제가 완전히 해결된 것은 아니었습니다. 중국 서북부의 천산산맥天山山脈 북쪽에는 준가르准噶爾라는 몽골의 한 부족이 세력을 펼치고 있었습니다. 이 부족에 가르단이라는 뛰어난 지도자가 나타나 몽골족의 통일을 꾀하며 외몽골로 진출합니다. 급기야는 몽골 세력이 중국 본토를 위협하기에 이릅니다. 가르단의 뒤에는 티베트의 달라이라마가 있었기 때문에 종교 문제까지 맞물려 이 사태는 한층 더 복잡한 양상을 띠게 됩니다.

네르친스크조약이 체결된 해의 이듬해인 1690년 여름, 가르단은 2만 명의 정예 병력을 이끌고 남하하여 내몽골을 지나 청의 수도인 북경 북쪽 900리 지점까지 쳐들어옵니다. 이러한 사태를 맞아 청 조정의 신하들은 대부분 신중론을 폅니다. 그러나 강희제는 중신들의 반대를 무릅쓰고 군대의 출동을 명합니다. 양쪽 군대는 북경 북쪽 400리 지점에 있는 우란부톤에서 치열한 전투를 벌입니다. 격전 끝에 양쪽 군대가 모두 큰 피해를 입었지만 가르단은 결국 군대를 이끌고 철수하게 됩니다.

그러나 가르단이 몇 년 후에 세력을 회복해 다시 침공하려 하자 강희제는 1696년부터 1697년에 걸쳐 세 번이나 직접 원정에 나서 가르단 군대를 완전히 물리칩니다. 강희제는 이렇게 북방의 안보 문제를 완전히, 그리고 깔끔히 해결한 뒤, 몽골에 대한 티베트 불교의 영향력을 없애기 위해 1720년 티베트에 원정군을 보냅니다. 원정의 성공으로 티베트에까지 청의 통치력이 미치게 됩니다. 이 원정으로 청나라는 중국 역사상 가장 넓은 영토를 통치하는 제국이 됩니다.

한 권의 책을 가까이 할 것

지금까지 보아온 바와 같이 강희제는 무인武人으로서 빼어난 역량을 유감없이 발휘하여 청 왕조의 발전에 크게 이바지했습니다. 그러나 그는 문인文人으로서의 면모도 훌륭하게 갖추었습니다. 문무를 겸비한 것은 명군으로서 그의 명성을 한층 더 높이는 이유 중 하나이기도 합니다.

강희제는 원래 비길 만한 이가 없을 정도로 학문을 좋아한 이로, 젊은 시절부터 독서에 몰두했습니다. 하도 많이 책을 봐서 과로한 나머지 피를 토한 적이 있을 정도죠. 그는 삼번의 난으로 눈코 뜰 새 없이 바쁜 와중에도 하루도 독서를 거르지 않았습니다. 독서의 효용에 대해 강희제는 만년에 이렇게 말합니다.

한 권의 책을 읽으면 한 권의 이득이 있고, 하루 독서를 하면 하루의 이득이 있다.

나는 어릴 때부터 책과 친하게 지냈고 나이가 든 지금도 손에서 책을 뗀 적이 없다. 황제는 깊은 대궐 속에 있으면서 많은 중요한 일을 통괄해야 하므로 바쁘기 짝이 없다. 따라서 황제는 천하의 일을 모조리 알 수 없다. 그래서 나는 늘 책을 가까이 하며 옛 사람의 가르침을 배우고 잘못을 줄이려고 노력해왔다. 내가 천하를 다스린 지난 50여 년 동안 큰 과오를 범하지 않은 것은 책과 가까이 지낸 덕분이다.

강희제는 중국 고전 중에서도 주자학에 심취했습니다. 주자학의 기본 가르침은 '자기를 극복하여 사회에 쓸모 있는 사람이 되자'이죠. 따라서 자기수양, 자기학습 등이 무척 중요합니다. 이런 면에서 강희제는 주자학의 정신을 일상생활에서 그대로 실천한 사람입니다.

강희제는 중국 고전뿐만 아니라 서양 학문에도 흥미를 가졌습니다. 특히 천문학과 수학을 열심히 공부했습니다. 때마침 서양 선교사들이 계속 중국에 오고 있었기 때문에 서양 학문을 가르칠 사람을 구하기는 그다지 어렵지 않았습니다. 강희제가 동서양의 학문을 가리지 않고 열심히 공부한 것은 우선 그의 천성이 그랬기 때문입니다. 나면서부터 학문을 좋아하지 않으면 그렇게 오랫동안 정열을 불태우며 계속 공부하기란 불가능합니다.

또 하나의 중요한 이유는 중국인들의 존경과 지지를 얻기 위해서였습니다. 중국 민족은 예부터 유난히 학문과 문화를 존중해왔습니다. 따라서 그것에 통달하는 것은 중국인들의 존경을 얻는 지름길이었습니다. 만주족 출신인 강희제도 중국인들을 사로잡기 위해 학문에 지대한 관심을 가졌다는 것이 통설입니다.

강희제는 스스로 학문에 힘쓸 뿐 아니라 전국에서 우수한 인재를 모아 편찬 사업을 하도록 지원했습니다. 그 결과, 역대 정사正史 가운데서도 걸작으로 평가 받는《명사明史》, 최고 수준의 한자 사전인《강희자전康熙字典》, 백과사전으로서는 가장 방대한《고금도서집성古今圖書集成》을 비롯한 수많은 서적이 편찬, 출판됐습니다. 이러한 출판 사업의 발달은 청의 국운이 한창 융성했다는 시대의 증좌로, 강희제의 명성을 더욱더 높입니다. 저는 중국에서 이 정도로 학문을 좋아하고 열심히 오랫동안 학습에 매진한 황제는 그 전에도 그 후에도 없었다고 생각합니다.

자기관리의 화신

젊은 강희제는 친정을 시작하면서 자신의 정치 과제로 삼번, 치수治水, 조운漕運을 꼽았습니다. 그는 삼번의 난을 평정하면서 동시에 치수 및 조운 문제를 해결하는 데 착수합니다. 특히 제방을 구축하고 운하를 복구하는 일에 힘을 기울입니다. 그의 일환으로 황하의 제방 공사에 매년 거액의 예산을 투입하고, 마침내 그것을 완성시킵니다. 예부터 중국에는 "황하를 다스리는 자는 천하를 다스린다"라는 말이 있습니다. 강희제는 이 점에서도 중국의 통치자로서 충분한 자격을 갖췄다고 하겠습니다.

강희제의 시책 중 눈에 띄는 것은 어떻게 해서든지 증세를 하지 않고, 대신 매년 감세 조치를 강구해 민생의 안정을 꾀했다는 것입니다. 거듭되는 원정으로 말미암아 많은 전비戰費를 계속 조달했는데도 강희제는 증세하지 않았을 뿐만 아니라 기회가 있을 때마다 감세 또는 면세해주었습니다.

1684년(강희 24년), 치수 공사의 성과를 시찰하기 위해 강희제는 처음으로 남쪽 지방을 순수巡狩, 즉 두루 돌아다니며 살핍니다. 그는 재위 기간 중 모두 6차례 순수를 하는데, 비용은 모두 황제의 개인적인 돈으로 조달하고 백성들에게는 전혀 부담을 주지 않았습니다. 재해로 피해를 입은 지역에는 피해 정도에 따라 면세 조치를 해주었습니다. 강희제는 평소에 측근들에게 "면세야말로 옛날이나 지금이나 으뜸가는 선정善政이다"라고 말했는데, 그는 이를 철저히 실행에 옮겼습니다.

또 하나 주목할 점은 강희제가 관료들의 부패 행위를 극도로 싫어했다는 사실입니다. 이에 대해서도 그는 평상시 측근들에게 이렇게 말했습니다.

탐관오리의 죄는 결코 용서하면 안 된다.

천하를 다스리는 것은 탐욕을 징계하고 청렴을 장려하는 것을 요체로 한다.

강희제가 공직을 더럽히는 행위를 미워한 것은 그저 입에 발린 경고가 아니었습니다. 썩은 관리는 아무리 높은 지위에 있더라도 결코 용서하지 않았습니다. 강희제는 부패한 관리들이 백성들에게 해를 끼쳤을 것을 생각하면 도저히 참을 수 없다고 했습니다.

이러한 황제의 원칙 덕분에 청 왕조는 엄중한 기강을 유지할 수 있었습니다. 신하들만 엄한 태도로 대한 것이 아닙니다. 자신에 대해서도 지극히 엄격했고 아주 검소한 생활에 만족했습니다. 황제 자신이 견실한 태도로 생활했기 때문에 치수 사업과 군사 원정에 막대한 비용을 들이고 한편으론 매년 세금 감면 조치를 취했는데도 오히려 국고에 여유가 있었습니다.

소박한 생활 방식은 나이가 들어서도 달라지지 않았습니다. 1720년(강희 60년), 강희제가 즉위 60주년을 맞이하자 신하들은 큰 축하 파티를 열자고 진언합니다. 이때는 이미 국고에 어느 정도 여유가 있었습니다. 하지만 강희제는 아직도 할 일이 많다며 신하들의 제안을 단호하게 사양합니다. 그가 만년에도 정신을 바짝 차리고 정치에 임했다는 것을 엿볼 수 있는 일화라 하겠습니다.

삼감으로
그릇을 키우다

강의를 시작하며

춘추시대라는 난세를 살았던 공자孔子가 이상적인 사회로 마음속에 그린 때는 주周나라였습니다. 공자는 주나라에 대하여 이렇게 말합니다.

주周는 하夏와 은殷이라는 두 왕조의 문명을 기초로 하여 장대壯大한 문명을 만들어냈다. 나는 주나라의 문명을 가장 높이 평가한다.

공자에게 이렇게 호평을 받은 주 왕조는 문왕文王, 무왕武王, 성왕成王 3대에 걸쳐 나라의 골격이 형성되는데, 그들을 보좌하며 나라의 기초를 튼튼히 다진 사람이 이번 강의의 주인공 주공 단周公 旦입니다. 주공 단은 문왕의 아들이자 무왕의 아우이므로 3대 성왕에게는 작은아버지가 됩니다. 그는 성왕이 어린 나이에 즉위하자 국정의 실권을 쥐고 나라를 다스리며 주 왕조의 문물, 제도를 모두 정비한 인물입니다.

공자가 가장 존경했다는 이 정치가는 중국의 긴 역사에서 뛰어난 보좌관을 이야기할 때 늘 맨 먼저 언급되곤 합니다. 공자는 심지어 《논어論語》에서 자신의 기력이 좋았던 장년 시절에는 가끔 꿈에서 주공 단의 모습을 봤다고 말할 정도였지요.

3대에 걸쳐 주나라의 기틀을 다진 주공 단, 그는 도대체 어떤 정치가였기에 두고두고 이렇게 큰 칭송을 듣게 된 것일까요? 이 질문에 대답하려면 먼저 주나라의 건국 당시의 정치 상황을 알아야 합니다.

3대에 걸친 기다림이 주를 탄생시키고

주공 단을 배출한 주족周族은 중국 서안 서쪽에 살던 부족입니다. 주족이 역사의 무대에 등장하는 것은 기원전 12세기경 주공 단의 증조부인 고공단부古公亶父 때인데, 당시는 황하 유역을 지배하던 은나라가 전성기를 구가하던 시절이었습니다. 고공단부는 아들을 셋 두었는데 그들의 이름은 태백太伯, 우중虞仲, 계력季歷입니다.

그런데 셋째 아들인 계력의 부인 태임太任이 드물게 현명한 여성이었던 듯합니다. 부부 사이에서 창昌이라는 아들이 태어나는데, 그가 나중에 주 왕조의 문왕이 됩니다. 창이 어릴 때부터 빼어난 자질을 보이자 할아버지인 고공은 그를 눈여겨봤습니다. 손자의 장래에 큰 기대를 걸었지만 고공이 창을 후계자로 지명하려면 먼저 셋째 아들 계력이 족장族長이 되어야 했습니다. 계력의 형인 태백과 우중은 이러한 아버지의 뜻을 알고 몸을 감추었다고 합니다. 이리하여 주족 족장의 지위는 고공에게서 계력으로 이어지고, 계력이 세상을 떠난 후에는 창이 자리를 물려받게 됩니다. 창은 얼마 안 있어 서백西伯(서쪽 지역 제후들의 우두머리)으로 불리며 중국 서쪽 지역에서 세력의 확대를 꾀합니다. 이때 동쪽에 있는 은나라의 임금이 바로 폭군으로 악명 높은 주왕紂王입니다. 주왕이 얼마나 술을 많이 마시고 여자를 좋아했는가는 주지육림酒池肉林(술이 연못을 이루고 고기가 숲을 이룬다)이라는 고사가 그의 행태에서 비롯된 것이라는 사실에서 잘 알 수 있습니다.

반면에 서쪽의 신흥세력인 주족은 서백의 지도 아래 착실히 실력을 키워 나갑니다. 서백은 주왕과는 정반대로 어진 정치를 베푸는 일에 온 힘을 기울였습니다. 그는 노인과 아이들을 친절하게 돌보고 현명한 사람들을 정중히 대우하였으며, 뛰어난 사람과 이야기를 나누기 위해 식사 시간도 아낄 정도였다고 합니다. 그래서 서백의 밑에는 수많은 인재가 몰려듭니다. 그중 한 사람이 여상呂尙이라는 인물인데, 그가 마음에 쏙 든 서백은 그에게 태공망太公望이라는 칭호를 내립니다. 태공망 같은 인재를 계속 맞아들이면서 서백의 명성은 높아만 갔습니다. 언제부터인가 제후들은 분쟁이 있을 때마다 서백에게 중재를 요청하게 될 정도였지요.

그런데 제후들 가운데 서백의 성장을 불쾌하게 여기는 이들이 나타납니다. 그중 한 명인 숭후호崇侯虎는 주왕을 꼬드겨서 서백을 은나라에 가두도록 합니다. 그러자 서백을 걱정하는 중신들이 미녀와 준마, 그리고 숱한 진기한 물건들을 마련해 주왕의 측근을 통해 이를

승자의 공부

주왕에게 바칩니다. 뇌물을 받은 주왕은 매우 흡족해하며 서백을 사면했을 뿐 아니라 정이대장군征夷大將軍이라는 칭호까지 부여합니다. 이리하여 다시 서방의 본거지에 돌아온 서백은 힘을 키우는 데 더욱 심혈을 기울입니다. 주왕의 신하들 가운데는 서백을 조심하라고 진언하는 자도 있었지만, 왕은 전혀 개의치 않았습니다. 선정을 베푸는 서백의 세력이 급속히 커지고 있다고는 하지만, 은 왕조의 관점에서 보면 그의 힘은 아직 대수롭지 않은 정도였지요. 그만큼 은 왕조와 주족 사이에는 힘의 격차가 컸습니다.

서백이 세상을 떠나고 그의 뒤를 태자 발發이 잇습니다. 그가 주의 2대 왕인 무왕입니다. 문왕(서백)에게는 10명의 아들이 있었는데 그중 주공 단은 넷째였습니다. 장남인 백읍伯邑은 일찍 죽었기 때문에 둘째인 발이 후계자가 된 것이죠. 무왕은 즉위하자 태공망을 군사軍師로, 그리고 주공 단을 보좌관으로 임명합니다. 무왕은 왕의 자리에 오른 지 9년째 되는 해 군사를 일으켜서 동쪽으로 진출합니다. 전군의 지휘는 태공망이 맡았습니다. 황하의 맹진盟津까지 진군하자 각지의 제후들이 차례차례 투항해 왔는데 그 수가 800명에 달했습니다. 제후들은 하나같이 지금 주왕을 치자고 했지만 무왕은 이렇게 말하며 군대를 철수시킵니다.

서두르지 마라. 하늘이 정한 운수는 아직 은殷을 떠나지 않았다.

당시 무왕은 아직은 은나라의 힘이 만만치 않다고 생각한 듯합니다. 그로부터 2년 후 무왕은 드디어 주왕 토벌을 위한 군사를 일으킵니다. 무왕이 손수 문왕의 위패를 받들고 전차 300대, 장교 3000명,

무장 병력 4만 5000명을 이끌고 동쪽으로 향합니다. 제후들이 이끄는 군대도 속속 합류합니다. 이들은 은나라의 수도 남쪽 교외에 있는 목야牧野에 진을 칩니다. 전차의 수는 4000대에 달했다고 합니다. 이 소식을 들은 주왕은 70만 대군을 동원하여 맞섭니다.

무왕은 태공망에게 용사 100명을 동원하여 선제공격을 하라고 명령합니다. 태공망의 맹공으로 전군의 사기를 올린 다음, 무왕 자신이 직접 병력을 이끌고 적진으로 돌진합니다. 주왕의 군대는 수적으로는 우세했지만 주왕의 폭정에 시달린 나머지 싸울 마음이 없었습니다. 병사들은 오히려 무왕이 오는 것을 기다리고 있었다고 합니다. 그래서 무왕이 공격해오자 상대측 병사들은 일제히 창을 거꾸로 잡고 무왕을 환영했습니다. 이리하여 주왕의 군대는 순식간에 붕괴합니다. 주왕은 수도로 도망가서 불 속에 몸을 던져 스스로 목숨을 끊습니다. 이렇게 해서 역사에서 목야의 전투牧野之戰라고 불리는 싸움은 뜻밖에도 싱겁게 끝을 맺습니다.

이 싸움에서 주공 단은 무왕의 직속 부하로 있으면서 전쟁을 전체의 관점에서 바라보며 지휘를 한 것으로 보입니다. 무왕은 곧 은의 수도 조가朝歌에 입성하고, 다음 날 즉위합니다. 주 왕조의 수립을 선언하는 무왕의 곁에는 주공 단이 위의威儀를 단정히 갖추고 서 있었습니다.

평생에 걸친 겸양이 주공 단을 빛나게 하다

주 왕조를 연 무왕은 곧 전후 처리에 착수합니다. 먼저 감옥에 갇혀 있던 사람들을 모두 석방합니다. 또 은나라의 식량과 재화를 풀어서 빈민을 구제했습니다. 모두 인심을 얻기 위한 조치인데, 주공 단의 뜻이 크게 반영된 것이었습니다. 일련의 전후 처리가 끝나자 무왕은 공신들에 대해 논공행상을 합니다.

총사령관인 태공망에게는 제齊 땅을 주고, 주공 단은 노魯의 영주가 됩니다. 재미있는 것은 이때 무왕이 주왕의 아들인 녹부祿父도 제후로 임명했다는 사실입니다. 이것은 무왕이 그릇이 큰 인물이어서 아량을 베풀었다기보다는 아직도 중국 동부에 은근히 큰 세력을 갖고 있는 은족殷族을 무시할 수 없었기 때문입니다. 다만 무왕은 녹부를 제후로 봉하면서 동시에 자신의 형인 관숙管叔과 아우 채숙蔡叔을 그의 보좌관으로 임명합니다. 그들의 임무가 녹부를 감시하는 것임은 말할 것도 없겠지요.

사후 처리를 끝내고 무왕은 서쪽의 본거지로 돌아옵니다. 그러나 밤이 돼도 잠을 이루지 못했다고 합니다. 새 나라를 이끌어가야 하는 막중한 책임 때문에 불안감에 시달렸던 탓이죠. 그 때문인지 무왕은 2년 후에 병으로 쓰러지고 맙니다. 당시는 아직도 은족의 세력이 강대했기 때문에 천하가 안정되지 않았습니다. 그래서 중신들은 걱정이 태산 같았는데 주공 단은 무왕을 대신하여 자신이 죽게 해달라고 조상들에게 간절한 기도를 올립니다. 그의 진실한 기도를 하늘이 들었는지 무왕의 병은 일단 나았다고 합니다.

하지만 이미 심신이 쇠약해진 무왕은 머지않아 다시 병을 얻어 결국 죽고 맙니다. 주나라 건국 2년 만의 일이죠. 태자인 성왕은 아직 어리고 무왕의 죽음이 알려지면 강대한 은족 세력이 반란을 일으킬지도 모르는 절체절명의 상황에서 주공 단은 어린 성왕을 대신하여 섭정으로서 국정을 맡게 됩니다. 그러자 형제들이 즉각 반발합니다. 특히 형 관숙과 아우 채숙은 "주공 단이 성왕의 자리를 뺏을 작정이다"라는 터무니없는 소문을 퍼뜨리지요. 그러나 주공 단은 이에 굴하지 않고 태공망과 소공召公 두 중신을 불러 자신의 심경을 이렇게 밝힙니다.

내가 굳이 천자天子의 직무를 대행하려고 하는 것은 제후들이 우리나라에 등을 돌릴 것을 걱정하기 때문이다. 그런 사태가 일어나면 나는 나의 선조인 태왕太王, 계왕季王, 문왕의 영전 앞에서 고개를 들 수 없게 된다. 삼대에 걸친 오랜 노고가 이제 드디어 열매를 맺었는데, 무왕은 벌써 돌아가시고 성왕은 아직 어리다. 우리나라의 기초를 튼튼히 하려고 생각하기 때문에 나는 섭정의 소임을 맡은 것이다.

두 중신의 도움으로 주공 단은 정권을 쥐고 나라를 다스리게 됩니다. 세워진 지 얼마 안 된 왕조의 운명이 그의 어깨에 올려진 셈이죠. 그러나 주 왕조의 어수선한 사정은 은족에게 다시없는 기회였습니다. 아니나 다를까 제후로 임명되었던 주왕의 아들 녹부가 동방에서 반란을 일으킵니다. 여기에 주공 단에게 불만을 품은 관숙, 채숙 형제도 가세합니다.

주공 단은 이에 굴하지 않고 단호하게 대처합니다. 스스로 군대를 이끌고 토벌에 나서서 순조롭게 전쟁을 이끌어 관숙과 녹부를 처형하고 채숙은 벽지로 귀양 보냅니다. 그들이 통치하던 은족을 둘로 나눈 다음, 아우 강숙康叔을 위衛의, 주왕의 이복형 미자微子를 송宋의 제후로 임명합니다. 그리고 미자가 계속 은의 조상을 위한 제사를 지낼 수 있도록 합니다. 이는 한편으로는 은족의 힘을 분산시키고, 또 한편으로는 은족의 전통이 이어지도록 한 배려였습니다.

토벌 작전에는 약 2년의 시간이 소요되었는데 그사이에 동방의 여러 나라가 평정되고 제후들은 모조리 주 왕조를 떠받들게 됩니다. 무왕이 살아 있을 때는 주의 통치권이 동방에 미치지 못했습니다. 무왕은 그것을 몹시 걱정하였는데 그 걱정거리를 주공 단이 완전히 해결한 것이지요. 주공 단의 활약으로 주 왕조는 건국 초기의 위기에서 벗어나게 됩니다.

주공 단은 7년간 섭정의 자리에 있으면서 왕조의 제도와 규범을 정비하고 내정의 기반을 단단히 다집니다. 그사이 성왕이 성장하여 정치를 할 수 있는 나이가 되자 주공 단은 즉각 성왕에게 권력을 내어줍니다. 그는 그전까지는 왕의 자리에 앉아 왕으로서의 격식을 갖추고 제후들을 맞이했다고 합니다. 그러나 권력을 내려놓은 다음에는 신하의 자리로 내려와서 신하로서의 예의를 깍듯이 지키며 성왕을 모셨다고 하지요. 그러나 성왕은 주공 단을 시기하고 의심하는 마음을 완전히 풀지 못합니다. 이와 관련하여 참으로 감동적인 이야기가 있습니다.

성왕이 정치 일선에 나선 다음의 어느 날이었습니다. 또 다시 주공 단에 대한 비방을 흘리는 자가 성왕의 마음을 흔들었습니다. 성왕의 마음 한구석에는 다시 "작은아버지가 나를 몰아내려고 하는가?" 하는 의혹이 언뜻언뜻 스쳤습니다. 이를 알게 된 주공 단은 일단 초楚 땅으로 물러납니다. 다행히 사태가 파국으로 치닫지 않은 데는 다음과 같은 사정이 있었습니다.

성왕이 아직 어릴 때 큰 병을 앓은 적이 있었습니다. 이때 주공 단은 자신의 손톱을 잘라 황하에 빠뜨리며 물을 다스리는 신에게 기도했습니다.

"왕은 아직 어린 몸이라서 일을 사리에 맞게 판단하지 못합니다. 만일 신의 뜻을 거슬렀다면 모든 것은 저의 책임입니다. 제발 저를 처벌해주십시오."

얼마 안 있어 성왕은 병이 나았습니다. 주공 단은 이 기도문을 서고書庫에 보관하고 아무에게도 보여주지 않았습니다. 주공 단이 초나라로 도망간 후 성왕은 서고에서 우연히 이 기도문을 발견했습니다. 그는 이를 읽고는 눈물을 흘리며 자신의 어리석음을 뉘우쳤습니다. 성왕이 주공 단을 다시 수도로 불러들인 것은 두말할 나위도 없겠죠.

또 이런 일도 있었습니다. 주공 단이 세상을 떠난 후 어느 해, 날씨가 불순해 가을 수확을 걱정해야 할 지경이 되자 성왕은 대책 마련에 도움이 될까 해서 옛날 기록을 살펴보기로 합니다. 그는 중신들과 함께 예복을 단정히 입고 극비 문서가 보관되어 있는 상자를 열어봅니다. 그랬더니 주공 단이 쓴 무왕을 위해 자신이 대신 죽게 해달라는 간절한 내용이 담긴 기도문이 있는 것이 아닙니까. 이를 읽은 성왕은 담당 실무자를 돌아보며 묻습니다.

"이것이 진짜냐?"

"네, 그렇습니다. 그러나 재상님께서는 절대로 남에게 말하지 말라고 하셨습니다."

이때 성왕은 기도문을 손에 쥐고 눈물을 흘렸다고 합니다.

"날씨가 불순한 까닭이 이제 명확해졌다. 옛날에 주공 단 재상께서 왕실을 위해 이렇게까지 노심초사하셨는데 나는 어려서 알아차리지 못했다. 이제 하늘이 재상의 덕을 밝혀서 알리기 위해 이런 현상을 보여주시는 것이다. 그렇다면 나는 삼가 재상의 혼을 정중히 맞이해야겠다."

이후 성왕은 주공 단의 후예인 노魯에게 천자의 의식을 행하는 것을 허락합니다. 노나라에 천자의 예법과 음악이 전해진 것은 이렇게 주 왕실이 주공 단의 덕을 고맙게 여겼기 때문이라고 합니다.

2인자의 처신

지금까지 살펴본 바와 같이 주공 단은 최고의 실력자이자 2인자로서 주 왕조의 기초를 튼튼히 하는 데 크게 이바지합니다. 그러면 그는 보좌관으로서 어떤 원칙을 가지고 국정에 임했을까요? 다음의 일화는 이 질문에 대한 실마리를 줍니다.

앞에서 이야기했다시피 주공 단은 주 왕조의 건국에 기여한 공로를 인정받아 노魯의 영주가 됩니다. 그러나 일에 쫓겨서 도저히 자신의 땅에 갈 수 없었습니다. 할 수 없이 자신의 아들 백금伯禽을 대리인으로 노나라에 보내기로 합니다. 《십팔사략十八史略》과 《사기史記》 등의 기록에 따르면 주공 단은 백금을 떠나보내면서 이렇게 당부했습니다.

나는 문왕의 아들이고 무왕의 아우이며, 지금의 성왕에게는 숙부이다. 그래서 제후들 가운데는 고귀한 몸으로 여겨지는 것도 사실이다. 그런 나도 손님이 오시면 머리를 감다가도, 밥을 먹다가도 벌떡 일어나서 손님을 맞고 예의를 소홀히 하지 않으려고 노력한다. 그래도 '여전히 모자란 데가 있지는 않을까?' 하는 근심걱정으로 안절부절못한다. 너도 노魯에 가면 아무리 귀한 몸이라고 해도 결단코 건방진 행동은 하지 마라.

이 말에서 주공 단이 얼마나 겸손한 인물이었는가를 엿볼 수 있습니다. 또한 주공 단이 어떤 자세로 정치를 했는가도 짐작할 수 있습니다. 주공 단의 정치는 아래 두 항목으로 요약할 수 있습니다.

- 늘 인재의 확보에 힘을 기울인다.
- 겸허한 자세로 부하와 백성을 대한다.

그런데 《논어》에 따르면, 주공 단이 아들 백금에게 훈계한 내용은 이것과 약간 다릅니다. 이를 간추리면 대체로 다음과 같습니다.

친척을 등한히 하지 마라.
중신에게 자신이 무시당했다는 불만을 갖게 하지 마라.
옛 친구는 웬만한 일이 아니면 버리지 마라.
한 사람에게 모든 것을 기대하지 마라.

주공 단이 임지로 떠나는 아들에게 당부했다는 이 말은 그가 늘 마음에 새기고 실천한 지도자로서의 몸가짐입니다. 여러 방면에 세심하게 마음을 쓰는 지도자의 모습을 잘 보여준다고 하겠습니다. 그러면 주공 단은 어떤 정치를 지향했을까요? 이 질문에 답하기 위해 다음 이야기를 살펴보시죠.

주공 단이 꿈꾼 정치

주나라를 세운 또 한 명의 일등공신, 태공망은 제齊 땅을 하사받습니다. 현지에 도착한 그는 일을 척척 해치워 다섯 달 만에 시정 보고를 하러 주공 단을 방문하지요.

"너무 일찍 돌아오신 것은 아닌가요?"

주공 단이 놀라 이렇게 묻자 태공망이 대답합니다.

"저는 군신君臣의 예를 간소하게 하고 백성들의 풍속과 습관을 존중하며 정치를 하고 있습니다. 그래서 이렇게 일찍 보고를 드리러 올 수 있었습니다."

태공망과는 대조적으로 노魯에 가 있었던 백금은 3년이 지나서야 보고를 하러 옵니다.

"너무 늦게 온 것은 아닌가?"

주공 단이 이렇게 묻자 백금이 대답합니다.

"저는 예부터 전해오는 습관과 풍속을 개혁하고 규범을 정비했습니다. 부모가 돌아가시면 3년 동안 상복喪服을 입도록 지도했습니다. 그러다 보니 이렇게 늦고 말았습니다."

주공 단은 두 사람의 통치 방식을 비교하면서 이렇게 탄식합니다.

"유감스럽지만 장차 노는 제의 속국이 되고 말 것이네."

그 까닭을 그는 이렇게 덧붙입니다.

"각종 법령으로 사회가 번잡해지면 백성들은 친밀감을 못 느낀다. 백성들에게 속박을 의식하게 하지 않고, 자연스럽게 그들이 마음을 열고 따르도록 하는 것이 정치의 요체가 아닌가 한다."

이를 보면 주공 단이 그린 이상적인 정치는 첫째 간소하고, 둘째

이해하기 쉬워야 했습니다. 요즘 말로 하면 규제 철폐, 작은 정부, 열린 소통 등이 주공 단이 생각한 정치의 핵심 원칙입니다.

《십팔사략》에 나오는 다음 이야기도 살펴봅시다.

어느 날 주공 단이 태공망에게 묻습니다.

"제나라에서는 어떻게 정치를 하고 계십니까?"

"저는 능력이 있는 사람을 등용하고 공적에 따라 대우를 해주고 있습니다."

태공망이 이렇게 답변하자 주공 단이 반박합니다.

"그렇게 하시면 신하들의 세력이 강해지고 언젠가는 임금을 죽이고 나라를 뺏는 자가 나올 텐데요."

그러자 이번에는 태공망이 묻습니다.

"그러면 재상께서는 어떤 방침으로 노나라를 다스리고 계십니까?"

"능력 있는 인재를 등용하는 것은 똑같습니다만, 저는 동시에 집안 사람들을 중용하고 있습니다."

주공 단의 대답을 들은 태공망은 이렇게 말합니다.

"공적보다 혈연을 중시하면 머지않아 나라가 쇠퇴하고 말 겁니다."

태공망의 방식은 한마디로 능력 위주meritocracy라 하겠습니다. 이것이 극단으로 가면 신하의 힘이 커지고 임금의 존재가 희미해질 수 있습니다. 반대로 주공 단의 친족 중시 정책nepotism은 현대 경영학과 경영 현장에서 매우 부정적으로 보는 원칙입니다. 이것이 심해지면 조직이 활력을 잃기 때문이지요.《십팔사략》은 이 대화를 통해 두 방식이 모두 일장일단이 있다는 것을 일깨워주고 있습니다. 어떻게 하면 서로 다른 두 방식의 좋은 점을 최대한 살리고 단점을 최소화할 수 있는가를 고민하라는 것이 이 일화가 오늘날 리더들에게 던지는 숙제 아닐까요?

제4강

관중

주는 것이
얻는 것

강의를 시작하며

우리에게 널리 알려진 관포지교管鮑之交란 말이 있습니다. 관중管仲과 포숙아鮑叔牙의 사귐이 매우 친밀하였다는 옛 이야기에서 비롯된 사자성어로, 아주 친한 친구 사이의 사귐을 뜻합니다. 여기에 나오는 관중은 기원전 7세기 춘추시대 제나라의 재상으로 맹활약했던 사람입니다. 당시 중국은 이미 통제력을 잃고 있던 주 왕조 대신에 실력 있는 제후가 이른바 패자覇者로서 천하를 호령하는 시대가 되어가고 있었습니다.

패자는 일단 주 왕조의 종주권宗主權을 존중하면서도, 각 제후들을 불러 모아 제후 회의를 소집하여 충성의 맹세를 받았습니다. 패자의 가장 큰 임무는 중국을 위협하는 이민족을 몰아내고 중원의 질서를

61

유지하는 것이었죠.

역사상 가장 먼저 패자의 자리에 오른 이가 지금의 산동 반도에 있던 제나라의 환공桓公입니다. 제는 원래 약소국이었고 환공도 실은 평범한 지도자였습니다. 그런데 환공이 즉위한 해에 관중을 재상으로 맞이하자 제나라는 두드러지게 국력이 신장했고 급기야는 환공이 패자霸者로서 천하에 군림하게 됩니다. 이 모든 변화가 관중의 정치적 수완에 힘입은 바 크다는 것이 역사가들의 대체적인 의견입니다.

그가 후세에 얼마나 높은 평가를 받았는지 세 사람의 의견을 소개하겠습니다. 먼저 관중이 죽은 지 약 100년 후에 태어난 공자는《논어》에서 이렇게 말합니다.

> 환공이 무자비한 수단을 동원하지 않고도 제후들을 복종시킬 수 있었던 것은 관중의 힘 덕분이다.
>
> 子曰 桓公 九合諸侯 不以兵車 管仲之力也
>
> ─《논어》제14장 〈헌문편憲問篇〉

> 관중은 환공을 도와 그를 제후들의 맹주로 만들었으며 천하의 질서를 회복했다. 백성들은 지금까지 그 은혜를 입고 있다. 만일 관중이 없었으면 우리들은 오랑캐의 풍속을 강요받았을지도 모른다.
>
> 子曰 管仲 相桓公霸諸侯 一匡天下 民到于今 受其賜 微管仲 吾其被髮左衽矣
>
> ─《논어》제14장 〈헌문편憲問篇〉

또《사기》를 쓴 사마천司馬遷도 관중이 군주에 대한 보필의 책임을 다했다는 점을 강조하면서 이런 옛말을 인용했습니다.

승자의 공부

군주의 좋은 점은 더 키우고 결점은 바로잡았기에 온 나라가 평화로워졌다.

훨씬 후대인 송나라 때 소순(蘇洵)이라는 정치가는 관중에 대하여 아래와 같은 멋진 말을 선사했습니다.

한 나라가 한 사람 덕분에 흥했고, 한 사람으로 말미암아 망했다.

여기서 '한 사람 덕분에 흥했고'는 제나라가 관중이라는 뛰어난 재상을 얻어 급속히 성장했다는 뜻입니다. '한 사람으로 말미암아 망했다'는 그가 죽은 후 환공이 풍요로움에 빠져 생동감을 잃자 나라가 멸망의 위기에 빠졌다는 역사적 사실을 가리킵니다. 여러 사람의 평가로 보아, 관중이 없었으면 환공은 패자가 될 수 없었을 것이고 중원의 평화도 유지되기 힘들었을 것으로 생각됩니다.

관포지교가 낳은 인연

이번 강의를 시작할 때 관포지교라는 말을 소개했습니다. 사마천은 《사기》에서 관중과 포숙아의 우정을 이렇게 소개합니다.

관중과 포숙아는 어릴 때부터 친구인데 두 사람은 무엇을 해도 함께했다. 그 시절부터 포숙아는 관중의 남달리 뛰어난 재능을 알아보았다. 관중의 집안은 가난했는데, 그래서 그는 포숙아를 잘 속였다. 하지만 포숙아는 불평 한마디 하지 않았고 끝까지 우정을 버리지 않았다.

관중 스스로도 포숙아와의 우정에 대해 다음과 같이 말했습니다.

나는 옛날에 가난했을 때 포숙아와 함께 장사를 한 적이 있다. 이익을 나누는 단계에서 내가 더 많이 가졌는데, 그는 나를 욕심꾸러기라고 하지 않았다. 내가 가난한 것을 알고 있었기 때문이다. 또 내가 포숙아가 공을 세우게 해주려고 계획했던 일이 오히려 그를 궁지에 빠뜨린 결과가 된 적도 있다. 하지만 그는 나를 멍텅구리라고 하지 않았다. 일이란 잘 되는 때도 있고 그렇지 않은 경우도 있는 것을 알고 있었기 때문이다. 또 나는 몇 차례나 관직에 임명되었다가 해고되곤 했다. 그러나 포숙아는 나를 무능하다고 하지 않았다. 내가 나에게 맞는 시절을 아직 못 만났다고 보았기 때문이다. 또 내가 싸움터에 나갈 때마다 도망쳐 돌아왔는데 그는 나를 겁쟁이라고 하지 않았다. 나에게는 연로한 어머니가 계신 것을 알고 있었기 때문이다. 나를 낳아준 분은 부모님이지만 나를 이해해준 사람은 포숙아다.

관중은 이렇게 평생 의리를 지킨 벗, 포숙아가 제나라의 새 임금이 된 환공에게 간곡히 추천함으로써 재상의 자리에 오르게 됩니다. 그런데 그 과정이 한 편의 영화처럼 무척 극적입니다.

제의 13대 왕 이공釐公에게는 제아諸兒, 규糾, 소백小白 세 아들이 있었습니다. 관중은 규, 포숙아는 소백의 선생님이 되죠. 그런데 첫째인 제아가 왕이 된 후 나라가 어지러워지자 규는 노魯나라로, 소백은 거莒나라로 가신들을 이끌고 망명을 떠나게 됩니다.

그러던 중 제아가 사촌인 공손무지公孫無知에게 피살되고, 공손무지 역시 그에게 앙심을 품은 자에게 죽임을 당합니다. 이 소식을 들은 두 왕자는 제나라의 수도 임치臨淄를 먼저 차지하기 위해 다투게 됩니다. 당시 관중과 포숙아는 서로 반대 진영에 속해 있었습니다.

이때 관중에게 중요한 임무가 맡겨집니다. 바로 소백이 돌아오는 길목을 지키다가 그를 죽이라는 것이었죠. 제나라 국경에서 소백이 이끄는 군대와 관중의 군대가 맞붙게 됩니다. 난전 중에 관중은 자신의 활로 소백을 쏩니다. 화살은 정확히 명중했고 소백은 쿵 쓰러졌습니다. 소백이 쓰러진 것을 확인한 관중은 이 소식을 재빨리 규에게 전합니다. 규는 안심하고 노나라 군대의 호위를 받으며 느긋한 마음으로 임치로 향했겠죠.

그러나 사실 관중의 화살은 소백이 아니라 소백이 차고 있던 허리띠의 물림쇠buckle에 맞았습니다. 간신히 목숨을 건진 소백은 현명하게도 그 자리에서 죽은 척하여 위기에서 벗어날 수 있었죠. 소백은 죽자 살자 임치로 달려갑니다. 이리하여 규를 왕으로 옹립하려는 노나라 군대가 제나라 영토에 들어왔을 때는 이미 소백이 왕좌에 오른 뒤였습니다. 이 소백이 바로 환공입니다.

당황한 규와 노나라는 한판 싸움을 벌였지만 어이없이 패하고 맙니다. 전쟁에서 승리한 제나라는 노나라에 규를 죽일 것을 요구합니다. 이에 굴복한 노는 자신들이 후원한 규를 스스로 죽여야 하는 수모를 겪어야 했습니다. 이렇게 해서 이 싸움은 기원전 685년, 소백 진영의 완벽한 승리로 끝을 맺습니다.

이제 문제는 '관중을 어떻게 할 것인가?'였습니다. 환공의 입장에서 보면 관중은 죽어 마땅했습니다. 그런데 환공에게 포숙아는 다음과 같이 간언합니다.

저는 다행히도 폐하를 따를 수 있었고 이제 폐하는 임금님이 되셨습니다. 그러나 앞으로 제가 감당하기에는 짐이 너무 무겁습니다. 폐하께서 제나라 하나만 다스릴 작정이라면 고혜高傒와 저 이렇게 두 사람이 보좌해도 충분합니다. 하지만 천하의 패자가 되려고 하시면 관중 이외에는 적임자가 없습니다. 관중을 쓰는 나라는 반드시 천하에서 큰 힘을 발휘할 겁니다. 꼭 관중을 중용하시기 바랍니다.

환공으로서도 신뢰하는 포숙아의 의견을 들어주지 않을 이유가 없었습니다. 그는 곧 노나라에게 관중을 보내달라고 요구하고 노는 당연히 동의합니다. 이렇게 해서 관중은 자신을 데리러 온 포숙아와 함께 귀국길에 오릅니다. 환공은 관중을 만나보자마자 그의 식견에 탄복해 그를 재상으로 임명합니다. 뿐만 아니라 나라 다스리는 일을 사실상 몽땅 관중에게 맡깁니다. 드디어 정치지도자 관중의 시대가 온 것입니다. 친구의 능력을 알아보고 이를 천거한 포숙아의 의리도 대단하지만, 자신을 죽이려고 한 사람을 과감하게 등용한 환공의 안목 또한 예사롭지 않습니다.

다스림의 4가지 원칙

관중은 나라가 강대해지기 위해서는 우선 백성들의 생활이 안정되어야 한다고 확신했습니다. 그래서 경제 진흥에 주안점을 두고 이를 위한 정책의 입안과 시행에 많은 힘을 기울였습니다. 그가 추구한 경제 정책의 원칙은 5가지로 요약됩니다.

1. 농업의 진흥
2. 소금, 철, 금, 그리고 기타 주요 산업의 국가 관리
3. 균형 재정의 유지
4. 물자의 유통 및 물가 조정
5. 세제 및 병역의 정비

지금으로부터 2800년 전에 이미 이렇게 앞을 내다본 정책을 시행했다니 정말 대단합니다. 특히 제나라는 다른 나라보다 앞서 소금 전매 제도를 도입합니다. 이렇게 전매한 소금을 소금이 나지 않는 내륙의 여러 나라에 팔아 막대한 수입을 올렸습니다. 그 결과, 제나라의 국력은 급격히 신장했고, 환공은 이를 기반으로 불과 7년 만에 영광스러운 패자의 자리를 차지하게 됩니다.

관중이 정치를 어떻게 인식했는가는 《관자管子》라는 책에 자세히 적혀 있습니다. 그러나 이 책의 상당 부분은 후대에 추가된 것으로 보입니다. 여기서는 관중 스스로 썼을 가능성이 높다고 판단되는 〈경언구편經言九篇〉 가운데 하나인 〈목민편牧民篇〉에 녹아 있는 그의 정치 사상을 함께 읽어봅시다.

첫째, 생활의 안정이야말로 정치의 근본이다

한 나라의 위정자는 사철 내내 생산 계획을 원활히 실시하고 경제를 풍

요롭게 하기 위해 애써야 한다. 물자가 풍부한 나라에는 아무리 멀어도 사람들이 몰려들고, 개발이 순조롭게 진행되는 나라에는 도망치는 백성이 한 사람도 없다. 그날그날 살아가는 것도 힘겨운 사람에게 예의를 말해보았자 무슨 소용이 있으리. 생활에 여유가 생기면 도덕 의식은 저절로 올라가게 마련이다.

군주가 재정 부문에서 무리하지 않는 것이야말로 민생 안정의 근본이다. 생활이 안정되면 백성들이 예의禮와 정의義를 지키고 염치廉恥를 알게 된다. 그렇게 되면 군주의 권위가 나라 구석구석까지 미치게 된다. 위정자는 무엇보다도 경제를 중시해야 한다. 형벌 등은 2차원적인 문제에 지나지 않는다. 먼저 민생을 안정시킨 후에 도덕 의식을 높이는 것이 국가 존립의 기초이다.

둘째, 나라를 지탱하는 4가지 강령綱領

나라는 네 강령에 의해 유지된다. 예의禮, 정의義, 깨끗함廉, 부끄러움恥이 그것이다. 여기서 말하는 예의란 절도를 지키는 것이고, 정의는 자기 선전을 하지 않는 것이다. 깨끗함은 자신의 잘못을 감추지 않는 것이고, 부끄러움은 다른 사람의 못된 짓에 끌려가지 않는 것이다. 모든 사람이 절도를 지키면 신분 질서가 안정된다. 아무도 자기 선전을 하지 않으면 거짓이 없어진다. 자신의 과오를 숨기지 않으면 부정은 저절로 자취를 감춘다. 다른 사람의 못된 짓에 끌려가는 사람이 없으면 당치 않은 못된 짓은 피할 수 없다.

셋째, 얻으려면 먼저 주어라

백성들이 원하는 것을 관찰하여 그것을 들어주는 것이 정치의 요체이다. 백성들이 바라는 것을 무시하는 정치는 반드시 벽에 부딪힌다.

백성은 누구나 고생을 싫어한다. 따라서 군주는 백성들의 노고를 없애는 방법을 강구해야 한다.

백성은 누구나 가난을 싫어한다. 따라서 군주는 백성들의 생활을 윤택하게 하지 않으면 안 된다.

백성은 누구나 재난을 피하고 싶어 한다. 따라서 군주는 백성들의 안전을 도모해야 한다.

백성은 누구나 같은 혈족이 멸망하는 쓰라림을 겪고 싶어 하지 않는다. 그러므로 군주는 백성들의 번영을 꾀해야 한다.

이상의 조건들이 만족되면 어떤 변화가 찾아올까요? 관중은 여기에 대한 답 또한 제시합니다.

노고를 없애주는 임금을 위해서라면 백성들은 어떠한 고생도 마다 않으리. 생활을 윤택하게 해주는 임금을 위해서라면 백성들은 어떤 가난도 참고 견디리. 안전을 도모해주는 임금을 위해서라면 백성들은 어떤 재난도 감수하리. 번영을 꾀하는 임금을 위해서라면 백성들은 목숨을 걸고 싸우리.

백성들의 마음을 사로잡으려고 하지 않고 단지 형벌로만 다스리려고 하면, 그것은 불가능하다. 백성들이 복종하지 않는다고 해서 무턱대고 형벌을 엄하게 하고 마구잡이로 사람을 처형하고 겁주는 것은 스스로 무덤을 파는 행위이다.

군주는 앞의 네 조건이 충족되도록 늘 마음을 써야 한다. 이 조건들이 충족되면 백성들은 아무리 멀리 떨어진 곳에 있다 할지라도 몰려올 것이다. 반대로 노고, 가난, 재난, 멸망 등의 괴로움을 일방적으로 강요하면 가장 가까운 측근조차 등을 돌릴 것이다.

관중이 2800년 전에 이미 철저한 애민愛民사상을 갖고 이를 현실에서 실현하려고 무던히도 애썼다는 사실은 참으로 놀랍기만 합니다. 참고로 사마천은《사기열전》에서 관중의 여러 정치 행적을 논의한 후에 이런 말을 합니다.

그래서 "주는 것이 곧 얻는 것임을 아는 게 정치의 비결이다"라는 말이 생겨났다.

사마천의 이 같은 평가를 보면 관중은 그 행적과 사상이 거의 일치합니다. 그는 말과 행동이 다르지 않은 정치지도자였습니다.

넷째, 지도자의 요건

요새가 아무리 견고하더라도 그것만으로 적을 막을 수는 없습니다. 아무리 군비가 튼튼하더라도 그것만으로 적을 무찌를 수는 없습니다. 또 아무리 영토가 넓고 물자가 풍부하더라도 그것만으로는 백성들의 마음을 계속 사로잡을 수 없습니다. 그럼 어떻게 해야 할까요? 관중은 군주에게 견실한 지도이념이 있어야만 비로소 재앙을 방지할 수 있다고 보았습니다. 그의 말을 들어보시죠.

현명한 신하가 없다고 괴로워하지 말고 먼저 신하들을 제대로 쓰고 있는가 반성하라.

물자가 적다고 걱정하기 전에 먼저 물자가 적절히 배분되어 있는가 생각하라.

때에 맞춰 대책을 세우는 것이 지도자의 할 일이고 공평무사는 지도자의 덕德이다.

군주는 늘 시의적절한 정책을 개발하고, 거느리는 많은 신하들이 자신들의 능력을 마음껏 발휘할 수 있도록 해야 한다.

위정자가 우유부단하면 그 정책은 늘 때를 놓친다. 그가 물욕이 많으면 인심을 얻을 수 없다. 무능한 패거리를 믿었다가는 지각 있는 신하들에게 버림받는다.

이것이 관중이 지향한 정치였습니다. 사마천도 《사기열전》 중 〈관안열전官晏列傳〉에서 이런 정치를 펼치려고 한 관중을 다음과 같이 높이 평가했습니다.

관중은 제나라 재상이 되어 정치를 맡자 보잘것없는 제나라가 바닷가에 있는 이점을 살려 다른 나라와의 교역을 통해 재물을 쌓아 나라를 부유하게 하고 군대를 튼튼하게 만들었으며 백성의 뜻에 맞춰 정책을 실시했다.

그는 이렇게 말하였다.

"창고에 물자가 풍부해야 예절을 알며, 먹고 입는 것이 풍족해야 명예와 치욕을 알게 된다. 임금이 법도를 실천하면 육친(六親. 아버지 어머니, 형, 아우, 아내, 자식)이 굳게 결속하고, 나라를 다스리는 4가지 강령, 즉 예의, 정의, 깨끗함, 부끄러움이 펼쳐지지 못하면 나라는 멸망한다. 물의 근원지에서 물이 흘러가듯이 명령을 내리면 그 명령은 민심에 순응하게 된다."

나라에서 의논한 정책은 탁상공론이 아니므로 실천하기 쉬웠다. 백성이 바라는 것은 그대로 들어주고 백성이 싫어하는 것은 그들의 뜻대로 없애주었다.

신의를 앞세워 천하를 얻다

관중의 뛰어난 경제 정책에 힘입어 제나라의 국력은 크게 커졌지만, 그는 힘으로 다른 나라를 굴복시키려고 하지 않았습니다. 관중은 오히려 거만해지기 쉬운 상황에서 환공을 잘 제어해가며 신의에 바탕을 둔 외교 정책을 펼칩니다. 예를 들어, 이런 일이 있었습니다.

기원전 681년, 환공이 왕좌에 오른 지 5년이 됐을 무렵, 국력을 충실히 키운 제는 숙적 노魯와 싸워 승리를 거듭합니다. 전쟁에 희망이 없다고 생각한 노의 장공莊公은 수읍遂邑을 떼어주겠다고 하며 강화를 제의합니다. 환공은 이를 받아들이고 장공과 가柯라는 곳에서 만나기로 합니다. 그런데 회담석상에서 장공이 막 충성을 맹세하려고 할 때, 노의 장군 조말曹沫이 단상에 올라와 환공에게 칼을 들이대며 외칩니다.

"뺏은 영토를 돌려주시오. 그렇지 않으면 폐하의 목숨은 이제 끝입니다."

"좋다. 알았다."

이 말을 듣자마자 조말은 칼을 던져버리고 신하의 자리로 돌아갑니다. 협박당한 환공은 일단 수락했지만 나중에 생각해보니 분하기 짝이 없었습니다. 그래서 조말을 없애버리고 약속을 없었던 것으로 하기로 마음먹지요. 그것을 눈치챈 관중이 다음과 같이 간합니다.

"협박당해 할 수 없이 했다고는 하지만 약속은 약속입니다. 이를 무시하고 상대방을 죽이는 것은 신의에 어긋나는 일입니다. 어차피 잠시 기분을 푸는 것에 지나지 않습니다. 더구나 그 결과 우리는 제후들의 신뢰를 저버리고 천하에 버림받을 겁니다. 그야말로 백해무익입니다."

환공은 관중의 말에 따라 조말과의 약속을 지켰고, 뺏은 땅을 모조리 노나라에게 돌려주었습니다. 이 이야기는 순식간에 온 천하에 알려져 환공은 제후들 사이에서 신의가 있다는 평판을 듣게 됩니다. '환공은 신의가 두터운 분이다. 제와 손을 잡으면 손해는 없다'라고 누구나 생각하게 된 것이죠.

그로부터 2년 후, 제후들은 견甄이란 곳에 모여 환공을 맹주로 추대하고 충성을 맹세합니다. 이로써 환공은 춘추전국시대의 첫 패자霸者라는 영광스러운 자리에 오르게 됩니다. 조말 사건을 깔끔히 처리하여 신의를 지킨 행동이 큰 힘을 발휘한 것입니다. 관중의 깊은 통찰이 환공을 떠받쳤다고 해도 지나친 말이 아닙니다. 지위를 지키려면 힘만으로는 부족합니다. 신의로써 사람의 마음을 사로잡을 수 있어야 합니다.

환공의 이야기를 하나 더 살펴보겠습니다. 환공 23년의 일입니다.

북방의 이민족 산융山戎이 연燕을 공격해오자 연은 제나라에 도움을 청합니다. 중원의 평화를 유지하는 것이 패자의 책임이라고 말씀드렸죠. 그래서 환공은 즉각 연으로 출병해 산융을 멀리 북쪽으로 쫓아냅니다. 그런데 원정을 끝낸 환공이 귀국하려 할 때 배웅 나온 연의 장공莊公이 그만 제나라 영토 안으로 들어오고 말았습니다. 당시의 관례로는 배웅하는 제후들이 상대 국가의 국경을 넘어서는 안 됐습니다. 이를 알아챈 환공은 "내가 천자도 아닌데 국경을 넘어서 배웅하게 하는 것은 예의에 벗어난다"라고 말하며 장공이 밟은 지점까지의 땅을 연나라에 떼주었습니다. 그리고 그는 장공에게 제후로서의 의무를 다하고 주나라 왕실에 조공을 끊지 말라고 간곡히 부탁합니다. 이 일로 말미암아 제후들 사이에서 환공의 명성은 한층 더 올라갔습니다. 환공의 이 같은 행동의 배후에 관중의 조언이 있었음은 말할 것도 없습니다.

한 사람 덕분에 흥했고, 한 사람으로 말미암아 망했다

관중은 환공 41년(기원전 645년) 세상을 떠납니다. 40년이라는 긴 세월 동안 재상의 자리에 있었던 것이죠. 관중이 다시 일어나지 못할 것이라는 소식이 들은 환공은 병문안을 갑니다. 그 자리에서 그는 관중에게 묻습니다.

"혹시 무슨 일이 생기면 누구를 재상으로 임명하는 게 좋겠소?"

승자의 공부

"그것은 폐하께서 잘 알고 계시는……."

그러자 환공은 자신이 생각하고 있던 사람의 이름을 언급합니다.

"역아易牙는 어떻소?"

역아는 환공이 총애하던 요리사였습니다. 그는 언젠가 환공이 "갓난아기를 구운 요리는 먹은 적이 없다"고 슬쩍 말을 흘리자 자신의 아이를 구워 바친 사람입니다.

"역아는 윗사람의 비위를 맞추기 위해 자기 아이를 제 손으로 죽였습니다. 이것은 인륜에 어긋나는 행위입니다. 그런 사람을 등용하시면 안 됩니다."

"그러면 개방開方은 어떨까?"

개방 또한 환공이 마음에 들어 하는 중신이었습니다. 그는 제나라와 이웃한 위衛나라 출신인데, 환공을 모시는 15년 동안 한 번도 부모님을 뵈러 간 적이 없었습니다. 관중은 이것도 도리에 어긋나는 행동이라며 반대합니다. 그래서 환공은 세 번째 후보를 입에 올립니다.

"수조豎刁는 어떤가?"

수조는 환공이 좋아하는 환관인데, 환공의 환심을 사기 위해 스스로 거세하고 후궁의 요직에 발탁된 자였습니다. 관중은 이번에도 반대하며 이렇게 말합니다.

"남에게 보이기 위해 꾸미는 행위는 언제까지나 지속되지 않습니다. 거짓을 언제까지나 감출 순 없습니다. 그들처럼 윗사람의 마음에 들기 위하여 자신을 속이는 인간은 언젠가는 본색을 드러내게 마련입니다. 늦기 전에 쫓아내야 합니다."

"과연 그렇구나. 잘 알겠소."

얼마 후에 관중은 숨을 거둡니다. 환공은 관중의 장례를 치르고 나서 그의 유언대로 세 사람을 관직에서 추방합니다. 그런데 역아가 없으니 영 음식이 형편없어졌습니다. 수조를 쫓아내니 후궁의 풍기가 문란해지고, 개방이 없으니 조정의 일이 제대로 돌아가지 않았습니다. 환공은 곧 탄식합니다.

"아, 관중 같은 인재도 판단을 잘못할 수가 있구나."

환공은 이내 세 사람을 불러들여 측근으로 기용합니다. 그러자 그들은 자기들 마음대로 권력을 주무르고, 제나라 정치는 뿌리부터 흔들리게 됩니다. 환공에게는 세 정실正室과 여섯 애첩이 있었는데 정실들에게는 아들이 없었고 애첩들은 모두 아들을 낳았습니다. 환공은 관중과 상의하여 애첩 정희鄭姬가 낳은 소昭를 태자로 책봉한 상태였습니다. 그런데 관중이 세상을 뜨자 다른 애첩의 아들들이 일제히 자신이 태자가 되고자 나섰습니다.

역아와 수조는 이런 상황을 악용합니다. 그들은 환공을 꼬드겨서 마침내 애첩 장위희長衛姬가 낳은 아들 무궤無詭를 태자로 옹립하겠다는 내락을 얻어냅니다. 그리고 기원전 643년 관중이 죽은 지 꼭 2년 후 환공도 세상을 떠납니다. 환공이 죽자 제나라 궁정은 곧 권력 투쟁의 무대로 변하고 맙니다. 역아와 수조는 무궤를 왕좌에 앉히고 태자 소昭는 송宋으로 도망갑니다. 그 와중에 환공의 시신은 두 달이 넘게 침실에 그대로 방치됩니다. 무궤가 즉위하고 나서야 시신을 관에 넣었는데, 환공이 죽고 67일째 되는 날이었습니다. 시신에는 구더기가 들끓다 못해 방 밖으로까지 기어 나올 정도였다고 하니 천하를 호령하던 패자의 마지막 치고는 참으로 비참하지 않습니까? 이는 모두 관중의 진언을 끝까지 지키지 않은 탓입니다. 이후 제나라에는 왕위를 둘러싼 싸움이 그치지 않았고 나라는 줄곧 쇠퇴의 길을 걷게 됩니

승자의 공부

다. 제나라의 흥망성쇠를 이 말과 함께 마무리하고자 합니다.

주는 것이 곧 얻는 것임을 아는 게 정치의 비결이다.

리더들이 꼭 명심해야 할 원칙이라 하겠습니다.

제 5 강
저우언라이

물처럼 유연하되,
물처럼 쉼없이

강의를 시작하며

《소학小學》은 여덟 살 내외의 아이들에게 유학을 가르치기 위하여 만들어진 수신서修身書입니다. 여기에는 이런 말이 나옵니다.

> 공직에 있는 사람이 깊이 명심할 것이 셋 있다. 그것은 청淸, 신愼, 근勤
> 이다.

'청'은 청렴결백을 말합니다. '신'은 몸가짐을 조심하여 지나친 행동을 하지 않는다는 뜻입니다. '근'은 말할 것도 없이 정성을 다하여 직무에 힘쓴다는 것입니다. 저는 중국 역사에서 이 세 조건을 두루 갖춘 지도자의 본보기로 제갈공명을 꼽고 싶습니다. 그리고 근대사에서는 저우언라이(周恩來 1898~1976)가 비교적 제갈공명에 비견할 만한 지도자가 아니었나 합니다. 저우언라이는 살아생전에 중국 국민들로부터 '경애하는 주 총리'로 불릴 정도로 사랑을 받았습니다. 세상을 떠난 지금도 여전히 그를 사모하는 국민들이 많습니다. 저우언라이가 죽자 홍콩의 어느 평론가가 제갈공명의 출사표出師表에 나오는 아래의 유명한 말을 인용하며 그의 죽음을 애도했다고 합니다.

윗사람의 뜻을 받들어 온 힘을 다하며, 죽은 뒤에야 그친다.

鞠躬盡力 死後已

온 힘을 다하며, 죽은 뒤에야 그친다

중국에서 국궁진력鞠躬盡力이라는 말은 제갈공명의 이미지와 밀접하게 연결되어 있습니다. 제갈공명 하면 국궁진력, 국궁진력 하면 제갈공명을 떠올릴 정도이죠. 이 말을 저우언라이에게 바쳤다는 것은 바꿔 말하면 저우언라이를 제갈공명에 버금가는 훌륭한 재상으로 평가한다는 뜻일 겁니다. 왜 그럴까요?

《소학》에서 제시한 공직자의 세 조건을 떠올려봅시다. 우선 청렴결백이라는 면에서 저우언라이는 그야말로 완벽했습니다. 저우언라이는 이렇다 할 재산을 전혀 남기지 않았습니다. 물론 그에게는 재산을 물려줄 자녀가 없었지만, 사적으로나 공적으로 철저하게 사私를 버리고 공公을 앞세운(破私立公파사입공) 모범적인 공직자였습니다.

신愼에 있어서도 흠잡을 데 없었습니다. 저우언라이는 분수를 알고 이를 벗어나는 일은 절대로 하지 않았습니다. 그는 오랫동안 국무원 총리國務院總理(공산당 권력 서열 2위)라는 어마어마한 자리에 있었지만, 그 위에는 당의 권력을 쥐고 있는 마오쩌둥이라는 상관이 버티고 있었습니다. 마오쩌둥 앞에서는 2인자로서 그의 힘도 많은 제약을 받을 수밖에 없었습니다.

그러나 저우언라이는 자신의 처지를 잘 알면서도, 한편으로는 필사적으로 국정의 조타수 구실을 톡톡히 해냅니다. 한동안 중국이 중심을 못 잡고 이리저리 크게 흔들리면서도, 어쨌든 뒤집히지 않은 것은 저우언라이의 엄청난 노력에 힘입은 바 큽니다. 물론 저우언라이는 자신의 노고를 조금도 드러내지 않았습니다. 그러나 중국인이라면 누구나 저우언라이의 공로를 알고 있습니다.

저우언라이는 힘을 다하여 부지런히 일하는 사람이었습니다. 매일 새벽까지 일을 챙겼으며, 측근조차 저우언라이가 언제 잠자리에 드는지 모를 정도로 열심히 일했습니다. 앞에서 나는 저우언라이가 제갈공명에 비견할 만하다고 했는데, 참고로 제갈공명의 근면함에 대해서는 이런 이야기가 전해집니다.

오장원에서 위나라 사마중달司馬仲達과 대치하고 있을 때 공명의 심부름꾼이 중달의 진영을 방문한다. 중달이 공명의 생활 방식에 대해 묻자 심부름꾼이 답했다.
"재상님께서는 아침 일찍 일어나셔서 밤늦게까지 업무를 보십니다. 태형 20대 이상의 형벌은 모두 직접 결재하십니다. 그리고 식사는 아주 조금밖에 안 하십니다."

저우언라이나 제갈공명은 서로 상대방이 무색할 정도로 자신의 업무에 몰입했던 사람들입니다. 지도자가 솔선수범해서 부지런히 일하는 것은 어떤 의미에서는 당연하다고 할 수 있습니다. 문제는 그다음입니다. 칠칠치 못한 지도자일수록 자신의 부지런함을 얼굴이나 태도로 내세웁니다. 그러나 이를 겉으로 나타내는 순간 부하들은 실망하고 맥이 빠지는 법입니다.

저우언라이는 절대로 그렇게 하지 않았습니다. 자신이 나라를 위해 열심히 일한다고 떠벌리지도 않고 우쭐하지도 않았죠. 그저 언제나 담담하게 자신의 일에 몰두했습니다. 이러한 담박한 성품 덕분에 그는 죽은 후에도 중국인들의 깊은 사랑을 받고 있습니다. 여기서는 저우언라이의 이러한 공직자로서의 완벽한 자세 이외에 그의 인간적인 매력을 짐작하게 해주는 일화를 2가지 소개하겠습니다.

조화를 이루되 뇌동하지 않는다

1924년, 프랑스에서 유학을 마치고 돌아온 저우언라이는 국공합작國共合作 시절의 광저우廣州에 설립된 황포군관학교黃埔軍官學校 정치부 부주임으로 부임합니다. 이 자리는 나중에 '주임'으로 승격되는데, 당시 군관학교의 교장은 장제스로, 그는 저우언라이의 상관이었습니다.

2년 후인 1926년 3월 20일 이른바 중산함中山艦 사건이 일어납니다. 이는 중국의 주력 전투함인 중산함이 자신의 지시 없이 출동한 것을 알게 된 장제스가 계엄령을 선포하고 국민당 내의 좌파와 공산당원들을 체포, 구금한 사건입니다. 이 사건은 장제스의 반공 군사쿠데타의 시발점이 되어 이후 국민당과 공산당의 관계는 파국으로 치닫습니다. 이런 불상사에도 불구하고 저우언라이는 상관인 장제스를 계속 깍듯이 모셨으며, 장제스도 젊고 유능한 저우언라이를 총애했습니다. 그러나 결국 국민당과 공산당은 서로 갈라서고, 둘은 헤어지게 됩니다.

그런데 10년 후인 1936년 12월에 일어난 시안 사건西安事件으로 이 두 사람은 극적으로 다시 만나게 됩니다. 이즈음 장제스는 "먼저 안을 안정시키고, 나중에 외적을 물리친다"라는 방침을 내세우고, 항일 운동을 엄하게 탄압하면서 대부분의 에너지를 공산당 공격에 쏟고 있었습니다.

서북 지역 공산당 소탕 부사령관으로 시안에 주재하고 있던 장쉐량張學良은 장제스의 이 같은 방침에 불만을 품고 있었죠. 그러던 차에 1936년 12월 7일 장제스가 싸움을 독려하기 위해 시안을 방문합니다. 공산당의 사주를 받은 장쉐량은 이를 기회로 삼아 12월 12일 상관인 장제스를 감금하고, 내전을 중지하고 공산당과 연합하여 일본과 싸울 것을 요구합니다. 이것이 유명한 시안 사건인데, 장제스는 장쉐량의 요구를 단호하게 거절합니다.

장쉐량이 장제스를 살해할 듯한 움직임을 보이자, 이를 알게 된 마오쩌둥이 저우언라이를 시안에 급파합니다. 이때 저우언라이는 장제스가 갇혀 있는 감방에 들어서자마자 공손하게 경례를 하고, 황포군관학교 시절에 했던 그대로 "교장님!"이라고 불렀다고 합니다. 부하가 윗사람을 모시는 정중한 태도였을 겁니다. 처음에는 얼굴을 마주 대하는 것조차 싫어하고, 말을 하지도 들으려고도 하지 않던 굳은 표정의 장제스도 저우언라이의 정성을 다한 설득에 차차 끌려 들어갔습니다. 저우언라이와 장제스의 만남을 계기로 이 사건은 급속도로 양 진영의 화해로 이어집니다. 이때 두 사람은 피비린내 나는 싸움을 벌이고 있는 두 진영의 반대편에 서 있는 처지였습니다. 장제스는 말하자면 적군의 우두머리인 셈이죠. 그러한 상대방의 굳게 닫힌 마음조차도 풀어지게 한 것이 바로 저우언라이였습니다. 이 사건은 저우언라이의 설득 능력이 얼마나 뛰어난지를 보여줄 뿐만 아니라 그가 가진 상대방의 심금을 울리는 신실信實, 즉 '거짓 없는 믿음직스러운' 태도를 잘 보여줍니다.

이러한 신실함 덕분에 저우언라이는 자기편뿐만 아니라 적으로부터도 '말이 통하는 상대'라는 칭송을 듣게 됩니다. 홍콩에 사는 어느 중국인 학자가 했다는 다음 이야기도 이런 사실을 잘 보여줍니다. 그 학자의 증언에 따르면 그의 젊은 제자들이 본토에 가서 저우언라이를 만나기만 하면, 처음에는 공산당에 반감을 갖고 있던 학생들도 한결같이 그에 심취한 팬이 되어 돌아왔다고 합니다. 학생들은 자신들의 반대의견에도 참을성 있게 귀를 기울이고 솔직하면서도 자상하고 정중하게 답변해주는 저우언라이의 태도에 매료되었다고 합니다.

저우언라이는 장제스 같은 높은 사람뿐만 아니라 무명의 학생들도 똑같이 신실한 태도로 대했습니다. 자기편을 대할 때도, 적을 대할 때도 마찬가지였죠. 중국인을 상대할 때나 외국인을 상대할 때나 똑같았습니다. 그가 이념과 진영에 관계없이 널리 많은 사람들의 존경과 사랑을 받고 큰 기대를 모은 까닭은 바로 이런 신실한 마음과 태도 때문이 아닐까 싶습니다.

기다림도 실력이다

저우언라이의 정치적 처세를 한마디로 표현하라면 '참다', '견디다', '질기다,' 즉 한자의 '인忍'이 가장 잘 들어맞습니다.

1927년 5월 국민당과 공산당이 갈라지기 직전, 한커우漢口에 있던 저우언라이는 국민당의 배신 행위에 격분한 류녕柳寧이라고 하는 부하에게 이렇게 말합니다.

> 동지, 단지 인忍이라는 한 글자만 있을 뿐이네. (중략) 혁명을 위해서는 악문 이가 부서져도 흐르는 피와 함께 그것을 삼켜야 하네. 필요하다면 창부娼婦도 될 수 있어야 하네.

저우언라이 자신은 그가 여기서 언급한 '인'을 평생의 처세 원칙으로 삼았습니다. 지난 20세기는 중국공산당에게나 저우언라이 개인에게나 그야말로 폭풍의 시대였습니다. 중국공산당은 여러 차례 해체위기를 맞았고, 저우언라이 자신도 몇 번이나 죽을 고비를 넘겨야 했습니다. 특히 마오쩌둥이 권력을 잡는 1935년까지의 기간은 중국공산당에게 시련의 시대였습니다. 밖에서는 국민당에 의한 맹렬한 탄압이 계속되고, 안에서는 혁명노선의 대립으로 말미암은 당 내부의 혼란이 그치지 않았기 때문이죠. 당의 최고지도자도 천두슈陳獨秀에서 취추바이瞿秋白, 리리싼李立三, 왕밍王明, 그리고 마오쩌둥으로 어지럽게 교체되었습니다. 이러한 소용돌이 속에서도 저우언라이만은 거의 일관되게 2인자 또는 3인자의 자리를 지켰으며, 당의 기둥 역할을 했습니다.

현재와 좀 더 가까운 시기에 일어난 문화대혁명을 한번 되돌아보죠. 저우언라이가 문화대혁명 기간에 구체적으로 어떤 역할을 했는지는 분명치 않습니다. 그러나 결과적으로는 류사오치劉少奇, 린뱌오林彪 등 당시의 쟁쟁한 제2 권력자들이 차례차례 사라져가는 동안, 저우언라이만은 끈질기게 살아남았습니다. 그가 이렇게 꿋꿋이 생존할 수 있었던 것은 우선 그의 실무자로서의 뛰어난 수완 및 이해관계 조정 능력에 힘입은 바 큽니다. 동시에 어떠한 어려움에 부딪히더라도 잠시 몸을 낮추고 때를 기다리는 인내의 처세술도 매우 중요하게 작용했습니다. 저우언라이는 그의 사람됨에서 짐작할 수 있듯, 자신에 대해서는 죽을 때까지 아무 말도 하지 않았습니다. 다행히 우리는 그를 가까이서 접한 사람들로부터 그에 대한 증언을 들을 수 있습니다. 먼저 한때 중국공산당의 최고 간부였으며 저우언라이의 동료이기도 했던 장궈타오張國燾의 말을 들어봅시다.

황포군관학교 시절, 중산함 사건이 일어난 후 저우언라이는 정치부주임 자리에서 쫓겨납니다. 또한 당내의 일부 동지들로부터 "장제스와 가까이 있으면서 어째서 쿠데타를 막지 못했는가?"라는 황당한 비판을 받기까지 합니다. 그야말로 엎친 데 덮친 격인 상황에 빠지고 만 것이죠. 이때 상하이上海의 공산당 중앙본부는 현지 사정을 조사한다는 명목으로 장궈타오를 광둥廣東에 파견합니다. 장궈타오는 이즈음의 저우언라이를 이렇게 회상합니다.

당시 저우언라이는 진퇴양난의 처지에 있었습니다. 그러나 그러한 상황에 처함으로써 그의 인내력은 단련되고, 그의 업무 처리 솜씨는 빛을 발했습니다. 그는 이미 지나간 모든 일에 대해서 한 번도 변명하는 듯한 말을 하지 않았습니다.

이로부터 1년 후인 1927년, 장제스의 난징南京정부가 본격적으로 공산당을 탄압하기 시작했고, 용공파인 우한武漢정부도 탄압 정책으로 돌아섭니다. 이때를 경계로 국민당과 공산당은 서로 무력으로 맞서는 단계에 접어듭니다. 당시에 저우언라이는 이미 '중앙집행위원 겸 군사부장'이라는 요직에 있었는데, 우한정부가 공산당 탄압을 단행하기 직전까지 한커우에 머무르며 당의 작전 수행 임무를 혼자서 맡았습니다. 예부터 군사작전 가운데 맨 뒤에서 아군의 철수를 엄호하며 자신은 가장 늦게 철수하는 작전만큼 어려운 것이 없다고 했습니다. 저우언라이가 이때 맡아서 한 것이 바로 이런 힘든 작전이었습니다. 그가 부하에게 인忍의 크나큰 중요성을 일깨워준 것도 이때의 일입니다. 장궈타오는 동료의 관점에서 당시의 저우언라이를 이렇게 표현했습니다.

그는 지극히 냉정하게 밤낮을 가리지 않고 업무를 처리했으며, 불평이나 불만을 한마디도 입 밖에 내지 않았습니다.

1930년, 중국공산당의 지도자였던 리리싼의 급진노선은 왕밍王明, 허멍슝何孟雄 등의 당내 반대파로부터 격렬한 비판을 받습니다. 결국 리리싼은 자리에서 물러납니다. 저우언라이는 당시에 글자 그대로 당의 2인자로서 리리싼의 급진노선을 옹호하는 한편 당의 활동을 진두지휘하고 있었습니다. 리리싼이 비판당하면 자연히 저우언라이도 비판받아야 하는 상황이었죠. 그러나 저우언라이는 비판을 면했

승자의 공부

을 뿐만 아니라, 새로 출범한 왕밍 체제의 최고 간부 중 한 사람으로서 계속 지도부에 머무르게 됩니다. 그 당시의 저우언라이를 장궈타이는 이렇게 회상했습니다.

저우언라이의 말하는 방식은 원래 아주 온건합니다. 그는 사안事案의 요점을 설명할 뿐, 경솔하게 자신의 의견을 끼워 넣지 않습니다. 이때도 그랬습니다. 왕밍과 허멍슝에게 비판을 가하지 않았습니다. 혹독한 상황에서도 그는 냉정을 잃지 않았습니다.

지금까지 다룬 이 세 시기는 모두 중국공산당이 큰 어려움을 겪던 시절이었으며, 저우언라이 개인에게도 한 발짝만 잘못 디뎌도 끝장날지 모르는 그러한 시대였습니다. 그러나 저우언라이는 남을 비판하지 않고, 자신을 변명하지 않고, 오로지 참고 또 참으면서 때를 기다린다는 자세로 묵묵히 업무에 매진했습니다. 아마도 문화혁명의 소용돌이 속에서도 기본적으로 이런 태도를 견지했을 것입니다. 다음은 11년간 저우언라이의 경호를 담당했던 룽페이후龍飛虎의 증언을 들어보시죠.

1946년 2월 저우언라이가 공산당 대표단의 우두머리로서 충칭重慶에 머무르면서 국민당과 전후처리를 둘러싼 협상을 벌일 때였습니다. 국민당이 선동하여 조직된 반공 데모대가 저우언라이의 숙소로 몰려들었다고 합니다. 룽페이후가 저우언라이에게 물었습니다.
"뜨거운 물을 확 끼얹어서 쫓아버릴까요?"
그러자 저우언라이는 평소와는 전혀 다른 매우 거친 목소리로 룽페이후를 야단쳤다고 합니다.

"아니다, 참아야 한다. 결코 손을 대서는 안 된다. 그들이 앞으로 몰려오면 뒤로 물러서면 된다. 현관에 밀어닥치면 응접실까지 물러선다. 응접실로 몰려오면 2층으로 도망가면 된다."

이는 물론 '발등의 불'인 반공 데모대에 대한 대책을 말한 것이지만, 다른 사람도 아닌 저우언라이의 입에서 나왔다면 정치에 임하는 그의 자세 전체를 함축하는 말로 보아도 무방하지 않을까요?

노자의 《도덕경道德經》 제8장에는 "최고의 선은 물과 같다(上善如水상선여수)"라는 멋진 표현이 나옵니다. 도가道家에서는 가장 이상적인 삶의 방식을 물에 비유합니다. 이러한 도가의 유연한 처세 철학을 저우언라이는 평생 실천했습니다. 저우언라이는 또한 《노자》 제67장에 나오는 다음 말을 실천한 사람이기도 합니다.

감히 천하보다 앞서려 하지 않으므로 오히려 지도자가 될 수 있다.

不敢爲天下先 故能成器長

그도 사람인 이상 권력 의지가 전혀 없었다고는 할 수 없지만, 그의 경우에는 권력 의지가 결코 크지 않았던 것 같습니다. 적어도 다른 사람들이 "그렇구나" 하고 느낄 정도의 권력욕은 드러내지 않았습니다. 이런 면에서 저우언라이는 마오쩌둥과 매우 대조적입니다. 참으면서도 무리가 없는, 즉 지극히 자연스러운 형태로 참을 수 있었던 것이 그의 특징입니다. 이러한 기본적인 삶의 태도에서 정치인으로서의 유연한 자세가 나왔을 겁니다.

그렇다고 해서 저우언라이가 원칙마저 저버리는 사람이라는 뜻은

승자의 공부

결코 아닙니다. 그는 어디까지나 원칙에 충실했습니다. 그가 한평생 추구한 원칙은 공산당 노선 내지는 중국의 공산혁명이었습니다. 《논어》의 제3장 〈자로편子路篇〉에 이런 말이 나옵니다.

군자는 조화를 이루고 뇌동하지 않는다.

君子 和而不同

군자는 협조하려는 마음이 풍성하지만 원칙 없는 타협은 하지 않는다는 뜻입니다. 저우언라이의 유연성도 '원칙 위의 유연성'이라는 면에서 이 말과도 통한다고 하겠습니다. 바로 이런 유연성이 그의 탁월한 중재의 재능으로 이어졌습니다. 또한 그가 정치가로서 한층 더 폭넓게 활동할 수 있었던 것도 이 유연성에 힘입은 바 큽니다.

반대에도
할 일은 한다

강의를 시작하며

좌종당(左宗棠, 1812 ~ 1885)은 19세기 후반 군사, 정치 면에서 무너져가는 청나라를 지탱한 이른바 마지막 '삼걸三傑' 가운데 한 사람입니다. 나머지 둘은 증국번(曾國藩, 1811~1872)과 이홍장(李鴻章, 1823~1901)입니다. 그는 1812년 호남성 상음에서 태어났는데 호남성은 강소성, 사천성과 함께 중국에서도 곡식이 많이 나는 곡창 지대입니다. 호남성 사람들은 대체로 성격이 과격한 경향이 있다고 하죠. 그런 기질을 담뿍 물려받은 좌종당은 역시 호남성 출신인 마오쩌둥이 그랬듯이 과격한 성격의 소유자였다고 합니다.

증국번, 이홍장은 모두 과거시험에 최종적으로 합격한 진사進士 출신인 데 반해, 좌종당은 그렇지 않다는 점에서 매우 이례적인 존재였습니다. 고급 관료의 길을 걷게 될 우수 인재를 뽑는 과거시험은 수나라 시대에 도입되었는데, 이 제도가 차차 정착되면서 중국 역사의 각 시대에 활약한 정치가들은 대부분 과거시험 합격자들이라고 해도 틀린 말이 아닙니다. 청나라 시대도 물론 예외가 아니죠.

좌종당은 과거 초급 시험에는 붙었지만, 최종 시험에는 두 번 도전해 두 번 다 떨어집니다. 능력이 없었기 때문이 아닙니다. 당시 과거에 합격하려면 사서삼경四書三經같은 유교 경전뿐 아니라 팔고문八股文이라는 독특한 문체를 익혀야 했습니다. 그러나 좌종당은 오로지 병법, 역사, 지리 등의 실용 학문에만 관심이 있었습니다. 시험 과목을 열심히 공부하지 않은 것이 그가 두 번이나 과거 시험에 낙방한 이유였다고 전해지죠. 벼슬길에 오를 희망이 없어진 그는 시골 글방에서 아이들을 가르치며 살아가기로 합니다. 따라서 평화의 시대였다면 좌종당은 평범한 교사로서 삶을 마쳤을지도 모르겠습니다. 그러나 19세기 후반, 격동의 시대에 좌종당은 그 가치를 드러내게 됩니다.

주머니 속의 송곳 같은 사람

좌종당이 역사의 무대에 등장하는 계기가 된 사건은 바로 1850년에 일어난 태평천국의 난입니다. 홍수전洪秀全이 이끄는 이 반란이 일어났을 당시 좌종당은 호남성의 순무巡撫(군사 책임자) 장량기張亮基의 참모로 일하고 있었습니다.

비록 시골 교사였지만 좌종당의 그릇을 알아본 호임익胡林翼, 임칙서林則徐 등 당대의 쟁쟁한 정치가들은 일찍이 그와 교류를 하고 있었습니다. 덕분에 호남성에서 그의 이름이 차차 알려져 장량기의 막료로 초빙되어 정치 무대에 첫발을 내딛게 됩니다. 그가 장량기 밑으로 들어간 지 얼마 안되어 호남성의 수도 장사長沙가 태평천국의 대군에 포위됩니다. 1852년 7월의 일이었죠. 성 안에 있던 좌종당은 민병대를 조직하고 앞장서서 밤낮으로 싸움을 감독하고 군대의 사기를 북돋았습니다. 수비대의 저항이 만만치 않자 태평천국군은 마침내 포위를 풀고 철수합니다. 간신히 위기를 벗어난 장량기가 좌종당에게 앞으로의 방침을 묻자 좌종당은 여덟 글자로 대답을 대신합니다.

內定湖南내정호남 外援五省외원오성
안으로는 호남을 안정시키고, 밖으로는 5개 성을 돕는다.

'안으로 호남을 안정시킨다'에 대해서는 장량기도 이견이 없었습니다. 그러나 호남성 하나만 지키는 것도 힘겨운데, 어떻게 5개 성을 돕는다는 말일까요? 좌종당은 이렇게 대답합니다.

예부터 '입술이 없어지면 이가 시리다'라는 말이 있지 않습니까? 지금 동남의 각 지방은 이르는 곳마다 전란에 시달리고 있습니다. 그리고 호북湖北, 강서江西, 귀주貴州, 광서廣西, 광동廣東은 호남과 맞붙어 있습니다. 이 다섯 성이 어지러우면 호남에도 평화는 없습니다. 다섯 성이 평화로워야 호남도 베개를 높이 베고 잘 수 있습니다. 다섯 성을 도와주는 것이야말로 호남을 안정시키는 길 아니겠습니까?

장량기는 좌종당의 진언을 받아들입니다. 그리고 3년 후인 1855년

호광湖廣총독으로 영전합니다. 장량기의 후임으로 낙병장駱秉章이란 인물이 부임하는데, 당시 좌종당은 관직을 떠나 고향에 머무르고 있었습니다. 좌종당은 낙병장의 간곡한 요청으로 이번에는 그의 막료가 됩니다. 좌종당을 깊이 신뢰했던 낙병장은 증국번과 협력하여 태평천국을 진압하는 데 공을 세우는데, 그 과정에서 그가 좌종당의 도움을 크게 받았음은 말할 것도 없습니다.

증국번은 호남성에서 상군湘軍이라는 의용군을 조직하여 장강 일대에서 태평천국 군대와 싸움을 계속합니다. 1860년에는 양강兩江총독으로 기용되어 무려 네 성(강소, 안휘, 강서, 절강)의 정치·군사 권한을 손에 쥐고, 총지휘하게 되지요. 이때 좌종당은 청나라의 황제 함풍제咸豊帝의 특별 지시로 증국번의 참모가 됩니다. 지금까지의 공적을 황제가 높이 산 것이죠. 좌종당은 증국번의 명을 받아 과거에 근무했던 장사에 부임해 그곳에서 5000명의 군사를 모집하고 이들을 초군楚軍이라 부릅니다. 이로써 그도 어엿한 정식 군대를 이끄는 장수가 됩니다. 이후 좌종당은 증국번의 지휘 아래 중국 각지를 돌아다니며 태평천국군의 진압에 힘씁니다.

좌종당은 1861년 증국번의 추천으로 절강성의 군사책임자, 즉 순무巡撫가 되고 1863년에는 민절총독겸절강순무閩浙總督兼浙江巡撫라는 어마어마한 요직에 오르게 됩니다. 과거시험에 실패한 그로서는 이례적인 출세라 하겠습니다.

1864년 7월 드디어 태평천국이 멸망하자, 좌종당은 당분간 민절총독閩浙總督으로서 복건福建에 머무르며 해군 육성에 힘을 기울입니다. 이것은 이후 이홍장이 중심이 되어 추진한 양무운동洋務運動의 신호탄이 됩니다. 양무운동은 19세기 후반 청나라에서 일어난 근대화 운

동으로 서양의 문물을 받아들여 부국강병을 이루려 한 자강운동이
지요.

계획은 구체적으로, 실천은 필사적으로

장강 유역을 중심으로 태평천국이 맹위를 떨치고 있을 즈음, 황하
유역의 하남, 산동 및 안휘에서는 염군捻軍이라 불리는 농민반란군이
봉기합니다. 염군의 일부는 태평천국의 세력이 꺾일 즈음인 1862년
섬서와 감숙에서 이슬람교를 믿는 회족回族이 대규모 반란을 일으키
자 여기에 합류합니다. 청나라 정부는 이런 흐름을 기를 쓰고 막으려
했지만 좀처럼 일이 잘 풀리지 않았습니다.

고심 끝에 청 왕조는 1866년 좌종당을 섬감총독陝甘總督으로 발탁
하고 그에게 회족의 토벌을 명합니다. 그의 실력과 지략을 중앙정부
에서 높이 평가한 것이죠. 좌종당은 서북으로 출발하기에 앞서 무한
武漢에서 작전회의를 갖습니다. 그 자리에서 토벌이 성공하려면 세 가
지 문제를 해결해야만 한다는 결론을 내렸습니다.

병력
식량
수송

먼저 병력의 문제입니다. 좌종당이 이끌고 있는 군대는 원래 호남
및 강남 지방에서 충원된 병사들이었습니다. 그 지역에서만 전투를

해본 군대를 기후와 풍토가 전혀 다른 섬서와 감숙에 데리고 가서는 지금까지 해왔던 만큼의 활약을 기대할 수 없었습니다. 그래서 좌종당은 그들 가운데 제일 믿음직스러운 병사 3000명만 데리고 가고 나머지는 현지에서 모집하기로 결정합니다.

다음은 식량입니다. 좌종당은 현지에서 식량을 조달하기 힘들다고 판단했습니다. 그래서 미리 식량을 사들이는 한편, 현지에서는 적극적으로 둔전屯田, 즉 군량을 마련하기 위한 밭을 일구어서 식량 자급 체제를 확립하기로 합니다.

마지막 문제는 수송입니다. 좌종당은 군대가 지나가는 길 중간중간에 운수 기지를 여러 곳 설치하고, 책임자를 임명하여 수송 업무를 맡깁니다. 그 덕분에 물자가 신속하고 확실히 수송되었습니다. 뿐만 아니라 좌종당은 감숙 지방의 개발에도 눈을 돌립니다. 군대가 지나간 다음에는 반드시 넓은 길을 만들고, 도로의 양쪽에는 2~8열로 버드나무를 심게 했습니다. 그 결과, 서안에서 옥문관玉門關 바깥까지 3700여 리에 걸쳐 푸른 버드나무 가로수가 줄지어 서 있는 간선도로가 생기게 됩니다. 좌종당의 눈은 비단 군사뿐만 아니라 널리 정치 전체를 향해 있었던 것입니다.

회족과의 싸움은 좌종당의 예상보다 훨씬 힘겨웠습니다. 그가 섬감총독으로 임명된 것이 1866년이고 이 반란이 완전히 진압된 것은 1873년으로, 무려 7년이나 계속된 군사작전이었습니다. 좌종당이 섬서와 감숙에서 회족과 매우 어려운 싸움을 하고 있을 때, 서쪽의 신장 지방에서는 서투르키스탄Turkestan 출신의 야쿱 벡이라는 자가 더욱 큰 반란을 일으킵니다. 그는 지금의 신장 위그르Uighur 자치구의 거의 모든 주요 도시를 점령합니다. 그런데 영국과 제정 러시아가 그를 뒤에서 조종하고 있었죠. 중국으로서는 매우 중대한 사태였습니다. 영국은 야굽 벡을 이용하여 러시아의 진출을 억제하려고 했으며, 러시아는 야심을 감춘 채 1872년 야굽 벡과 무역협정을 체결합니다. 뿐만 아니라 러시아는 회족의 반란을 틈타 상권 보호를 구실로 이리伊犁에 군대를 보내고 이 지역을 사실상 점령합니다. 이즈음 청 왕조 내부에서는 이홍장을 중심으로 신장을 포기하자는 의견이 대두됩니다. 포기론자들의 논리는 간단했습니다. 해안선의 경비 강화가 당면한 중요 과제이므로 이를 위해서는 신장을 버릴 수밖에 없다는 주장이었죠. 당시의 정세를 감안하면 이런 주장이 일리가 없지 않았습니다.

이때 감숙의 난주蘭州에 주둔하고 있던 좌종당은 단호하게 무력탈환을 주장합니다. 그는 중국의 국방을 위해서는 신장이 아주 중요하다고 역설합니다. 좌종당의 진언은 포기하는 쪽으로 기울던 청 조정을 움직입니다. 마침내 청 왕조는 좌종당을 총사령관으로 임명하고 신장의 탈환을 명령합니다. 1876년 3월에 시작된 좌종당의 신장 수복 작전은 2년 남짓 후인 1878년 초에 성공적으로 끝을 맺습니다. 예부터 중국에는 한나라의 반초班超를 비롯하여 서역을 공략한 장수가 적지 않습니다. 그러나 이렇게 짧은 시간 동안에 서역 전역을 중국의 세력권 안에 들어오게 한 사람은 좌종당이 처음입니다. 가히 그의 위대한 업적이라고 해야 할 것입니다. 좌종당의 원정이 없었으면 아마 서역 땅은 중국에서 영원히 떨어져 나갔을 겁니다.

좌종당의 이러한 위업을 가능하게 한 원동력은 무엇이었을까요?

첫째, 주도면밀한 준비가 있었습니다. 앞에서도 언급했듯, 먼저 길을 만들어 수송 문제를 해결하고 둔전을 일구어 식량 문제를 해결한 것 등이 좋은 예입니다. 처음에 그가 둔전을 일군다고 했을 때 조정에서는 비웃는 사람도 있었습니다. 그러나 나중에 둔전이 위력을 발휘하자 좌종당은 "깊은 배려를 하는 사람"으로 칭송받게 됩니다.

둘째, 무력에만 기대지 않고 정치적인 배려도 잊지 않았습니다. 좌종당은 반란군 토벌에 나설 때 장병들에게 다음과 같은 행동 지침을 내립니다.

> 우리 군대가 이르는 곳에서는 음란한 행위와 약탈이 없고, 잔인하게 죽이는 일이 없다. 제왕의 군대는 때 맞춰 내리는 단비와 같다.

이러한 태도가 현지 주민들의 인심을 얻는 데 도움이 되었음은 두말할 나위 없습니다.

셋째, 힘든 일을 견디는 강한 의지가 있었습니다. 서역은 불모의 땅으로, 그런 곳에 군대를 이끌고 가려면 크나큰 어려움을 이겨내는 의지력이 필요합니다. 좌종당이 아무리 고생스러워도 굴하지 않는 사람이었음은 그의 후임으로 섬감총독으로 임명되었던 양창준楊昌濬의 평가에서도 알 수 있습니다. 양창준은 좌종당을 평가하면서 견인堅忍이라는 말을 썼습니다. 견인은 '꾹 참고 견딘다'라는 뜻이지요. 좌종당은 서역 원정 당시 이러한 장점을 유감없이 발휘하여 비교적 짧은 시간 내에 빛나는 공적을 세웁니다.

그러나 좌종당이 신장의 거의 모든 지역을 되찾았는데도, 이리만은 여전히 러시아군이 점령하고 있었습니다. 그는 계속해서 이리 탈환 작전을 계획하지만 이 군사작전은 자칫 국제분쟁으로 이어질 수 있었습니다. 그래서 청 왕조는 좌종당의 강경론을 누르고 외교 협상을 통해 문제를 풀려고 합니다. 그리하여 청 조정은 숭후崇厚를 보내 러시아와 협상을 시도합니다. 그런데 협상의 결과가 너무 초라했습니다. 이리를 돌려받는 데는 성공했지만 대신에 많은 배상금을 지불하고 다른 영토를 떼어주기로 한 것이죠. 청 조정에서도 이런 협상은 받아들일 수 없다는 의견이 속출합니다. 결국 청 조정은 비준을 거부하기로 결정합니다.

그러나 그 상태로 그냥 놓아둘 수도 없었습니다. 1년 후 청 왕조는 타협이 불가피하다고 보고 증국번의 아들 증기택曾紀澤을 다시 러시아에 보내 협상을 시도합니다. 이때 좌종당은 이미 주천酒泉으로 철수해 이곳에 머무르고 있었는데, 직접 군대를 이끌고 이리 근처의 합밀哈密에 진주합니다. 협상이 결렬되면 이리를 무력으로 되찾겠다는 의지를 보여줌으로써 협상 당사자인 증기택에게 힘을 실어주려 한 것입니다. 1년 후 증기택은 이리조약을 체결, 이리를 돌려받게 됩니다. 비록 배상금 지불과 영토 할양의 조건이 붙기는 했지만, 이전의 협상보다는 러시아 측의 더 많은 양보를 받아낸 조약이었습니다. 러시아의 양보는 좌종당이 무력시위로 압력을 가한 영향이 큽니다.

후계자가 있는가

그러나 협상의 결렬을 두려워한 청 조정은 협상이 체결되기 전에

승자의 공부

좌종당을 북경으로 불러들입니다. 그리고 같은 해인 1881년 군기대신軍機大臣으로 임명됩니다. 이로써 그는 청 조정 최고정무회의에 이름을 올리게 됩니다. 과거시험에 낙방한 좌종당으로서는 획기적인 영달이었지요. 그러나 이 자리는 좌종당에게 잘 맞지 않았습니다. 그는 병을 핑계로 사임하고 같은 해 9월 양강총독兩江總督으로 다시 밖으로 나갑니다.

1884년 8월 프랑스군이 복주福州의 청나라 함대를 공격하면서 청불전쟁이 일어납니다. 좌종당은 곧 이 전쟁의 지휘를 맡게 되지만, 이듬해인 1885년 9월 임지인 복주에서 74세로 세상을 떠납니다.

앞에서도 말했듯이 좌종당은 성격이 과격하고 지기 싫어하는 사람이었습니다. 자신이 옳다고 생각하면 끝까지 자기 의견을 내세우고 굽히지 않는 면이 있었습니다. 증국번은 좌종당이 출세를 하는 데 크나큰 도움을 준, 말하자면 은인인데, 좌종당은 그에게도 고분고분하게 굴지 않았던 듯합니다. 이런 평이 있기 때문입니다.

대항하고 조금도 굽히지 않았다. 때로는 (두 사람의) 의견이 일치하기도 했지만 때로는 맞지 않았다.

좌종당은 은인에게 맞설 만큼 자신의 능력에 자신이 있었습니다. 하지만 그런 그의 성격 때문에 좌종당은 증국번에 비해 훌륭한 인재를 많이 배출하지 못했다는 평가를 듣게 됩니다. 실제로 증국번은 이홍장이라는 뛰어난 후계자를 키워냈지만, 좌종당에게는 그런 후계자가 없습니다. 이러한 면은 그 후의 중국 역사에도 영향을 줍니다.

앞에서 말했듯이 좌종당은 민절총독 시절 해군 육성에 노력했습니다. 그는 섬감총독이 된 후에도 계속해서 이 사업에 신경 쓰며 원조를 아끼지 않았습니다. 그러나 그가 죽은 후에 이 일을 맡아서 계속 밀고 나갈 인물이 더 이상 없었습니다. 만일 좌종당이 훌륭한 후계자를 키웠다면, 그가 죽고 나서 9년 후에 일어난 청일전쟁에서 청나라 해군이 그렇게 형편없이 패하지는 않았을지도 모릅니다. 청나라 함대가 일본 해군의 공격 앞에 맥없이 무너지는 모습을 보고 지하의 좌종당은 통탄하지 않았을까요?

2부

승자의 원칙

무경칠서에서 찾아낸 싸우지 않고 이기는 법

중국인들이 수많은 병법서 가운데 대표적인 책 7권을 뽑아 무경칠서武經七書라고 부르게 된 것은 지금부터 약 1000년 전, 송宋왕조 시절부터입니다.

'무경'이란 문文이 아닌 무武의 원전原典이라는 뜻이고, '칠서'란 《손자孫子》,《오자吳子》,《사마법司馬法》,《울료자尉繚子》,《이위공문대李衛公問對》,《육도六韜》,《삼략三略》7권을 일컫습니다. 이 중에서 가장 널리 알려지고 많이 읽힌 책은 두말할 것도 없이《손자》입니다. 책을 읽는 사람 치고《손자병법孫子兵法》을 모르는 이는 아마 없을 것입니다. 이웃 나라 일본에서는 지금도 매년《손자》와 관련된 책이 새롭게 출간되고 있습니다. 나머지 여섯 책은《손자》와 비교하면 제대로 알려져 있지 않습니다.

《오자》의 저자 오기는 사마천의《사기》에 오자의 삶이 자세히 기록되어 있기 때문에 그의 이름이 어느 정도 알려져 있습니다.《육도》와 《삼략》은 언젠가 우리나라에서 번역 출판되었던 것으로 기억합니다. 그러나 나머지 세 책(《사마법》,《울료자》,《이위공문대》)은 우리 독자들에게는 그 이름조차 생소합니다.《손자병법》이 아주 훌륭한 병법서兵法書라는 것은 틀림없지만 중국 병법서의 세계를 깊이 이해하려면 무경칠서를

103

모두 독파해야 합니다. 손자 이외의 나머지 여섯 책에도 배워야 할 점이 정말 많습니다. 그래서 2부에서는 힘이 닿는 만큼 7권의 귀한 책에 담겨 있는 핵심 노하우와 현대인, 특히 리더들에게 주는 시사점을 다루기 위해 애를 썼습니다.

병법서란 한마디로 말해 '어떻게 하면 싸움에서 이길 수 있는가, 어떻게 하면 지지 않는가'를 논하는, 즉 전략전술의 정수精髓를 담고 있는 책입니다. 오늘날처럼 불확실성으로 가득 찬 시대를 살아가야 하는 우리들에게는 전략적 사고와 행동이 무엇보다 절실히 필요합니다. 그래서 이 시점에 동양의 엄청난 내공이 담긴 병법서를 통해 전략전술의 지혜를 배우는 것은 퍽 의미 있는 일일 것입니다.

또한 국가이건 기업이건 전쟁에서 이기면 살아남고 지면 망해버리므로 전쟁은 크나큰 이해관계가 걸려 있는 무서운 게임입니다. 병법서는 한 나라나 군대가 위기에 처했을 때 이를 어떻게 극복하는가를 논하는 책이므로 어떤 의미에서는 위기관리의 사상서思想書로 볼 수도 있습니다.

현재 우리나라의 수많은 가정과 기업이 위기에 처해 있고 나라의 앞날도 순탄치 않습니다. 이럴 때일수록 무경칠서가 제시하는 위기극복의 비법을 다 함께 공부하자고 감히 제언하는 바입니다.

제 7 강

손자

속도와
몰입

강의를 시작하며

지금으로부터 약 2500년 전 중국 춘추시대에 살았던 손무係武(기원전
541~482)가 지은 《손자병법》은 세계에서 가장 오래된 병법서兵法書로
알려져 있습니다. 이뿐만이 아닙니다. 손자를 읽으면 다른 병법서는
읽지 않아도 된다고 할 만큼 《손자병법》은 병법서의 꽃으로 불립니
다. 지금도 중국인들 사이에는 "손자 이전에 병법서가 없었고 손자
이후에도 병법서가 없다"란 말이 있을 정도이죠.

이 책은 전체 글자 수가 6000 하고도 몇백 자에 불과할 정도로 중
국 고전 치고 결코 분량이 많은 편은 아닙니다. 구성은 〈시계편始計
篇〉을 시작으로 〈용간편用間篇〉에 이르기까지 모두 13편으로 이루어
져 있는데 각 편篇은 한결같이 '손자가 말하기를孫子曰'이란 표현으로

문을 엽니다. 손자의 말을 기록한 형식으로 구성되어 있는 것이죠.

하지만 정작 저자인 손무에 대해서는 그리 자세히 알려지지 않았습니다. 《사기》에 따르면 손무는 춘추오패春秋五覇의 1명으로 불리는 오吳의 합려闔閭(재위 기간 기원전 514~496)를 도와 오나라를 부강하게 하는 데 크게 이바지한 무장武將입니다.

그런데 손무는 오나라 출신이 아니라 그보다 북쪽, 지금의 산둥성에 해당하는 제나라가 고향입니다. 기원전 532년 제나라의 정치 투쟁에 휘말린 손무의 집안 전체가 오나라로 이주하는데, 손무는 합려가 발탁하기 이전에 이미 《손자병법》 13편을 저술해 병법 전문가로 세상에 알려져 있었습니다. 합려는 그런 그의 능력을 알아보고 오나라의 장군으로 등용합니다.

손무가 살았던 때는 수백 년 동안 전쟁이 끊이는 날이 없었던 전란의 시대였습니다. 위아래를 가리지 않고 음모와 배신이 난무하고, 무력과 권모술수가 최고의 통치술로 인정받던 시기였지요. 모든 책이 그렇듯이 시대의 산물인 《손자병법》은 난세를 헤쳐 나갈 리더십과 전쟁의 원칙을 제시하고 있습니다.

그러나 《손자병법》이 예나 지금이나 고전古典으로 애독되고 있는 까닭은 '필승의 전략'을 다루고 있어서가 아닙니다. 인간에 대한 깊은 통찰에 바탕을 둔 손자의 전략전술은 전쟁뿐만 아니라 경영, 리더십, 전략, 인재 관리 등 인간관계의 모든 영역에 걸쳐 응용할 수 있기 때문입니다. 현대의 경영은 무기를 쓰지 않을 뿐, 그야말로 전쟁 그 자체라 하겠습니다. 그런 이유에서 《손자병법》은 지금도 매우 훌륭한 경영 참고서입니다.

손무의 전략전술은 그 깊이와 내용에서 배울 것이 많지만, 그중에

승자의 공부

서도 속도 경영, 선택과 집중, 난세의 리더십 등은 오늘날 치열한 경쟁을 겪고 있는 리더들에게 귀중한 시사점을 줍니다.

이번 강의에서는 이를 중심으로 《손자병법》을 함께 읽어보겠습니다. 먼저 속전속결의 중요성을 강조한 제2장 〈작전편作戰篇〉부터 만나봅시다.

빠른 것이 느린 것을 먹는 시대

우리는 모든 것이 점점 더 빨라지는 속도의 시대를 살고 있습니다. 기업들 사이의 경쟁은 그야말로 시간 경쟁이라 하겠습니다. 이제는 '규모의 경제'가 아닌 '속도의 경제'가 기업의 성패에 결정적인 영향을 끼치는 시대가 되었습니다. 앞으로는 최소한 환경이 변화하는 속도에 적응할 수 있는 기업만이 살아남게 될 겁니다. 그리고 여러분들이 다 알다시피 최근 들어 경영 환경은 더 급속히 변하고 있으며, 앞으로도 변화의 속도는 결코 줄지 않을 것으로 보입니다. 이제 속도는 기업과 떼려야 뗄 수 없는 필수적인 생존 요건이 되었습니다.

거의 모든 산업에서 제품의 평균 수명이 줄어들고 있습니다. 그래서 기업이 신제품 개발에 많은 돈과 시간을 들이면 들일수록 위험은 더욱 커지게 마련입니다. IBM의 한 연구 보고서에 따르면 전자 산업에서 신제품을 하나 개발하는 데 드는 시간은 평균 3.5년인 데 비해, 시장에서의 수명은 2.5년밖에 안 된다고 합니다. 특허 보호를 받는 기간도 짧아지는 추세입니다. 이런 경향은 앞으로 한층 더 뚜렷해질 것입니다. 이러한 현상이 갖는 전략적인 의미를 한마디로 정리하면 다음과 같습니다.

시장이 빨리 변할수록 경쟁사와의 시간 경쟁이 더욱 중요해진다.

그런데 2500년 전에 손자는 《손자병법》 제2장 〈작전편〉에서 속도의 중요성을 이미 다음과 같이 표현했습니다.

전쟁을 해서 이길지라도 시간을 오래 끌면 병기가 무디어지고 병사들의 사기가 떨어진다. 그리하여 군대가 성을 공격하면 곧 힘이 다하고, 또한 전투가 길어지면 나라의 재정이 바닥나게 된다.

병기가 무디어지고 군대의 날카로운 기운이 꺾이고 힘이 떨어지며 나라 살림이 바닥나면 그 틈을 이용하여 이웃의 제후들이 일어날 것이다. 이렇게 되면 비록 지혜 있는 사람들이 있다 할지라도 사태를 수습할 수 없다.

그러므로 전쟁은 졸속으로 하는 한이 있더라도 빨리 끝내야 한다는 말은 들었어도, 뛰어난 작전 치고 오래 끄는 것을 본 적이 없다. 무릇 질질 끄는 전쟁이 나라에 혜택을 준 적은 지금까지 없었다.

앞에서 이야기한 대로 손자가 강조한 전쟁에서 속전속결의 중요성은 현대의 기업 경영에도 그대로 적용됩니다. 그래서 국내외의 많은 기업들이 치열한 시간 경쟁에서 살아남기 위해 시간 단축을 위한 여러 가지 과감한 방법을 쓰고 있습니다.

예를 들어, 신제품 개발 과정의 여러 단계를 동시에 밟아 개발에 드는 시간을 줄이는 방법이 있습니다. 지금은 HPHewlett-Packard의 일부가 되었지만, 한때 번창했던 컴퓨터 회사 컴팩Compaq은 이런 방식으로 업계에서 평균 18개월 걸리는 신제품 개발을 6~9개월 안에 끝낸 것으로 유명합니다. 최근에는 대부분의 자동차 회사들이 새로운 모델을 개발할 때 예전과 달리 디자인부터 조립, 마케팅 등 전 과정을 동시에 진행하고 있습니다.

새로 시판하는 신제품을 빨리 시장에 정착시키기 위해 공동 마케팅Co-Marketing이란 방식을 쓰는 회사도 늘고 있습니다. 공동 마케팅은 글자 그대로 신제품을 시장에 내놓을 때 다른 회사와 함께 마케팅을 진행해 초기에 집중적으로 시장을 공략하는 방법을 말합니다. 제품을 개발한 회사가 다른 회사의 협력을 얻어 두 회사의 유통망, 판매조직을 동시에 활용하기도 하고, 어떤 경우에는 상표를 두 개 쓰기도 합니다. 이것은 시장에 빨리 침투하는 것이 신제품의 성공 확률을 높이고 궁극적으로는 시장점유율을 높이는 데도 도움이 된다고 믿기 때문입니다. 시간 경쟁과 관련하여 경영자가 부딪치는 또 하나의 중요한 문제는 과연 모든 위험부담을 안고 시장에 먼저 들어갈 것인가 아니면 먼저 진출한 기업에 대한 시장 반응을 보고 신중히 시장 진입을 결정할 것인가 하는 문제입니다. 이에 대해서는 그동안 많은 학자들이 실증연구를 해왔는데 이들의 연구 결과를 종합하면 대체로 다음과 같은 결론을 내릴 수 있습니다.

- 선발 기업은 대개의 경우 오랫동안 시장에서 주도권을 잡을 뿐만 아니라 이익도 가장 많이 낸다.

- 후발 기업들에도 시장 진입 시기와 시장점유율 사이에는 높은 상관 관계가 있다. 먼저 들어온 기업일수록 더 높은 시장점유율을 차지한다.
- 시장에 먼저 들어온 기업일수록 광고비에 대비한 매출액의 비율이 높다. 즉, 광고의 효율이 높다.

　지금까지 나온 연구 결과를 종합해보면 한마디로 시장 진입 시점이 빠를수록 성공 확률이 높다고 할 수 있습니다. 물론 시장 진입 시점 이외에 제품의 성패에 영향을 주는 변수들도 있습니다. 하지만 대체로 '선발 기업의 자리를 차지하는 것이 성공 확률을 높인다'는 것은 정설이라 하겠습니다. 왜 그럴까요? 여기에는 몇 개의 설득력 있는 대답이 있지만, 경쟁의 관점에서 보면 가장 중요한 이유는 선발 기업의 상표가 가장 쉽게 소비자들의 마음 속에 깊이 굳건히 자리 잡기 때문입니다. 그러면 손자의 말을 되새기면서 시간 경쟁 시대에 명심해야 하는 속도 전략의 원칙을 정리해보기로 합시다.

　첫째, 속도의 중요성을 회사의 모든 구성원들에게 깊이 각인시켜야 합니다. 특히 시간의 기회비용, 즉 시간이 늦어져서 회사가 입게 되는 손실이 생각보다 훨씬 크다는 사실을 잘 알릴 필요가 있습니다. 최근 연구에 따르면 제품 수명 주기가 5년인 신제품의 경우, 시판이 6개월만 늦어져도 이익이 33퍼센트나 줄어든다고 합니다. 반면 연구 개발비가 예산을 5퍼센트 초과해도 이익은 4퍼센트밖에 줄지 않는다는 결과가 있습니다.

둘째, 신제품의 개발 방식을 동시 진행 방식으로 전환해 개발 시간을 대폭 단축해야 합니다. 이렇게 개발 과정의 여러 단계를 동시에 밟으면 시간을 절약할 뿐만 아니라 제품의 기획부터 생산, 디자인까지 여러 부문의 사람들이 함께 일하기 때문에 디자인과 품질도 더 나아집니다.

셋째, 생산과 물류 부문에서 속도의 경제를 달성하기 위해서는 업무의 모든 과정을 근본적으로 재편성해야 합니다. 같은 일을 더 빨리 하는 것만으로는 충분치 않기 때문입니다. 어떤 전자 회사는 생산 속도를 높이기 위해서 6개의 공장에서 하던 조립 작업을 한 곳의 공장에 모아서 부품의 평균 처리 시간을 3주일에서 3일로 줄였다고 합니다.

넷째, 생산이나 개발, 그리고 기타 업무의 흐름을 원점에서 자세히 검토하십시오. 생각했던 것 이상으로 본연의 업무에 쓰이는 시간이 적고 활용할 수 있는 자투리 시간이 많다는 것을 발견하게 될 겁니다. 여기서 자투리 시간이란 업무와 업무, 부서와 부서, 단계와 단계라는 회사 안의 각종 연결고리 사이에 있는 검토 또는 대기 시간을 말합니다. 이 시간들만 단축해도 업무 속도를 획기적으로 높일 수 있습니다.

다섯째, 정보통신기술을 적극적으로 활용하십시오. 이탈리아의 패션 회사 베네통Benetton이 잘 통합된 전자통신망을 이용하여 소비자들의 동향에 더욱 빨리 대응한 사례는 참고할만 합니다.

여섯째, 과감한 분권화가 필요합니다. 분권화를 통해 시간의 효율을 대폭 향상시켜 기업의 경쟁력을 높인 사례는 국내외에 수없이 많습니다. 독일 은행 ADCAADCA-Bank는 본사에서 수행하던 신용평가 기능을 지점에 넘겼습니다. 그랬더니 대출 결정에 드는 평균 시간이 절반으로 줄어들었다고 합니다.

일곱째, 제품이 시장에 나오기 전에 미리 땅고르기 작업을 해놓아야 합니다. 즉, 사전마케팅pre-marketing이 필요합니다. 제품의 수명 주기가 줄어든 만큼 신제품이 나오기 전에 이미 시장이 제품을 받아들일 수 있는 분위기를 만드는 것이 중요해졌습니다. 신제품의 시장 도입 단계에서부터 공동마케팅 등의 방법을 통해 초기에 집중적으로 마케팅 자원을 투입하는 것이 제품을 시장에 안착시키는 효과적인 전략입니다.

여덟째, 많은 경우 시장에 가장 먼저 들어가는 것이 훨씬 유리합니다.

끝으로, 기업 경영의 다른 모든 면에서도 마찬가지겠지만, 경영자는 시간 관리에서 한계비용과 한계효용의 균형을 맞추어야 합니다. 어느 단계에서는 시간을 절약하기 위한 비용이 그로 인한 효용보다 더 커질지도 모릅니다. 기업은 언제나 한계비용이 한계효용을 넘지 않는 범위 안에서 움직여야 합니다.

춘추전국시대에도 반드시 큰 국가가 전쟁에서 승리한 것은 아닙니다. 오히려 약소국이지만 변화하는 정세에 발 빠르게 대처해 시대의 승자가 된 경우를 어렵지 않게 찾을 수 있습니다. 오늘날 같은 시간 경쟁의 시대에 속도는 더욱 중요한 생존 경쟁력입니다. 큰 것이 작은 것을 먹는 것이 아니라 빠른 것이 느린 것을 먹습니다. 고정관념에서 벗어나 시간을 자유자재로 활용할 수 있는 조직 체제를 갖추어야 합니다.

과감하게 버리고, 끝까지 집중하라

속도를 높이라고 해서 무작정 뛰어들라는 뜻은 아닙니다. "속도를 내고 싶다면 속도를 줄이라"는 말이 있지요. 뒤돌아보지 않는 결단을 내리기 전에 먼저 나와 경쟁자의 허와 실을 제대로 분석하고, 내가 가진 강점을 바탕으로 선택과 집중을 해야 합니다. 그것이 진정으로 속도를 내는 법입니다. 《손자병법》 제6장 〈허실편虛實篇〉에는 선택과 집중을 통해 효과를 극대화할 수 있는 6가지 원칙이 등장합니다. 이를 읽어봅니다.

원칙 1 지키지 않는 곳을 공격하라.

적이 달려가지 않는 곳에 나가고, 적이 뜻하지 않은 곳에 달려가야 한다. 천 리를 가도 피로하지 않은 것은 사람이 없는 땅을 가기 때문이고, 공격하여 반드시 뺏는 것은 그 지키지 않는 곳을 공격하기 때문이며, 방어하는 것을 확실히 지킬 수 있는 것은 적이 공격하지 못하는 곳을 지키기 때문이다.

그러므로 공격을 잘하는 사람에 대해서는 적이 어디를 지켜야 할지 모르며, 수비를 잘하는 사람에 대해서는 적이 어디를 쳐야 할지 모른다.

원문만 읽어서는 그 뜻이 피부에 바로 와닿지 않습니다. 그래서 손자가 말하는 공격의 원리와 관련 있는 역사의 한 장면을 살펴보겠습니다.

춘추전국시대의 혼란을 극복하고 중국을 통일한 진秦이 단명하고 기원전 205년부터 4년간 한漢의 유방과 초楚의 항우는 중국 북부를 무대로 천하의 패권을 다투는 치열한 싸움을 벌입니다.

아시다시피 유방이 최후의 승리를 거두어 한 왕조를 세우지만, 처음 얼마 동안 유방은 패전에 패전을 거듭하며 불리한 처지에 놓입니다. 싸우면 패하고 싸우면 또 패하다 보니 유방은 항우의 군대를 피해 다녔을 정도였습니다. 마침내 더 이상 물러날 곳이 없자 유방은 최후의 방어선을 펴고, 항우 군대의 진격을 저지하려 했습니다. 이때 역생酈生이라는 참모가 이렇게 말합니다.

"아군에게 무엇보다도 필요한 것은 군량입니다. 오창敖倉은 예로부터 천하의 식량이 다 모여드는 곳으로, 지금도 그곳에는 초나라의 식량이 산처럼 쌓여 있습니다. 그런데 항우는 오창의 방위를 소홀히 하여 수비대도 별로 없는 형편입니다. 지금이야말로 좋은 기회입니다. 재빨리 오창을 빼앗아 식량을 확보해야 합니다."

자신의 본진도 지키기에 급급했던 유방이지만 과감한 결단을 내립니다. 별동대를 보낸 것이죠. 허를 찌른 한 수 덕분에 유방의 군대는 오창을 큰 어려움 없이 탈취합니다. 이로써 유방의 군대는 배불리 먹고 충분한 휴식을 취할 수 있었고, 항우의 군대는 군량 부족으로 어려움을 겪게 됩니다. 유방에게 역전의 발판이 된 결단이 바로 오창 탈취 작전이었습니다. 이야말로 '적이 지키지 않는 곳을 공격하여' 승리를 거둔 좋은 보기라 하겠습니다. 이 원리를 현대의 경영학 용어로 풀어쓰면 다음과 같습니다.

상대방이 경쟁우위를 갖고 있지 않은 부문을 파악하고, 가능하면 그러한 곳을 쳐라.

원칙 2 허를 찔러라.

계속해서 《손자병법》을 읽어봅니다.

적의 허를 찌르면 아군이 진격할 때 적이 우리를 막을 수 없으며, 따라잡을 수 없게 빨리 움직이는 군대는 후퇴할 때 적이 추적할 수 없다.

내가 싸우고자 하면, 적이 비록 성루를 높이 쌓고 도랑을 깊이 팔지라도 적이 반드시 구원해야 하는 곳을 공격하므로 적이 나와 싸우지 않을 수 없을 것이다. 또한 내가 싸우고자 하지 않으면, 땅에 금을 그어놓기만 해도 나를 지킬 수 있다. 왜냐하면 적이 나를 공격하려면 가고자 하는 방향에서 군대를 돌려야 하는데 그들은 그렇게 할 수 없기 때문이다.

여기서 손자가 말하고자 하는 핵심은 적의 '허를 찔러라'입니다.

115

이를 우리는 다음과 같이 풀어쓸 수 있습니다.

상대방이 쉽게 반격하기 어려운 곳을 쳐라.

많은 경우, 기존 회사들에는 구조상 또는 특수한 사정상 섣사리 손대기 어려운 부문이 있습니다. 이런 부문을 공격하면, 상대방은 상당히 곤혹스러워할 겁니다. 예를 들어보죠. 화장품을 생산하는 '가' 회사가 자사 제품의 고급 이미지를 유지하기 위하여 백화점 등 고급 매장에서만 회사의 제품을 팔고 있다고 합시다. 그런데 후발업체인 '나' 회사가 수준이 조금 떨어지는 유통 경로를 통해 '가'의 제품과 비슷한 품질의 제품을 적극적으로 팔아서 시장점유율을 뺏어가기 시작했습니다. 어떤 일이 일어날까요? '가'는 싼 가격으로 판매하는 '나'의 유통 경로로 선뜻 옮겨 갈 수 없습니다. 왜냐하면 '가' 업체가 주력하고 있던 기존 고급 매장에서의 판매가 줄어들 수 있기 때문입니다.

실제로 이런 전략으로 상대의 허점을 공격해 성공한 기업이 있습니다. 미국의 최우수 항공사인 사우스웨스트 항공Southwest Airlines, SWA 이 바로 그 회사입니다.

사우스웨스트 항공은 시장 진입 초기에 당시 거대 항공사였던 브래니프Braniff가 독점하다시피 하던 텍사스 항공 시장에 도전장을 내밉니다. 텍사스 노선 중에서도 휴스턴, 댈러스, 산 안토니오 등 텍사스의 주요 세 도시 사이만 운행했습니다. 반면에 브래니프의 텍사스 내 노선은 이 회사의 광범위한 미주노선의 일부에 지나지 않았습니다. 그래서 브래니프는 불가피하게 텍사스에서 자주 연발, 연착을 했고 서비스도 좋지 않았습니다.

SWA는 경쟁사의 이런 구조적 약점을 파악하고 바로 두 가지 면, 질 좋은 서비스와 출발, 도착 시간의 철저한 준수에 집중합니다. 그 결과 SWA는 3년이 채 안 되어 텍사스 항공 시장에서 브래니프를 몰아내고 1위 업체로 올라섭니다. 상대방의 허를 찔러 이긴 셈이죠.

원칙 3 열을 가지고 하나를 공격하라.

내가 적의 배치 상황을 파악할 수 있고, 반면에 아군의 배치 상황을 숨길 수 있다면 아군은 집중하여 하나가 되고 적군은 분산되어 열이 되므로, 이는 열로써 적의 하나를 공격하는 것이 된다. 즉, 아군은 많고 적군은 적으므로 많은 병력으로 적은 병력을 치는 결과가 되어 싸움이 수월해진다.

아군과 싸워야 할 곳을 적이 알지 못하니, 이를 알지 못하면 적은 수비할 곳이 많아진다. 적이 수비할 곳이 많아지면, 아군이 맞붙어 싸워야할 적의 숫자가 적어진다.

'열을 가지고 하나를 공격하라'라는 것은 '반드시 뚜렷한 경쟁우위를 갖춘 다음에 공격하라'라는 뜻입니다. 뚜렷한 경쟁우위, 즉 전략적 경쟁우위란 무엇을 말할까요? 다음의 세 요건을 갖춰야 합니다.

첫째, 고객이 중요하다고 생각하는 부문에서 강해야 합니다. 어느 식품 회사가 자사 제품의 포장을 크게 개선했지만 시장점유율을 높이는 데 실패했습니다. 왜 그랬을까요? 식품 시장에서 고객들이 중요하게 여기는 것은 포장이 아니라 상품의 질이었습니다. 포장이 제품을 선택하는데 그다지 중요한 기준이 아니었던 것이죠. 이 경우에 '개선된 포장'은 전략적 경쟁우위가 될 수 없습니다.

둘째, 기업이 갖추고 있는 우위를 고객들이 실제로 인식해야 합니다. 어떤 회사가 높은 품질의 제품을 생산한다고 합시다. 그런데 고객들이 이러한 높은 품질을 인식하지 못하면 여기서도 '높은 품질'은 전략적 경쟁우위가 되지 못합니다.

셋째, 경쟁사가 쉽게 따라잡을 수 없는 부문에서 강해야 합니다. 만일 어떤 회사가 낮은 원가에 바탕을 두지 않은 채 일방적으로 자사 제품의 값을 내린다면, 여기서도 전략적 경쟁우위는 생기지 않습니다. 경쟁사들도 쉽게 값을 내릴 수 있고, 또 그렇게 할 것이기 때문이죠.

그러면 왜 전략적 경쟁우위가 기업의 생존에 중요할까요? 어떤 기업이든 전략적 경쟁우위로 내세울 수 있는 것을 적어도 하나는 갖고 있어야 장기적으로 치열한 경쟁에서 생존할 수 있습니다. 이 원칙의 의미는 우리가 아래와 같은 질문을 던져보면 지극히 명백해집니다.

이 회사는 고객이 중요시하는 여러 가지 부문에서 다른 회사보다 하나도 나은 점이 없다. 그렇다면 왜 고객들이 이 회사에 애착을 갖겠는가?

진화론에도 이와 비슷한 '가우스의 상호배척의 원리'란 것이 있습니다. 이 원리에 따르면 어떤 종류의 생물이든지 살아가는데 중요한 활동 가운데 적어도 하나는 적보다 더 잘해야 장기적으로 살아남을 수 있습니다. 적보다 더 빨리 뛸 수 있든가, 더 높이 오를 수 있든가,

승자의 공부

더 깊이 구멍을 파고 들어갈 수 있든가 해야 한다는 것이죠. 경쟁도 진화처럼 근본적으로는 생존을 위한 투쟁이라는 것을 생각하면 이 두 원리는 서로 통하는 면이 있다고 하겠습니다.

기업이 쓸 수 있는 자원은 한정되어 있습니다. 그래서 경영자는 자사의 전략적 경쟁우위로 키울 수 있는 부문 가운데 몇 개만을 엄선하여 이곳에 자원을 집중해야 합니다. 집중하지 않고 자원을 여러 군데 분산시키면 어느 한 부문에서도 경쟁자를 이길 수 없습니다. 경영자는 이러한 집중의 원리가 지켜지고 있나 알아보기 위해 "우리 회사의 전략적 경쟁우위는 무엇인가?"라는 질문을 스스로에게 가끔 던져볼 필요가 있습니다. 만일 이 질문에 금방 대답할 수 없다면 경영자는 이것을 우리 회사가 뚜렷한 경쟁우위를 갖고 있지 않다는 증거로 보아도 좋습니다. 반면에 우수하다고 일컬어지는 기업들을 살펴보면 대부분 눈에 띄는 뚜렷한 경쟁우위를 갖고 있습니다.

삼성전자 : 품질, 디자인, 생산능력

애플 : 훌륭한 소프트웨어, 멋진 디자인, 사람의 필요를 중심으로 하는
　　　신제품

오뚜기 : 막강한 판매조직, (낮은 원가에 바탕을 둔) 낮은 가격

메르세데스·벤츠 : 품질, 위신

스타벅스 : 독특한 스타일과 분위기

루이뷔통 : 유행을 초월한 훌륭한 상품, 뛰어난 상표이미지

소니 : 혁신성, 소형화

IBM : 서비스, 고객을 위하는 정신, 신뢰

마이크로소프트 : 업계 표준, 널리 쓰이고 있음

BMW : 스포티한 멋, 기술

월마트 : 낮은 가격, 친절한 종업원, 방문하기 쉬운 곳에 위치

경쟁이 치열할수록, 기업환경이 나빠질수록 경쟁우위는 힘을 발휘합니다. 모든 것을 다 잘할 수는 없습니다. 과감하게 버리고, 지켜야할 것에 집중해야 합니다. 경쟁우위는 신중하게 선택한 부문에 과감히 힘을 쏟아야만 달성할 수 있습니다.

원칙 4 싸워야 할 곳을 알라.

그러므로 싸울 곳을 알고 싸울 날짜를 안다면, 천 리 밖에 나아가 적을 만나 싸워도 되지만, 싸울 곳을 알지 못하고 싸울 날짜를 알지 못한다면, 좌측의 군대가 우측의 군대를 구원하지 못하고, 우측의 군대가 좌측의 군대를 구원하지 못하며, 전방의 군대가 후방의 군대를 구원하지 못하고, 후방의 군대가 전방의 군대를 구원하지 못할 것이다. 하물며 수천 리 떨어져 있으면 더 말할 나위 없고, 수십 리밖에 안 떨어져 있어도 사정은 마찬가지다.

전투할 장소와 날짜를 예측하여 적군을 격멸시킨 좋은 보기로 마릉馬陵의 싸움을 들 수 있습니다.

기원전 341년, 제나라 장수인 손빈은 일부러 군대를 후퇴시켜 위魏나라 군대를 유인했습니다. 그는 이때 적군을 안심시키기 위하여 가마솥의 수를 오늘은 10만 개, 내일은 5만 개, 모레는 3만 개로 줄여갔지요. 이를 멀리서 본 위나라의 장수 방연은 제나라 군대에 도망병들

이 늘어난다고 판단하고, 기병대를 이끌고 추격에 나섭니다. 손빈의 계략에 걸려든 것이죠. 손빈은 위나라 군대가 어두워질 무렵에 마릉에 도착할 것으로 예측했습니다. 그래서 병사들을 시켜 길가에 서 있는 큰 나무의 줄기를 깎아내고, '방연은 이 나무 아래서 죽는다'라고 큰 글씨로 써놓은 다음, 병사들을 매복시켜놓고 기다리게 했습니다. 그리고 병사들에게 "날이 저물면 이 나무 밑에 불이 켜질 것이다. 그 불을 목표로 일제히 공격하라"라고 명령했습니다.

과연 그날 밤 손빈의 예측대로 위나라 기병대가 이 나무 밑에 다다랐습니다. 나무에 새겨진 글씨가 궁금해진 방연은 불을 켜 들고 글자를 읽으려 했습니다. 순간 매복한 제나라 군사들은 일제히 함성을 지르며 활시위를 당겼습니다. 위나라 군대는 혼란에 빠져 격멸당하고, 방연은 혼전 속에서 스스로 목숨을 끊었다고 합니다.

원칙 5 실을 피하고 허를 찔러라.

무릇 군대는 물에 비유할 수 있다. 왜냐하면 흐르는 물이 높은 곳을 피하고 낮은 곳으로 달려가듯이, 군대도 적의 강점을 피하고 약점을 치기 때문이다.

적의 허점을 찔러 승리를 거둔 예는 수없이 많지만, 여기서는 춘추전국시대에 있었던 이야기를 하나 들려드리겠습니다. 기원전 632년 진晉나라의 군대와 초·진陳·채 연합군이 성복城濮에서 마주쳤습니다.

진晉의 군대를 직접 지휘하던 문공文公은 연합군의 오른쪽을 맡고 있는 진陳과 채의 군대를 첫 번째 공격 목표로 삼았습니다. 왜냐하면

진陳과 채의 군대는 동맹국인 초나라와의 우호관계 때문에 마지못해 참전했을 뿐이어서 별로 싸울 뜻이 없다고 판단했기 때문입니다. 겉으로 보기에는 강력한 동맹으로 맺어진 대군大軍처럼 보이지만 실상은 큰 허점이 있었던 것입니다.

문공은 이 허점을 알아채고, 우선 이 두 나라의 군대를 공격합니다. 예상했던 대로 싸울 마음이 없었던 진陳과 채의 군대는 진晉의 맹공 앞에서 순식간에 무너지고, 연합군의 오른쪽 날개는 완전히 붕괴됩니다. 진의 군대는 그 여세를 몰아 초나라 군대까지 격파하여 큰 승리를 거둡니다.

'싸워야 할 곳을 알라', 그리고 '실을 피하고 허를 찔러라' 하는《손자병법》의 원칙은 아래의 두 말과 근본적으로 같다고 할 수 있습니다.

- 상대방이 경쟁우위를 갖고 있지 않은 부문을 파악하고, 가능하면 그러한 곳을 처라.
- 상대방이 쉽게 반격하기 어려운 곳을 처라.

후발주자의 입장에서 보면 공격의 대상이 되는 선도업체들은 나름대로 전략적 경쟁우위를 갖추고 있습니다. 그래서 시장에서 일찍이 자리를 잡을 수 있었겠죠. 따라서 공격을 당하면 그들은 그들 특유의 강점을 최대한 발휘하는 방향으로 반격할 것이 틀림없습니다.

이럴 때 상대방이 강한 부문에서 우리가 지나치게 약세를 보이면, 공격이 실패로 끝날 가능성이 높습니다. 예를 들어, 높은 품질, 높은 가격의 경쟁 제품을 우리가 낮은 가격으로 공격했을 때 우리 제품의 품질이 너무 낮으면 품질을 내세우는 상대방의 반격에 우리가 밀리기 십상입니다. 그래서 나는 아래의 말을 또 하나의 공격의 원리로 추가할 수 있다고 봅니다.

원칙 6 상대방이 강한 부문에서 지나치게 약세를 보이지 마라.

동아제약의 박카스는 강장 음료 시장에서 오랫동안 막강한 위치를 차지해왔습니다. 기억하시겠지만 예전에 박카스는 의약품으로 분류되어 약국에서만 팔 수 있었습니다. 그런데 의약 분업 제도가 정착되면서 시중 약국의 수가 차차 줄어들게 됩니다. 더군다나 동아제약은 제약 회사 이미지가 워낙 강하기 때문에 의약품 이외의 제품을 팔기가 쉽지 않았습니다. 이러한 동아제약의 약점에 착안해 광동제약은 비타500을 출시합니다. 아시다시피 이 제품은 한때 박카스의 아성을 크게 위협했습니다. 비타500은 박카스와 달리 소비자들이 슈퍼에서 쉽게 살 수 있는 데다 소비자들은 두 제품의 품질의 차이를 거의 느끼지 못했습니다. 만약 소비자의 입장에서 두 제품의 품질 차이가 컸다면 비타500이 박카스의 아성을 위협하지 못했을 겁니다.

비슷한 논리로 상대방이 경쟁우위를 갖고 있는 부문이 아닌 다른 부문에서 경쟁우위를 갖추는 것도 좋습니다. 지금까지의 이야기를 종합하여, 《손자병법》을 바탕으로 한 현대 시장에서의 공격의 원칙을 간추리면 다음과 같습니다.

- 반드시 뚜렷한 경쟁우위를 갖춘 다음에 공격하라.
- 가능하면 상대방이 경쟁우위를 갖고 있는 부문이 아닌 다른 부문에서 경쟁우위를 갖추고, 상대방의 그러한 곳을 쳐라.
- 상대방이 쉽게 반격하기 어려운 곳을 쳐라.

- 상대방이 강한 부문에서 지나치게 약세를 보이지 마라.

현장 지휘관을 위한 조언

손자는《손자병법》곳곳에서 지도자가 갖춰야 할 리더십에 대해서도 논의했습니다. 특히 야전사령관이 갖춰야 할 자질은 지금도 귀담아 들을 필요가 있습니다. 우리도 한번 읽어봅시다.

> 병사 보기를 아이들 보듯이 하라. 그러면 그들은 기꺼이 아주 깊은 골짜기까지 따라올 것이다. 그들 보기를 사랑하는 너의 아들 보듯이 하라. 그러면 그들은 죽을 때까지 너의 편을 들 것이다.
> -《손자병법》제10장 〈지형편地形篇〉

손자는 리더의 기본 자질로 '자애로움'을 강조합니다. 여기에 대해서 이의를 제기하실 분은 안 계시겠죠. 하지만 뒤에서 살펴보겠습니다만 손자는 자애로움과 지나친 동정심을 분명히 구분했습니다. 또 상황에 맞는 리더십의 중요성을 줄기차게 강조했는데, 리더십이 상황에 맞지 않을 경우의 결과를 다음과 같이 표현했습니다.

> 장교가 강하고 병사들이 약하면 그 결과는 붕괴다.
> -《손자병법》제10장 〈지형편〉

리더십이 없어도 결과는 마찬가지라고 강조합니다.

병사들이 강하고 장교가 약하면, 군대가 말을 듣지 않는다.

장수가 약하여 위엄이 없고, 그의 지시가 명확하지 않고, 장교와 병사들에게 일관성 있는 행동방침이 주어지지 않으며, 병사들이 진을 칠 때도 제멋대로이면, 이러한 군대는 혼란에 빠진다.
- 《손자병법》 제10장 〈지형편〉

그는 또 리더의 주요한 역할을 다음과 같이 논의했습니다.

장수가 적군의 힘을 잘 헤아리지 못하고, 적은 병력으로 많은 병력을 공격하게 하고, 약한 부대로 강한 부대를 치게 하며, 가려 뽑은 병사들을 선봉에 배치하지 않으면, 그 결과는 패배이다.
- 《손자병법》 제10장 〈지형편〉

그러므로 뛰어난 지휘관은 상황을 이용하여 승리를 이끌어내려 하고, 부하들에게서 그것을 요구하지는 않는다. 그는 사람을 가려서 상황에 맞는 임무를 맡긴다.
- 《손자병법》 제5장 〈병세편 兵勢篇〉

위의 글들을 통해 우리는 손자가 생각하는 지도자의 주요 역할을 아래와 같이 정리할 수 있습니다.

- 정확한 상황 분석 및 그에 바탕을 둔 뚜렷한 목표 설정
- 상황에 맞는 인재의 선발 및 배치

125

손자는 의사결정을 질질 끄는 것을 매우 위험하다고 보았습니다. 대신 빠르고 단호한 행동을 강력하게 권장했지요.

거세게 흐르는 물이 돌을 뜨게 하는 것은 그 기세 때문이요, 매가 재빨리 날아와 먹잇감을 잡는 것은 그 시기 때문이다. 그러므로 싸움에 능숙한 사람은 그 기세가 대단하고 결정적인 시기에 순간적인 위력을 발휘한다.
– 《손자병법》 제5장 〈병세편〉

전쟁의 요체는 속도이다. 적군이 준비가 안 되어 있으면, 그러한 상황을 잘 활용하라. 적이 예상하지 않은 길을 따라 가고, 경비가 소홀한 지점을 쳐라.
– 《손자병법》 제11장 〈구지편九地篇〉

또 부하들의 사기를 높이기 위해 지휘관들이 다음과 같이 할 것을 권합니다.

규정에 구애받지 말고 포상을 하고, 선례에 얽매이지 말고 명령을 내려라. 그러면 당신은 마치 한 사람을 부리듯 삼군三軍을 움직일 수 있을 것이다.
– 《손자병법》 제11장 〈구지편〉

풀어서 이야기하면, 직원들에게 가끔 기대하지 않았던 보상을 해주라는 것입니다. 이러한 방식으로 강한 동기 유발motivation을 이끌어내고, 그것이 목표의 달성으로 이어지도록 해야 합니다. 이에 관해 손자는 다음과 같이 말했습니다.

결정적인 순간에 장수는 높은 곳에 올라간 뒤 자기 밑의 사다리를 치워버린 사람처럼 행동한다. 그는 병사들을 적진 깊숙이 이끌고 가서야 그가 계획했던 바를 실천에 옮긴다. 그는 배를 태우고 취사도구를 부순다. 마치 양치기가 양 떼를 몰아치듯, 그는 병사들을 여기저기 몰고 가며, 그가 어디로 가려고 하는지는 아무도 모른다.

장군은 조용하면서 속을 알 수 없어야 하고, 또한 반듯하고 의연해야 한다. 그는 장교와 병사들이 자신의 계획을 모르게 할 수 있어야 한다.

병사들에게 당신의 의도를 알리지 말고 임무를 맡겨라. 전망이 좋으면 그 사실을 알리되, 위험한 일이 있으면 아무 말도 하지 마라. 당신의 군대를 아주 위태로운 상황에 투입하라. 그러면 그들은 살아남을 것이다. 그들을 절망적인 상황에 빠뜨려라. 그러면 그들은 그것을 극복할 것이다.
- 《손자병법》 제11장 〈구지편〉

여기서 손자가 말하려는 바를 현대의 기업 경영에 적용하면, 핵심은 두 가지입니다.

첫째, 회사가 추구하는 목표의 자세한 내용을 직원들에게 알리지 말아야 한다.

현대 경영학에서는 대체로 임직원들이 같은 목표를 공유해야 한다고 말합니다. 그러나 손자의 생각은 달랐나 봅니다. 외부에 공표할 수 있는 커다란 전략적 목표는 공유하지만, 기밀이 새어 나갈 가능성을 고려하면 그 밖의 사항은 공개할 필요가 없다는 것이 그의 생각이었습니다.

또한 손자는 목표가 뚜렷하지 않으면, 부하들이 윗사람을 더 믿고 따를 수밖에 없다고 보았습니다. 삶과 죽음이 걸린 전쟁터에서라면 손자의 생각이 맞습니다. 그러나 바람직한 기업 문화를 만들어 가야 하는 현대의 경영자로선 임직원들의 중지를 모아 회사가 추구해야 할 목표를 도출하고, 그것을 구성원들에게 정확히 전달해야 할 책무가 있습니다. 한편으로는 기밀 보안에 유의하면서 또 다른 한편으로는 회사의 모든 구성원들이 인정하고 공유하는 목표 체계를 세워놓아야 합니다.

그러므로 부하들에게 목표를 감추라는 손자의 제안은 비상경영 같은 특수한 상황에만 적합합니다. 그래서 저는 그의 말을 필요 이상의 정보를 부하들과 공유하지 말라는 뜻 정도로 해석합니다. 또한 손자의 말은 우리에게 보안의 중요성을 되새기게 합니다.

둘째, 리더는 때로 불가능해 보이는 도전을 통해 조직에 긴장감을 불어넣고 성공을 향한 임직원들의 의지를 일으킬 수 있어야 한다.

단, 이런 조치를 취할 때 주의해야 할 점이 있습니다. 불가능해 보이는 도전일수록 리더가 의연한 자세로 모범을 보여야 합니다. 그렇지 않으면 부하들의 사기가 떨어지고, 모든 것이 실패로 끝나게 됩니다. 이와 관련하여 손자는 제10장 〈지형편〉에서 패배를 불러오는 장수의 6가지 속성을 다음과 같이 열거했습니다.

적군의 병력을 잘 헤아리지 못한다.
권위가 없다.
충분한 교육과 훈련을 실시하지 않는다.
쓸데없이 화를 낸다.
규율을 잘 지키지 않는다.
정예부대를 투입하지 않는다.

손자는 또 제8장 〈구변편九變篇〉에서도 장수가 조심해야 할 5가지 오류를 논의했습니다. 그 내용을 간략하게 살펴봅시다.

무모함: 죽임을 당할 수 있다.
비겁함: 포로가 된다.
욱하는 성격: 적으로부터 쉽게 모욕을 당하고, 모욕을 당하면 어떤 일
     을 저지를지 모른다.
지나친 명예심: 자신의 평판이나 명망에 관계된 일에 너무 민감하게 반
     응하고, 다른 일에는 관심을 덜 기울인다.
과도한 연민의 정: 인정이 지나치면 부하들이 겪게 될 어려움 등에 너
     무 신경을 쓰는 나머지 좋은 기회를 놓치거나 과감
     한 의사결정을 못 내린다.

지금까지 한 이야기를 종합하여 손자가 생각하는 좋은 지도자의 자질을 현대의 경영 언어로 정리해봅시다.

129

- 우리 회사와 경쟁사들의 강점과 약점을 정확히 파악하는 힘
- 상황에 따라 가장 적당한 인재를 선발하고 배치하는 안목
- 지나친 명예심이나 연민의 정에서 자유롭고, 무모하거나 감정에 치우친 결정을 내리지 않는 자제력
- 부하들의 역량 개발을 위해 충분히 투자하겠다는 의지
- 조직 내부의 규율을 엄격히 유지하여 부하들이 자신의 명령을 따르도록 하는 리더십
- 비겁하지 않으며, 명확하고 용기 있는 결정을 내려 부하들의 신망을 얻음으로써 권위를 확보하는 힘

이제 끝으로 '싸우지 않고 이기는 것'을 최고의 전략으로 내세운 제3장 〈모공편謀攻篇〉을 살펴보는 것으로 이번 강의를 끝내겠습니다.

이기는 싸움만 한다

경쟁은 생존을 위한 끊임없는 싸움입니다. 경쟁에서 살아남으려면 기업은 전략적 경쟁우위를 적어도 하나는 갖고 있어야 합니다. 전략적 경쟁우위를 창출하고 이를 유지하려면 어떻게 해야 할까요?

먼저 상대방을 잘 알아야 합니다. 경쟁사의 강점과 약점을 알고 있어야만 우리의 경쟁우위가 눈에 들어옵니다. 또한 우리의 어떤 부문이 경쟁자로부터 위협을 받고 있는지 헤아릴 수 있습니다. 이는 고객들 못지않게 경쟁사들도 우리 회사가 거두는 성과에 큰 영향을 미치므로 고객조사에 치중하는 전통적인 시장조사만큼 경쟁사 조사가 중

요하다는 뜻이기도 합니다. 손자는 이러한 경쟁사 조사의 필요성을
이미 꿰뚫어 보았습니다.

> 적을 알고 나를 알면 백 번 싸워도 위태하지 않다. 그러나 적을 모르고
> 나를 알면 이길 확률과 질 확률이 똑같다. 적도 모르고 나도 모르면 싸
> 울 때마다 반드시 진다.
> -《손자병법》제3장 〈모공편〉

제 경험에 따르면 우리나라 기업들 가운데 경쟁사 조사를 지속적
이고 체계적으로 하는 곳은 드뭅니다. 물론 기본적인 시장조사도 제
대로 못 하는 마당에 경쟁사 조사까지 철저하게 하라는 것은 무리한
요구일지 모릅니다. 그러나 지금처럼 경쟁이 치열해진 시대에 경쟁
사 조사는 반드시 필요합니다.

경쟁사를 잘 몰라서 전략적인 잘못을 저지른 예는 우리 주변에 얼
마든지 있습니다. 조금 시간이 지난 이야기이긴 하지만 하인즈Heinz
와 모토로라Motorola가 그랬습니다. 두 기업은 전 세계적으로 막강한
상표 이미지를 갖고 있었지만 한국의 식품 시장과 휴대폰 시장에서
제대로 힘을 쓰지 못했습니다. 여러 가지 이유가 있겠지만 이들 기업
이 우리나라의 경쟁사인 오뚜기와 삼성전자를 제대로 파악하지 못한
것이 중요한 실패 원인 중 하나였습니다. 파악하지 못한 정도가 아니
라 두 회사는 오뚜기와 삼성의 의지를 과소평가했습니다.

한국 할인점 시장에 진출한 프랑스의 까르푸와 미국의 월마트도
마찬가지입니다. 이 두 업체는 한국 소비자의 성향을 제대로 파악하
지 못했을 뿐 아니라 국내 경쟁사인 이마트를 제대로 분석하지 않아

서 결국 국내 시장에서 외면당했습니다.

일본의 컨설턴트 오마이 겐니치는 한때 카메라, 모터사이클 등의 산업을 일본이 석권한 것은 당시에 세계 시장을 주름 잡던 미국, 유럽의 강자들이 일본 회사들을 잘 몰라서 효과적으로 그들의 공격에 대응하지 못했기 때문이라고 주장했습니다. 그는 자신의 책《세 개의 힘의 축 Triad Power》에서 이렇게 말합니다.

결론적으로 말해, 일본이 비교적 쉽게 정복한 모든 시장에서 미국과 유럽 회사들은 새 경쟁 상대가 된 일본 회사들에 대해서 거의 아는 바가 없었다.

시장에서 이미 자리 잡은 회사들은 새롭게 시장에 진입한 경쟁사에 대해서 무지하거나 무시하는 경우가 많습니다. 미국에서는 대형 항공 회사가 참신한 전략으로 시장에 들어온 중소 항공 회사를 우습게 알았다가 크게 고전한 사례가 여럿 있습니다. 그래서 어떤 회사의 최고경영자는 자기 회사의 전략 기획 과정에 대해 다음과 같이 이야기하기도 했습니다.

우리가 가장 약했던 부분은 (현재의, 그리고 잠재적) 경쟁사들을 현실적으로 평가하는 것이었다.

여러분도 내가 몸담고 있는 회사는 과연 어떤가 하고 한번 생각해 보기 바랍니다. 아마 경쟁사 조사라는 면에서 자신 있게 대답할 수 있는 곳은 별로 많지 않을 겁니다. 그래서 이 부문의 중요성을 일께

우기 위해 경영자는 임직원들을 대상으로 다음과 같은 조사를 해보는 것이 좋습니다.

1. 우리는 경쟁사들에 관해 구체적으로 어떤 정보를 갖고 있어야 하나?
2. 각 정보의 중요성은 어느 정도인가?
   (1=별로 중요하지 않다 ~ 5=아주 중요하다)
3. 각 정보를 우리는 얼마나 갖고 있나?
   (1=거의 갖고 있지 않다 ~ 5=필요한 만큼 갖고 있다)

이상적으로는 이러한 조사 결과, 정보의 중요성을 나타내는 금line과 (정보의) 보유를 가리키는 금이 거의 일치하는 것이 좋습니다. 즉 각 정보의 중요성에 걸맞게 회사가 정보를 보유하고 있는 것이 이상적인 상태입니다.

경쟁사의 기본전략, 연구개발 전략, 원가 상황 등에 관한 정보가 유난히 부족한 경우가 많습니다. 물론 이런 정보들은 입수하기 어려운 게 사실이지만, 장기적으로 결정적인 도움을 주는 정보이기도 합니다. 경영이란 어차피 사람이 하는 것이므로 상대방 회사의 주요 인물들에 관해서도 가능한 한 자세히 알고 있어야 합니다. 그들의 동기, 능력, 성장 과정, 업적 등 세밀한 정보까지 파악할 필요가 있습니다. 이런 정보들이 축적되면 그들의 행동 및 경쟁사의 전략전술을 어느 정도 예측할 수 있게 됩니다. 어쨌든 위와 같은 조사를 통해 경영자는 자사 임직원들에게 경쟁사 정보의 중요성과 필요성을 일깨우고 동시에 어떤 정보가 그 중요성에 비해 특히 모자라는가를 알 수 있습니다.

그런데 제 경험에 따르면, 진짜 중요한 문제는 정보의 부족이 아니라 정보를 체계적으로 수집하고 정리, 분석하는 시스템을 갖춘 기업이 드물다는 데 있습니다.

경쟁사에 관한 자료는 회사 여기저기에 널려 있는데 그것을 정리하고 분석해서 의사결정에 활용하는 시스템이 없습니다. 우리 속담에 구슬이 서 말이라도 꿰어야 보배란 말이 있는데 그것은 이럴 때 쓰는 게 아니겠습니까? 경쟁사 정보를 정리, 분석하는 데 일가견이 있는 외국 회사들은 어떻게 하고 있는지 알아보겠습니다.

1. 경쟁사 정보를 전담하는 참모부서 설치 : 경쟁사에 관한 정보를 체계적·능동적으로 수집하고 이것을 정리, 해석하여 경영진에게 보고하는 부서를 설치한다.

2. 각 부서에 경쟁사 정보 담당 직원을 지명 : 마케팅·연구개발·기획실 등의 각 부서에서 한두 사람을 경쟁사 정보 담당으로 지명한다. 이 사람들은 자신들의 본래의 업무 외에 경쟁사 내의 똑같은 부서에 관련된 정보를 수집하는 책임을 맡는다.

3. 전담 직원의 임명 : 회사의 주요 경쟁사 하나하나에 대해 각 회사를 담당할 직원을 임명한다. 이렇게 임명된 직원은 자기가 맡은 경쟁사를 체계적으로 관찰하고 그 회사에 관해 필요한 모든 정보를 수집한다.

4. 경쟁사의 전략을 토의하는 특별반 설치 : 각각 주요 경쟁사에 대해 특별반을 하나씩 만들어 이들로 하여금 자기들이 맡은 회사의 전략을 정기적으로 논의하게 한다. 이렇게 하는 과정에서 각 팀의 구성원들은 모든 것을 경쟁사의 관점에서 생각하고 분석하는 기회를 갖는다. 이렇

게 상대방의 처지에서 상황을 바라보고 전략을 세워보는 훈련은 경쟁 사들의 전략·반응을 미리 고려한 자사의 전략을 세우는 데 큰 도움이 된다. 또한 같은 사람들이 매년 똑같은 경쟁사에 대해서 연구를 하므로 자연스럽게 자신들이 맡은 회사에 대해서는 아주 잘 알게 된다.

명심할 것이 하나 있습니다. 회사는 체계적이고 적극적으로 경쟁 사의 정보를 관리해야 하지만 어디까지나 '법률이 허용하는 범위' 내 에서 모든 정보의 원천을 활용해야 합니다. 특히 영업사원들은 영업 하는 과정에서 접하는 정보가 엄청나게 많습니다. 회사 차원에서 그 러한 정보가 수시로 원활하게 처리되어야 함은 말할 것도 없습니다.

지금까지 우리는 경쟁사 정보의 중요성을 살펴보았습니다. 여기서 꼭 강조하고 싶은 것이 하나 있습니다. 경쟁사 정보가 자기 회사의 창의력을 대체하거나 결정적인 아이디어를 제공해주는 '원천'이 되 어서는 안 됩니다.

경쟁사 정보는 우리가 경쟁사를 얕보거나, 너무 늦게 반응하거나, 중대한 실수를 범하거나 하는 등의 일을 방지하는 데 도움이 됩니다. 그러나 그것만으로는 선두가 될 수 없습니다. 예술이나 학문에서와 마찬가지로, 경영에서도 자신만의 아이디어는 없이 남의 것을 베끼 거나 모방만 해서는 앞서가는 상대를 절대로 따라잡을 수 없습니다.

더구나 경쟁사가 어떻게 하는가를 자기 회사의 행동지침으로 삼으 려고 하면 경쟁사 정보는 오히려 해가 될 수도 있습니다. 특히 상대 방이 막강한 회사이거나 우리같이 선진국 기업들과 싸워야 하는 경 우에는, 경쟁사가 하는 모든 일을 다 굉장한 것으로 생각하는 경향이 있습니다. 그러나 원숭이도 나무에서 떨어지듯이 선두 기업도 실수하는 때가 있고, 경쟁사가 하는 일이 우리한테 맞는다는 보장도 없습니다.

경쟁사의 정보 또는 선진 기업의 경영 방식은 우리가 활용해야 하는 많은 정보의 일부에 지나지 않는다는 것을 잊지 말아야 합니다. 남을 연구하고 남한테서 배우는 궁극적인 목적은 우리에게 맞는 우리 나름의 길을 찾기 위해서입니다.

경쟁에서 이기려면 먼저 상대방을 제대로 알아야 합니다. 우리는 이런 평범한 진리를 잊고 지내는 때가 많습니다. 그래서 제가 지금까지 이야기한 아래의 3가지 요점을 경영자들은 꼭 염두에 두도록 다시 한 번 권합니다.

- 경쟁사 조사는 고객 조사만큼 중요하다.
- 경쟁사 정보를 체계적으로 관리하는 시스템이 필요하다.
- 경쟁사의 정보가 우리의 창의력을 대신해서는 안 된다. 우리는 우리가 가야 할 길을 스스로 찾아야 한다.

여러분의 회사가 아직 경쟁사의 정보를 제대로 관리하고 있지 않다면, 그로 말미암아 회사에 어떤 일이 일어날 수 있는가 그것만 곰곰이 생각해보기 바랍니다.

제 8 강

오자

승자의
4덕

강의를 시작하며

'손오孫吳의 병법'이란 말을 들어보신 적 있습니까? 중국에서는《오자》를《손자병법》과 더불어 중국을 대표하는 병법서로 손꼽습니다. 그래서 손자와 오자 두 사람의 성을 따서 손오의 병법이란 표현을 쓰기도 합니다. 춘추전국시대 초기의 병법가인 오기吳起가 지은 이 책은 〈도국圖國〉, 〈요적料敵〉, 〈치병治兵〉, 〈논장論將〉, 〈응변應變〉, 〈여사勵士〉의 여섯 장으로 이루어져 있습니다.

《손자》는 물론《오자》도 지도자라면 반드시 읽어야 하는 책입니다. 《오자》의 내용과 그것이 현대 사회 및 기업 경영에 주는 시사점을 논의하기 전에 우선 저자인 오기가 어떤 인물이었는가 알아봅시다.

격동의 춘추전국시대를 산 오기는 병법가로서의 재능을 인정받아

137

처음에는 노魯나라에서 경력을 쌓습니다. 노나라가 이웃의 강대국인 제齊나라로부터 공격을 받자 오기는 노나라 총사령관이 되어 성공적으로 적의 대군을 격파합니다. 이때부터 그는 뛰어난 병법가로서의 명성을 얻게 됩니다. 그러나 이 때문에 신하들의 시기심을 사게 되고, 결과적으로는 모처럼 공을 세운 것이 독이 되어 실각하고 맙니다.

그 후 오기는 용병으로서 그의 재능을 알아본 위나라의 초대 임금 문후文侯(재위 기간 기원전 445~396년)에 의해 대장군으로 발탁됩니다. 그는 문후를 섬기며 27년 동안 76차례 크고 작은 전투를 치르는데 이중 64차례나 승리를 거둡니다. 이기지 못한 12차례의 전투에서도 승부를 결정하지 못했을 뿐 패하지는 않았다고 합니다. 이쯤이면 백전불패의 장수라고 할 수 있지요. 그러나 문후가 세상을 떠나자 중신들과 의견이 맞지 않아 결국 위나라도 등지게 됩니다. 그 뒤 초楚나라의 도왕悼王(재위 기간 기원전 401~381년)에 의해 재상으로 임명되는데, 오로지 정치를 바로 세우는 일에만 전념했다고 합니다. 용병가로서뿐만 아니라 정치가로서도 뛰어난 인물이었던가 봅니다. 도왕의 지지 아래 오기는 법령을 바로세우고, 부패하고 무능한 귀족 세력을 일소하며, 강한 군대를 양성합니다. 그 결과 초나라는 단기간에 강국으로 떠오르게 됩니다. 하지만 오기가 등용된 지 6년 만에 도왕이 세상을 떠나자 평소 그의 정책에 반감을 품고 있던 중신들의 불만이 폭발하여 결국 살해되고 맙니다. 비록 말년이 불우했지만 문무文武를 갖추었으며, 이론과 현실에도 눈이 밝았던 오기의 전략전술은 그의 병법서《오자》 곳곳에 녹아 있습니다.

오기는 그 명성에 비해 우리나라에는 잘 알려져 있지 않습니다. 이번 강의에서는 오기의 생애를 반영하듯 싸울 때의 전략전술은 말할 것도 없고 정치의 바람직한 모습, 위정자의 마음가짐 등등에 대해서도 많은 이야기를 한 《오자》를 만나 보겠습니다.

승부를 결정하는 기본기

병법서의 주제를 한마디로 하면 '어떻게 싸움에서 이길 것인가?'로 요약할 수 있습니다. 《오자》도 이 점에서는 예외가 아닙니다. 《오자》의 전체 분량은 《손자》의 절반 정도로 그다지 많은 양이 아닙니다. 하지만 전편에 걸쳐 전쟁에서 승리하는 법에 초점을 맞춰 일관되게 이 테마를 논의했습니다.

재미있게도 전쟁에서 이기기 위해 《오자》가 가장 중요하게 여긴 것은 전쟁터에서 바로 써먹을 수 있는 전략전술이 아니었습니다. 《오자》가 더 중요하게 여긴 것은 바로 '국내의 (임전) 태세를 튼튼히 하는 것'이었습니다. 오기와 위나라의 왕 무후의 대화를 들어봅시다.

어느 날 위나라의 무후가 오기에게 물었다.

"적과 대진할 때 그들이 엿볼 만한 허점을 보이지 않는다. 수비로 돌아섰어도 무너지지 않는다. 그리고 싸우면 반드시 이긴다. 이 3가지 방책에 대해서 말해주십시오."

오기는 이렇게 답한다.

"군주가 슬기로운 인물을 높은 자리에 앉히고 무능한 사람은 낮은 자리에 머무르게 하면, 적이 엿볼 만한 허점을 보이지 않습니다. 또 백성들의 생활을 안정시키고 백성들이 위정자에게 전폭적인 신뢰를 보낼 수 있도록 노력하면, 나라의 방어 태세가 조금도 무너지지 않습니다. 더 나아가 만민이 임금의 정치에 만족하고 적국의 정치에 불만을 품으면, 싸우지 않고도 승리를 거둘 수 있습니다."

즉 인재를 등용하고 민생의 안정을 꾀하며, 국민의 신뢰를 얻는 것이 선결 문제라고《오자》는 말합니다. 조금 더 설명을 들어보죠.

옛날의 군주는 우선 첫째로 신하를 교육하고, 백성의 단결을 도모하는 데 힘을 기울였다. 현명한 군주일수록 백성을 동원하는 때에는 먼저 단결을 꾀하고, 그런 바탕 위에서 결단을 내린다.

그러면 나라의 태세를 공고히 하고 내부 결속을 다지기 위해서는 무엇이 필요할까요? 오기는 군주의 덕德이 필요하다고 말합니다. 사마천의《사기열전史記列傳》중 〈손자오기열전孫子吳起列傳〉에는 이런 이야기가 나옵니다.

위나라 무후 임금이 어느 날 배를 타고 서하西河를 내려가다가 중간 지점에 이르러서 오기를 돌아보며 이렇게 말했다.
"아름답구나, 험준한 산천이여! 이것이야말로 위나라의 보배로구나!"
이 말에 오기가 답했다.
"나라의 보배는 임금의 덕행에 있지 지형의 험준함에 있지 않습니다."
그러면서 그는 과거에 험난한 지형만 믿고 있다가 도리어 나라가 망한 사례를 몇 가지 소개하고 이렇게 말을 맺었다.
"이렇게 보면 (나라를 다스리는 데 중요한 것은) 임금의 덕행이지 험난한 지형이 아닙니다. 만일 임금께서 덕을 닦지 않으시면 이 배 안에 있는 사람은 모두 적이 될 것입니다."

덕이라고만 하면 추상적으로 다가오는 게 사실입니다. 《오자》에서는 구체적으로 도道, 의義, 예禮, 인仁을 임금이 갖추어야 할 4가지 덕목으로 들었습니다.

먼저 도道란 기본 원칙을 뜻합니다. 잔재주를 부리지 않고 굳건히 기본 원칙에 따라 행동하는 것, 이것이 도입니다.

두 번째, 의義는 대의명분大義名分을 의미합니다. 사람들로부터 비난받을 만한 일을 하지 않고 어디까지나 올바른 길正道에서 벗어나지 않는 것이 의입니다.

세 번째, 예禮는 비겁하고 천박한 방식을 쓰지 않고 잘 분별하여 행동하는 것을 말합니다.

끝으로 인仁은 자기 마음대로 하지 않고 늘 상대방의 기분과 처지를 배려하는 것을 뜻합니다. 《오자》는 군주가 이들 덕목을 잘 지키면 다음과 같은 결과를 성취할 수 있다고 주장합니다.

도道를 지키면 근본으로 돌아가고 원점으로 되돌아갈 수 있다.
의義를 행하면 큰일을 성취하고 공적을 세울 수 있다.
예禮의 길을 가면 손해를 면하고 이익을 얻을 수 있다.
인仁을 행하면 업적을 유지하고 성과를 지킬 수 있다.

《오자》는 이렇게 군주의 네 가지 덕목을 자세히 논의한 다음 아래와 같이 마무리합니다.

높은 자리에 있고 신분이 고귀한 사람이 도에 어긋나고 의를 거스르는 행동을 하면, 그는 반드시 신세를 망치고 나라를 잃게 된다. 그래서 성인은 도道로써 천하를 안심시키고, 의義로써 백성을 다스리고, 예禮로써 백성들을 움직이고, 인仁으로써 백성을 어루만진다. 군주가 이 4가지 덕을 잘 지키면 나라가 번창하지만 지키지 못하면 나라가 멸망한다.

조직의 정점에 있는 사람이 이 4가지 덕목을 원칙으로 삼아 일한다면, 조직을 튼튼하게 하고 불패不敗의 태세를 갖출 수 있게 된다는 말이겠지요.

한 손에는 당근, 한 손에는 방망이

《오자》는 조직의 관리와 통제를 매우 중시했습니다. 아래 이야기를 봅시다.

어느 날 위의 무후가 오기에게 물었다.
"싸움을 할 때 승리를 결정짓는 요인은 무엇인가?"
오기의 대답은 이러했다.
"평상시부터 관리통제에 유의하는 것입니다."
그러자 무후가 이렇게 반론했다. "결정적인 것은 군대의 규모가 아닌가?"

오기는 거꾸로 이렇게 되받아친다.

"군령軍令이 서지 않고, 신상필벌을 공평하게 하지 않고, 정지 신호를 보내도 서지 않고, 진격 신호를 해도 나아가지 않는 군대라면, 설사 백만 대군이라 할지라도 아무짝에도 쓸모없습니다. 제가 말하는 관리통제란 다음과 같은 것을 가리킵니다.

평시에는 질서가 있고 예의 바르며, 유사시에는 금세 적을 압도합니다. 전진하면 이를 저지할 사람이 없고, 후퇴하면 쫓아올 자가 없습니다. 또 전진할 때나 후퇴할 때나 모두 절도가 있고, 명령을 한 번 내리면 질서정연하게 좌우로 전개展開됩니다. 연락이 끊겨도 진영이 무너지지 않고, 산개散開할 때도 대열이 흐트러지지 않습니다. 이간질해도 결속력이 강해 소용없으며, 아무리 싸워도 피로를 모릅니다. 이런 군대는 어떤 싸움터에 투입해도 패배할 염려가 없습니다."

여기서 오기가 강조한 조직 관리의 원칙을 간략하게 정리하면 '명령이 철저히 시행되는 것'과 '공명정대한 신상필벌'입니다.

오기는 군대를 이끌고 싸움터로 향할 때는 다음의 3가지 원칙을 유념하라고 했습니다.

첫째, 나아가야 할 때는 나아가고 물러나야 할 때는 물러난다.

즉, 진퇴의 시점을 명확히 안다.

둘째, 병사들을 굶겨도 안 되지만, 그들이 사치에 흘러도 안 된다.

즉, 분별해서 음식을 공급한다.

셋째, 병사들을 마차를 끄는 말처럼 혹사하지 않고 그들에게 충분한 휴식을 준다.

즉, 그들이 언제든지 힘을 발휘할 수 있도록 여유를 갖게 한다.

이 셋을 잘 지키면 주어진 임무를 완수할 수 있고, 군대도 잘 통제된다. 반대로 진퇴의 시점을 모르고, 분별없이 음식을 주고 병사들이 지쳐 있는데도 휴식을 주지 않으면 어떻게 되는가? 주어진 임무를 완수할 수 없음은 명확하다. 이렇게 되면 평시에는 군대가 통제되지 않고, 전쟁이 나서 싸우면 반드시 진다.

우리는 흔히 관리라고 하면 엄격한 통제를 떠올리는 경향이 있습니다. 오기의 생각은 달랐습니다. 관리통제는 위에서 엄격히 조이는 것만이 능사가 아닙니다. 오기는 여유를 갖고 완급緩急을 자유자재로 조절하는 관리가 더 낫다고 본 것이지요.

조직 관리를 하는 데 있어서 또 하나의 중요한 것은 교육 훈련입니다. 아무리 수가 많더라도 탄탄한 훈련을 받지 않은 병사는 정작 싸움터에서는 제 구실을 하지 못합니다. 오기도 교육 훈련을 중시했습니다.

패배를 불러오는 원인은 무엇인가? 능력이 부족하고 훈련도 충분치 않기 때문이다. 따라서 싸움에 임하는 때는 무엇보다 먼저 병사의 교육훈련을 중시해야 한다. 한 사람이 전술을 익히면 열 사람을 가르칠 수 있다. 마찬가지로 열 사람이 백 명을 가르치고, 백 명이 천 명을, 천 명이 만 명을 가르치면, 전군의 교육 훈련이 완료된다.

그러면 교육을 통해 무엇을 가르쳐야 할까요?

원형으로 진을 쳤다고 생각하면 사각형 모양으로 진을 치고, 엎드렸다고 생각하면 일어나고, 나아간다고 생각하면 정지하고, 왼쪽으로 갔다고 생각하면 오른쪽으로 향하고, 전진한다고 생각하면 후퇴하고, 분산했다고 생각하면 집중하고, 집합했다고 생각하면 흩어진다. 이렇게 변화에 맞춰 싸우는 법을 되풀이해서 훈련하는 것밖에는 없다. 이것을 습득해야만 비로소 싸움에 임할 수 있다.

지금까지 보았다시피 《오자》는 병사들을 가르치는 데 있어서 2가지를 강조합니다. 하나는 한 사람이 열 사람을 가르치고, 열 사람이 100명을 가르치는 이른바 '기하급수 방식'입니다. 이 방식을 쓰면 빠른 속도로 다수의 병사를 훈련시킬 수 있습니다. 또 하나는 어떤 사태에도 대응할 수 있는, 실전을 상정한 강한 훈련을 실시하는 것입니다. 이는 응용력을 높이는 훈련인데, 그 정도까지 하지 않으면 완벽한 훈련이라고 할 수 없습니다.

교육 훈련에서 또 하나 잊지 말아야 하는 것이 병사들의 능력입니다. 병사들의 능력은 저마다 다릅니다. 《오자》는 병사들의 능력을 잘 가려서 각자의 능력에 맞게 교육 훈련의 내용을 달리하라고 역설합니다.

키가 작은 사람은 근거리 전투에 유리하므로 칼과 창을 익히게 한다. 키가 큰 사람은 멀리까지 볼 수 있으므로 활쏘기를 가르친다. 몸이 약한 자는 후방근무를 하게 하고, 두뇌가 뛰어난 자는 참모로 기용한다. 같은 고향 출신 병사들은 한 부대에 배치하여 서로 협력하게 하고, 분대마다 일치단결하여 행동하게 한다.

오늘날 이와 같은 《오자》의 방식을 글자 그대로 시행할 수는 없습니다. 그러나 능력에 따라, 재능에 따라 알맞은 임무를 맡기는, 이른바 적재적소의 인력 배치는 현대의 경영에도 꼭 들어맞는 개념입니다. 기업은 인재 부족을 한탄하기보다는 내부 직원들을 더 철저히 가르쳐서 그들의 재능을 개발하고, 인재를 적재적소에 사용할 방법을 강구하는 편이 더 낫습니다.

의지가 없는 부하 100명보다 굳건한 의지가 있는 1명이 훨씬 더 믿음이 갈 때가 있습니다. 같은 '의지'라 하더라도, 마지못해 하는 것과 기쁜 마음으로 하는 것은 그야말로 천양지차입니다.

오늘날 같은 저성장 시대에서 조직이 비대해지는 것은 절대 피해야 합니다. 불황을 이겨내려면 조직에 활기를 불어넣어야 합니다. 그러려면 지금 있는 인재 한 사람 한 사람에게 신나게 일할 수 있는 '마음'을 불러일으켜야 합니다.

그러면 어떻게 하면 조직의 모든 구성원들이 신바람나게 일하게 할 수 있을까요? 이에 관한 오기의 의견을 들어봅시다.

어느 날 무후가 오기에게 묻는다.

"신상필벌로 부하들을 다스리면 승리를 쟁취할 수 있는가?"

오기는 이렇게 답한다.

"상벌 그 자체는 승리를 보장해줄 수 없다고 생각합니다. 군주가 명령을 하면 기쁜 마음으로 복종한다. 동원령을 내리면 기쁜 마음으로 싸움터에 나간다. 적과 대치하면 기꺼이 목숨을 던진다. 이 세 조건이 충족되어야만 승리가 보장되는 것입니다."

승자의 공부

신상필벌 같은 엄격한 원칙만으로는 조직을 관리할 수 없다는 뜻입니다. 그러자 무후가 또 묻고 오기가 답합니다.

"그러면 부하들에게 할 마음이 일어나도록 하려면 무엇이 필요한가?"
"공적이 있는 부하를 발탁하여 극진히 대접하는 것은 당연히 하셔야 할 일입니다. 그러나 한편으론 공적이 없는 자를 격려하는 것도 잊으시면 안 됩니다."

신상필벌의 원칙에 어느 정도 온정주의를 가미하는 것이 바람직하다고 오기는 말했습니다. 일반적으로 엄격한 신상필벌주의로 일관하면 명령에 따르게 할 수는 있어도 구성원들이 진정으로 기뻐하며 성심껏 순종하지는 않습니다. 사람들은 온정주의도 있어야만 마음으로부터 따르는 경향이 있습니다. 양자의 균형을 어떻게 맞추느냐가 조직 운영의 중요한 과제 중 하나이죠. 중국의 명장名將들은 한결같이 이 문제 때문에 고심했으며, 오기도 예외는 아니었습니다. 그는 여러 가지 배려를 통해 부하들의 마음을 사기 위해 눈물겨운 노력을 하는데《사기》에 이와 관련된 이야기가 나옵니다.

오기는 늘 부하들의 마음을 헤아렸고 신분이 가장 낮은 병사들과 똑같이 입고 먹었다. 또한 잠을 잘 때는 자리를 깔지 못하게 했고, 행군할 때도 말이나 수레를 타지 않았으며, 자기가 먹을 식량을 직접 갖고 다니면서 병사들과 함께 고통을 나누었다. 한번은 부스럼이 난 병사를 위해 오기가 몸소 고름을 빨아주었다. 그런데 그 소식을 들은 병사의 어머니가 소리 내어 울자 어떤 사람이 그 까닭을 물었다.

"당신의 아들은 졸병에 지나지 않는데 장군께서 손수 고름을 빨아주셨소. 한데 어찌하여 그토록 슬피 우시오?"

그의 어머니는 이렇게 대답했다.

"예전에 장군께서 우리 애 아버지의 고름을 빨아주셨는데 그 사람은 자기 몸을 돌보지 않고 용감히 싸우다 적진에서 죽고 말았습니다. 이제 오기 장군께서 또 제 자식의 고름을 빨아주셨으니, 이 아이도 언제 어디서 죽게 될지 모릅니다. 그래서 소리 내어 우는 것입니다."

오기는 이렇게까지 해서 사람의 마음을 얻으려 노력했습니다. 사람의 마음을 헤아리고 그들과 동고동락한 오기의 자세는 오늘날의 리더에게도 시사하는 바가 큽니다.

명령만으로 사람을 움직일 순 없습니다. 자발적인 의지를 일으킬 수도 없습니다. 신상필벌과 함께 적절한 온정주의를 같이 행하는 것이 부하들에게 '할 마음'을 불러일으키는 관건입니다. 영어에서 말하는 당근과 방망이carrot and stick에 의한 조직 관리도 마찬가지 개념입니다. 이 둘을 같이 쓰면 긴장된 분위기가 조성되고 동시에 구성원 한 사람 한 사람이 '할 마음'도 내게 됩니다.

원칙과 유연함의 조화

지금까지 《오자》에 담긴 조직 관리의 원칙을 살펴보았습니다. 오기는 전쟁의 승패가 조직 관리에 달렸다 할 만큼 이를 중요하게 여겼습니다. 그러나 조직 관리가 아무리 중요하더라도 그것만으로는 싸움에서 이길 수 없습니다. 전략전술의 깊이가 승패에 크나큰 영향을 미치는 법입니다. 《오자》도 상당한 정열을 기울여 전략전술을 논합니다. 그 특징을 간단히 말하면 지극히 유연하고 무리 없는 사고방식을 들 수 있습니다. 오기의 글을 읽어봅시다.

승리를 쟁취하는 비결은 다음과 같다. 먼저 적의 장수의 그릇과 재능을 충분히 조사한 다음, 상대방이 어떻게 나오느냐에 따라 임기응변으로 싸운다. 이렇게 하면 힘 안 들이고 성과를 거둘 수 있다.

적의 우두머리가 평범하고 경솔하게 남을 믿는 사람이면, 속임수를 써서 꾀어내라.

탐욕스럽고 부끄러움을 모르는 인간이면, 재화를 줘서 매수해라.

단조롭고 아이디어가 빈곤한 사람이면, 책략을 써서 바쁘게 뛰어다니게 하라. 그래서 적을 지치게 만들라.

윗사람이 재력과 권력을 휘둘러 아랫사람이 불만을 품고 있으면, 이간책을 강구하여 분열을 꾀하라.

적의 작전 행동이 갈피를 못 잡고 부하가 장군의 지휘에 불안감을 갖고 있으면, 위협 공격을 가해 패주시켜라.

오기는 또 이렇게도 말했습니다.

전술의 기본은 원정을 피하고 멀리서 온 적을 맞아 싸우며, 충실한 전투력을 갖고 지친 적에 맞서며, 미리 배를 채워두고 적이 굶주림에 시달리게 될 때까지 기다리는 것이다.

149

효율적으로 승리하는 법, 이것이 오기의 관심사였습니다. 오기의 발상을 한 문장으로 정리하면 이렇게 쓸 수 있습니다.

"있는 힘을 다해 싸우지 말고, 적의 판단을 헷갈리게 하고, 적의 약점을 이용해서 싸우는 편이 훨씬 낫다."

어느 날 무후가 오기에게 물었다.

"강력한 적과 부딪혔을 때, 승기를 잡으려면 어떻게 해야 하는가?"

오기는 먼저 이렇게 운을 뗀다.

"이것은 중요한 문제입니다. 단순히 전력戰力을 비교할 문제가 아니고, 대국적으로 판단해야 합니다."

그러고는 이렇게 답변한다.

"먼저 전차 천 대, 기마 만 마리를 준비하고 그 각각에 보병을 배치합니다. 그런 다음 이들을 다섯 부대로 나누고 다섯 곳에 포진시킵니다. 이렇게 하면 적은 아군의 어디를 공격해야 하는가를 판단하는 데 있어서 갈피를 못 잡게 됩니다. 만일 공격을 미루고 수비를 굳히면, 간첩을 보내 상대방의 움직임을 파악합니다. 그렇게 한 뒤에 사신을 보내 휴전협상을 제의합니다. 적이 그 제안을 받아들여 철수하면, 그것으로 좋습니다.

만일 그들이 협상을 거부하면, 다섯 부대를 차례차례 내보내서 싸우게 합니다. 다만 이기더라도 끈덕지게 쫓아가면 안 됩니다. 이길 수 없다고 생각하면 재빨리 철수합니다. 이렇게 일부러 도망쳐서 적을 꾀어서 끌어들인 다음, 전투력을 잘 보존하면서 기회를 봐서 과감히 공격합니다. 한 부대는 적의 정면을 가로막아 서고, 또 한 부대는 적의 배후로 우회합니다. 또한 측면에 배치되었던 두 부대는 왼쪽 오른쪽 두 방향으로부터 살며시 다가옵니다. 이렇게 다섯 부대가 차례차례 공세를 취하면, 거의 틀림없이 아군이 승리합니다."

'과연 오기가 말하는 것처럼 쉽게 이길 수 있을까?' 하는 의심이 들기는 하지만, 나는 그의 발상에서 다음과 같은 점은 주목해야 한다고 생각합니다.

첫째, 병력의 분산입니다. 병력을 분산하면 결정적인 손해를 피할 수 있고, 게다가 공격으로 돌아설 때 2차, 3차, 4차에 걸쳐 연속적으로 공격하는 것도 가능해집니다.

둘째, 야구에서 말하는 히트 앤드 런hit and run**, 즉 공격 후 즉시 후퇴하는 방식입니다.** 치고 빠지는 식의 기동성 있는 전투 방법을 쓰면, 아군의 전투력을 잘 보존하면서 적을 바쁘게 뛰어다니게 함으로써 그들을 지치게 할 수 있습니다.

셋째, 이길 수 없다는 것을 알면 지체 없이 철수하라는 가르침입니다. 쓸데없이 고집을 부려 전멸하면 그야말로 본전도 날리는 결과가 됩니다. 일단 물러나서 전투력을 보존하면, 다음 기회를 엿볼 수도 있습니다.

오기는 무리하지 않는 전투 방식을 설파했는데, 우리는 그의 이러한 사상을 아래의 대화에서도 엿볼 수 있습니다.

"적은 접근하여 싸움을 걸어오고, 한편 아군은 철수하려고 해도 퇴로가 차단되어 병사들이 평정심을 잃고 어쩔 줄 몰라 하고 있다. 이런 때에는 어떻게 하면 좋은가?"

오기는 이렇게 대답한다.

"그런 때에 만일 아군의 병력이 적의 병력보다 많으면, 병력을 분산 배치하고 적의 허술함을 틈타서 공격합니다. 거꾸로 아군의 병력이 더 적으면 임기응변 전술로 대처합니다. 이렇게 적의 의표를 찌르며 계속 싸우면 아무리 병사의 수효가 많은 군대라 할지라도 격파할 수 있습니다."

장수를 논하다

싸워서 이기느냐 지느냐는 상당 부분 군대를 이끌고 싸우는 장군의 능력과 자질에 달려 있습니다. 따라서 병사들을 이끄는 리더의 책임은 더할 나위 없이 무겁지요. 그래서 오기도 일부러 〈논장論將〉, '장수를 논한다는 장章'을 따로 마련해 특유의 리더론을 펼칩니다.

군軍을 통솔하려면 문무文武를 겸비해야 한다. 승리를 쟁취하기 위해서는 꼿꼿함剛과 부드러움柔을 익숙하게 발휘하지 않으면 안 된다. 사람들은 장수의 바람직한 됨됨이를 논할 때 흔히 용기만 중시하는 경향이 있다. 그러나 용기는 장군이 갖추어야 할 조건의 몇 분의 일에 지나지 않는다. 용기를 앞세우는 자는 앞뒤 분별도 없이 싸움을 건다. 이렇게 대국적인 판단을 거치지 않은 싸움은 반드시 피해야 한다.

이렇듯 무턱대고 싸우는 것만이 능사가 아니라고 강조합니다. 이

152

승자의 공부

어서《오자》는 장수가 갖추어야 할 역량 5가지를 열거합니다.

첫째, 이理.《오자》는 이 개념을 '많은 수효의 병사를 하나로 뭉치게 하는 것'이라는 뜻으로 썼는데, 이는 자신의 조직을 확실히 장악하는 능력을 말합니다. 부하들의 마음이 하나로 모아지지 않는 한, 싸움에서 이길 도리는 없지요.

둘째, 비備. 즉 '준비'를 말합니다. 마오쩌둥도 '준비 없이 싸우지 마라'라고 훈계한 바 있는데, 일단 싸움에 임하기로 한 이상 철저한 준비는 그야말로 필수입니다. 여기서 말하는 준비가 물심양면의 준비를 다 가리키는 것임은 두말할 나위 없습니다.

셋째,《오자》는 과果라는 말로 표현했는데, 이것은 '과감히 행동하고, 끝까지 해낸다'라는 뜻입니다. 일단 목표를 세우면 어려움에 부딪히더라도 쩔쩔매지 말고 기민하게 대응하라는 말입니다.

넷째, 계戒. '신중하게 일을 처리한다'라고 해석할 수 있습니다. 작전을 실천에 옮길 때는 끊임없이 상황의 변화에 주의를 기울이고 어떠한 징후도 놓치지 않고 신중히 대응해야 합니다. 설사 이겼더라도 방심하지 않고, 다음 전투에 대비하는 것도 계戒에 속합니다.

끝으로 약約입니다. 이것은 '간소'를 의미합니다.《오자》에 따르면 '형식적인 규칙을 없애고 군령軍令을 간소하게 하는 것'이 약約이라 하겠습니다. 지휘 명령 계통을 간소화하는 것이죠. 말할 필요도 없지만, 실제 전투 상황에서 지휘 명령 계통이 번잡하면 정세의 변화에 재빨리 대응할 수 없고 금세 상대방에게 뒤지고 맙니다.

이상의 다섯 항목이 병사들의 지도자인 장군이 늘 명심해야 하는 원칙입니다. 오자는 이렇게 다섯 항목을 논의하고 나서 한 걸음 더 나아가 장수가 갖추어야 할 자질 4가지를 덧붙였습니다.

첫째는 위威. 이것은 그 사람이 위에 앉아 있으면 조직이 스스로 긴장하고 (조직이) 통솔되는 것을 말합니다. '위엄'이라는 말로 바꿔 말해도 좋을 듯합니다.

둘째는 덕德. 주로 인격적인 면을 가리키는 말입니다. 덕이 의미하는 범위는 매우 넓지만, 특히 중요한 것은 겸허, 관용, 신뢰 등이 아닐까 합니다. 장수가 이러한 덕목을 갖추고 있으면, 부하들에게 '저런 분을 위해서라면'하는 마음을 불러일으킬 수 있습니다.

셋째는 인仁. 부하들에 대한 배려입니다. 밑에서 고생하는 병사들의 마음을 그들의 처지가 되어 헤아리는 것, 그것이 바로 인仁입니다.

넷째는 용勇. 요즘 말로 하면 결단력입니다. 결단력과 관련하여《오자》에는 다음과 같은 유명한 구절이 나옵니다.

군을 통솔할 때 우유부단이 가장 해롭고, 삼군三軍의 재앙은 망설임에서 나온다.

결단을 해야 할 때 틀림없이 결단을 내릴 수 없는 사람은 지도자로서 실격이라고 하지 않을 수 없습니다. 오기는 이렇게 지도자의 자질 4가지를 논의한 다음에 아래와 같이 말합니다.

장수가 이런 조건을 갖추고 있어야 비로소 부하들을 통솔하고, 백성을 안심시키고, 적을 위압하고, 망설임 없이 결단을 내릴 수 있는 것이다. 또한 그래야만 부하들도 결코 명령을 어기지 않고 적과 과감히 맞서 싸운다. 이런 장군이 있으면 나라가 강해지고, 없으면 멸망을 면할 수 없다.

이러한 것들은 현대의 경영자나 조직의 리더가 갖춰야 할 자질로도 손색없습니다. 오기라는 사람은 단순한 이론가가 아니고, 스스로 장군으로 또 재상으로 현장에서 숱한 경험을 쌓은 실전파였습니다. 그런 만큼 그의 주장에는 체험의 무게가 담뿍 실려 있습니다. 그의 말이 여러 면에 걸쳐 오랜 세월이 지난 지금까지도 설득력을 잃지 않고 있는 까닭도 그 때문이 아닐까 합니다. 오기는 하루에도 수십 번 상황이 급변하는 전쟁터에서 원칙을 지키고, 그 원칙 아래서 유연하게 사고하는 것이 승리의 길이라고 믿었고 또 이를 자신의 인생을 통해 증명해냈습니다. 작은 위기에도 부화뇌동하며 말을 바꾸고 원칙을 버리는 우리 세대의 리더들이 오기의 말에 귀 기울어야 하는 이유가 여기 있습니다.

제 9 강

육도·삼략

내공의
병법

강의를 시작하며

이번 강의에서는《육도六韜》,《삼략三略》을 살펴볼까 합니다.《육도》도
《삼략》도 모두 중국을 대표하는 병법서입니다. 두 권의 각기 다른 책
이지만 흔히 하나로 묶어서 '육도·삼략'으로 부르는 까닭은 둘 다 주
周 왕조의 뛰어난 참모인 태공망太公望과 깊은 관계가 있기 때문입니
다.《육도》는 〈문도文韜〉, 〈무도武韜〉, 〈용도龍韜〉, 〈호도虎韜〉, 〈표도豹
韜〉, 〈견도犬韜〉 여섯 편으로 이루어져 있는데, 주나라 문왕과 무왕이
태공망과 주고받은 대화가 그 내용입니다. 문왕이나 무왕이 태공망
에게 물으면 태공망이 대답하는 형식을 띠고 있는데, 앞의 세 편(〈문
도〉, 〈무도〉, 〈용도〉)은 주로 정치와 용병을 다루고 뒤의 세 편(〈호도〉, 〈표도〉,
〈견도〉)은 구체적인 전략전술을 논의합니다.《삼략》은 〈상략上略〉, 〈중

156
승자의 공부

략〈中略〉,〈하략下略〉이렇게 세 편으로 이루어져 있으며, 비교적 짧은 문장으로 정치와 병법의 핵심 원칙을 제시합니다.

앞에서 이 두 책이 태공망과 깊은 관계가 있다고 하였는데, 그렇다고 해서 태공망이 직접 지은 책은 아닙니다. 사실은 상당 부분 후대 사람들이 그의 이름을 빌려 엮은 것으로 보입니다.《육도》와《삼략》은 예부터《손자》,《오자》와 더불어 병법서의 고전으로서 널리 읽혀왔습니다. 이 사실만으로도 두 책의 변함없는 가치가 증명된다고 하겠습니다. 그러면 현대의 기업 경영에도 참으로 많은 시사점을 주는《육도》와《삼략》의 핵심 내용을 살펴보겠습니다.

다스린다는 것

《육도》,《삼략》을 포함한 중국의 대표적인 병법서들은 한결같이 '어떻게 하면 싸움에서 이길 수 있는가'라는 논제를 다루면서 빼놓지 않고 정치의 문제를 언급합니다. 중국인들은 전쟁에서 이기려면 아무리 열심히 전략전술을 연구해도 한계가 있다고 보았습니다. 대신 그들은 나라의 정치가 안정되고 정부가 백성들의 지지를 받는 것이 승전의 기본 전제조건이라고 보았습니다. 그래서 중국의 병법서들은 모두 정치 문제를 매우 중시하는데,《육도》,《삼략》도 예외가 아닙니다. 그럼 정치의 요체란 무엇일까요? 좋은 정치를 위해서는 어떤 원칙을 가져야 할까요?

태공망은《육도》제1부〈문도〉에서 이를 '백성을 사랑하는 것'이라고 단언했습니다. 백성을 사랑하는 것이란 구체적으로 무엇을 가리

킬까요? 태공망에 따르면 그것은 다음의 넷을 말합니다.

첫째, 백성들에게 도움이 되지 않는 일은 하지 않는다.
둘째, 공평하게 형벌을 적용한다.
셋째, 세금을 경감한다.
넷째, 낭비를 억제한다.
-《육도》〈문도〉 제3 〈국무편國務篇〉

이들 항목을 열거하고 나서 태공망은 이렇게 덧붙입니다.

백성들이 굶거나 추위에 떨면 마음 아파하고, 그들이 고생하고 있는 것
을 보면 슬퍼합니다. 상벌을 줄 때는 내가 그것을 받는 듯한 기분으로
줍니다. 세금을 거둘 때는 내가 세금을 내야 하는 듯한 기분으로 징수
합니다. 이렇게 기쁨도 고통도 백성들과 함께하는 것이 바로 백성을 사
랑하는 것입니다.

한마디로 말해 태공망은 '백성의 처지에 서서 일을 하라'라고 임금
에게 진언했습니다. 《삼략》에도 비슷한 말이 나옵니다.

정치의 요체는 백성의 마음을 헤아린 다음에 모든 정책을 실시하는 것
이다.
軍國之要 察衆心施百務
-《삼략》〈상략편〉

그런데 윗사람은 이렇게 아랫사람을 배려하기만 하면 되는 것일까요? 반드시 그렇지는 않습니다. 《육도》 〈무도武韜〉 제16 〈순계편順啓篇〉에 나오는 아래의 대화를 보시죠.

어느 날 문왕이 묻는다.
"천하를 다스리려면 어떻게 해야 하는가?"
태공망이 대답한다.
"천하를 덮을 정도의 도량이 있어야 천하를 포용할 수 있습니다. 천하를 덮을 정도의 신의가 있어야 백성들의 마음을 하나로 모을 수 있습니다. 천하를 덮을 정도의 어진 덕仁德이 있어야 천하의 백성들이 존경하고 그리워합니다. 천하를 덮을 정도의 은혜를 베풀어야 천하를 보전할수 있습니다. 천하를 덮을 정도의 권력이 있어야 천하를 잃지 않습니다. 또한 일단 유사시에는 망설이지 않고 실행해야만 모든 어려움을 극복할 수 있습니다."

태공망은 이 대화에서 천하를 다스리는 인물이 갖추어야 할 자격요건 6개를 제시했습니다. 이를 간추리면 다음과 같습니다.

큰 도량
신의
어진 덕
아낌없이 은혜를 베풂
강력한 권력
망설이지 않고 실행하는 결단력

앞의 4가지는 지도자가 갖추어야 할 덕목이라면 끝의 둘은 그 덕목들이 빛을 발할 수 있게 하는 행동 양식이라고 하겠습니다. 즉, 지도자는 큰 권력과 과감한 결단력이 있어야만 조직 운영에 필요한 긴장감을 잃지 않고 자신이 이끄는 조직을 잘 다스릴 수 있다는 것이지요.

태공망은 또 신상필벌信賞必罰의 원칙을 강조합니다. 《육도》〈문도〉의 제11〈상벌편賞罰篇〉에 나오는 구절을 읽어봅시다.

> 상은 약속대로 반드시 주고 벌도 법에 따라 반드시 주는 것이 무엇보다 중요합니다. 즉 신상필벌입니다.
>
> 用賞者貴信 用罰者貴必 賞信罰必

신상필벌의 중요성은 태공망뿐만 아니라 여러 현인들이 강조해온 내용입니다. 한비자韓非子도 신상필벌의 중요성을 강조한 바 있고, 제갈공명이나 이순신 장군의 뛰어난 리더십에서도 신상필벌은 큰 부분을 차지합니다.

삼성그룹의 창업자 호암 이병철의 인사관리 원칙 중 하나가 바로 신상필벌입니다. 삼성은 아무리 사소한 공적이라도 자세히 조사하여 상을 줌으로써 열심히 일하는 사람이 보람을 느끼게 합니다. 반면 직무태만이나 과실에 대해서는 반드시 응분의 징계를 내립니다. 이렇게 해야만 구성원들이 회사 규율을 지키고 조직이 활력을 갖는다는 것이 호암의 생각이었습니다. 이런 원칙 아래 삼성은 공적을 세운 사람에게는 승진이나 특별 보너스 등 그에 걸맞은 상을 줍니다. 반대로 고의로 회사 재산을 축내거나 공사를 구분하지 못하고 부정을 저지르는 행위 등은 절대로 용서하지 않습니다. 삼성은 신상필벌 원칙 때문에 간혹 바깥에서 냉혹하다는 평가를 듣기도 하지만, 이 원칙은 삼성이 자랑하는 '깨끗한 조직'을 만드는 데 큰 몫을 해왔다고 평가할 수 있습니다.

누가 인재인가

나라를 다스리거나 기업을 이끌어가는 데 있어서 인재의 중요성은 아무리 강조해도 지나치지 않습니다. 그래서 《삼략》에서도 이를 매우 강조했습니다.

나라를 다스리건 집안을 평안하게 하건 인재를 얻으면 다 이루어진다. 인재를 잃으면 나라도 망하고 집안도 무너진다. 인간이란 누구나 마음속에 품고 있는 간절한 바람을 실현하고 싶어 한다.

治國安家 得人也 亡國破家 失人也 含氣之類 咸願得其志

-《삼략》〈상략편〉

그러면 어떻게 하면 인재를 모을 수 있을까요? 《삼략》에 소개된 방법을 살펴보겠습니다.

예의를 갖추어서 모셔 오고 보수를 두둑이 드린다.

在崇禮而重祿

-《삼략》〈상략편〉

예의를 갖추어서 모셔 오는 것이 인재 영입의 첫째 요건입니다. 그러나 이것만으로는 부족합니다. 후한 대접도 꼭 필요합니다. 지극히 당연한 말처럼 들릴지 모르겠습니다. 하지만 그런 만큼 어느 시대에나 통용되는 인재 영입의 원칙이라 하겠습니다. 현실적으로 이 두 지침을 철저히 지키는 것은 결코 쉽지 않습니다. 실제로 이를 실천하는 회사는 그리 많지 않습니다.

여기서 말하는 인재란 말할 것도 없이 유능하면서도 믿을 수 있는 사람을 말합니다. 따라서 인재를 확보하기 위해서는 과연 그 사람이 정말 인재인가 아닌가를 알아보는 안목이 필요합니다. 이와 관련하여 《육도》〈문도〉에는 이런 재미있는 대화가 등장합니다.

어느 날 문왕이 묻는다.

"군주가 인재 등용에 힘쓰고 있는데도 정치가 어지럽고 결국은 나라가 멸망하는 경우가 있다. 그 까닭은 무엇인가?"

태공망이 대답한다.

"모처럼 채용한 인물이 도움이 되지 않기 때문입니다. 이렇게 되면 인재 등용은 그저 구호에 그치고 아무런 효과도 없습니다."

"그 원인은 무엇인가?"

"다른 사람의 평판만을 듣고 사람을 채용하기 때문에 정말로 우수한 인재가 모이지 않습니다."

"어째서 그런가?"

"세간의 평판이 채용의 기준이 되면, 자연히 동료가 많은 사람이 유리하고 동료가 적은 사람은 불리합니다. 악당들이 한 패가 되어 뛰어난 인물의 채용을 방해할 수도 있습니다. 충신들은 억울한 죄로 제거되고, 한편 간신들은 번드레한 말만으로 높은 자리를 차지합니다. 이렇게 되면 정치는 점차 어지러워지고, 나라는 멸망의 길을 걷게 됩니다.”
-《육도》〈문도〉 제10 〈거현편擧賢篇〉

물론 인재를 영입할 때 당사자의 평판은 매우 중요한 판단 기준입니다. 그러나 태공망은 현명하게도 그것에만 의존할 때의 위험을 지적했습니다. 그러면 제대로 사람을 알아보려면 어떤 점에 주목해야 할까요? 태공망은 다음의 여덟 항목을 제시합니다.

첫째, 질문해봐서 얼마나 이해하고 있는가를 관찰한다.
둘째, 캐물어서 순간 어떻게 반응하는가를 본다.
셋째, 첩자를 써서 배신을 유도하여 그가 정말 믿음직하고 거짓이 없는가를 확인한다.
넷째, 털어놓고 이야기하거나 거침없이 물어보면서 그의 인격을 관찰한다.
다섯째, 재화를 관리하게 하여 그가 얼마나 깨끗한가를 관찰한다.
여섯째, 여자를 가까이 하게 하여 그의 몸가짐이 얼마나 바른가를 관찰한다.
일곱째, 힘든 일을 맡겨보고 그가 얼마나 용기가 있는가를 판단한다.
여덟째, 술에 취하게 하고 그 태도를 관찰한다.
-《육도》〈용도〉 제20 〈선장편選將篇〉

참으로 엄격하고 꼼꼼한 관찰법이라고 하겠습니다. 요컨대 인재를 영입할 때는 이 정도의 신중함이 필요하다는 것이 핵심입니다.《육

163

도》에서는 또한 다음의 7가지 유형의 사람은 절대 쓰지 말라고 경고 했습니다.

첫째, 지혜도 없고 계략도 없는 주제에 함부로 무모한 싸움을 하려는 사람.

둘째, 평판만 그럴싸하고 실력이 없으며, 수시로 자기가 한 말을 바꾸고 자신의 진퇴에만 신경 쓰는 사람.

셋째, 짐짓 욕심이 없는 척하지만, 실은 명예와 이익만 추구하는 사람.

넷째, 학식을 과시하고 자신은 아무것도 하지 않으면서 비판만을 일삼는 사람.

다섯째, 확고한 식견이 없고, 무턱대고 주위 사람들에게 맞장구치며 눈앞의 이익만을 좇는 사람.

여섯째, 취미나 오락에 빠져 자신이 맡은 일을 소홀히 하는 사람.

일곱째, 괴상한 점이나 종교 따위에 정신이 팔린 사람.

태공망은 이런 사람들을 '7가지 해로운 사람들七害者'이라고 규정하고 결코 중용해서는 안 된다고 못 박았습니다.

부드러움이 억셈을 누르고, 약함이 강함을 이긴다

정치와 인재 등용과 관련된 이야기를 드렸습니다만《육도》와《삼략》은 병법서이므로 당연히 용병用兵에 대해서 많이 논했습니다. 이 논의들의 핵심을 한마디로 정리하면 '싸우지 않고 이기는 법'입니다.

예를 들어,《육도》에서 태공망은 이렇게 말합니다.

잘 싸우는 사람은 적과 대치하기 전에 목적을 달성하고, 수완이 좋은
사람은 일이 일어나기 전에 문제를 해결합니다. 유능한 장군은 군대를
움직이기 전에 승리를 거둡니다. 즉 싸우지 않고 이기는 것이 이상적인
이기는 법입니다.

故善戰者 不待張軍 善除患者 理於未生 善勝敵者 勝於無形 上戰無與戰

-《육도》〈용도〉 제26 〈군세편軍勢篇〉

재앙을 미리 막는 사람이야말로 참으로 지혜로운 인물입니다. 마
찬가지로 싸우지 않고 승리를 거두는 장군이야말로 정말로 잘 싸우
는 지휘관이라 하겠습니다. 이런 주장은《육도》,《삼략》뿐만 아니라
앞에서 살펴본《손자병법》에서도 비슷하게 나오는데, 가히 중국식 병
법의 큰 특징이라 하겠습니다.
 싸우지 않고 이기는 것이 가장 좋기는 하지만 어쩔 수 없이 싸워야
한다면 어떻게 해야 할까요?《육도》〈용도〉를 살펴봅시다.

승산이 있다고 보면 즉시 행동하고, 승산이 없다고 보면 즉각 그만둔다.

見勝則起 不勝則止

-《육도》〈용도〉 제26 〈군세편〉

잘 싸우는 사람은 유리한 것을 보면 그것을 놓치지 않고, 좋은 기회라
고 보면 즉각 공격합니다. 모처럼의 좋은 기회를 놓치면 오히려 재앙이
닥칩니다.

165

善戰者 見利不失 遇時不疑 失利後時 反受其殃

-《육도》〈용도〉 제26 〈군세편〉

　거꾸로, 기회도 아닌데 조급하게 공을 세우려고 덤벼들면 실패할 것이 뻔합니다. 요컨대, 공격하건 물러서건 정확한 상황 판단에 따라 유연하게 대처하라는 것이죠. 이러한 유연한 대처 방식을 설명하기 위해 먼저 《삼략》에서 가장 잘 알려진 다음 문구를 인용하겠습니다.

부드러움이 능히 억셈을 누르고, 약함이 능히 강함을 누른다.

柔能制剛 弱能制强

-《삼략》〈상략〉

이어서 《삼략》에서는 이렇게 말합니다.

그렇다 하더라도 단지 부드러움만을 소중히 하고 약함만을 지켜야 하는 규칙은 아무 의미가 없다. 부드러움과 억셈, 강과 약, 이 넷을 모두 갖추고 그때그때의 정세에 따라 유연하게 대처하는 것이 가장 중요하다.

柔有所說 剛有所施 弱有所用 强有所加 兼此四者 而制其宜

-《삼략》〈상략〉

　여기에서도 역시 공격할 때는 재빨리 나아가고 방어할 때는 빈틈없이 지키는 유연한 대처 방식을 주문합니다. 그러면 어떠한 마음의 준비를 하고 싸움에 임해야 할까요? 《삼략》은 다음의 세 조건을 들었습니다.

승자의 공부

지휘관의 계략은 절대로 비밀로 해야 한다.

장병들의 마음은 하나로 모아야 한다.

일단 공격을 시작하면 질풍처럼 밀어붙인다.

將謀欲密 士衆欲一 攻敵欲疾

-《삼략》〈상략〉

이러한 마음가짐으로 싸움에 임하면서 일단 싸움이 시작되면 어떤 점에 유의해야 할까요?《삼략》의 글을 좀 더 읽어보시죠.

적이 움직이면 왜 움직이는가를 알아낸다. 적이 가까이 다가오면 수비를 튼튼히 한다. 적이 강대할 때는 공손하게 굴며 싸움을 피한다. 적이 피로한 기색을 보이지 않으면 군대를 철수한다. 적이 오만불손하게 나오면 그들의 세력이 쇠퇴하기를 기다린다. 또 적이 결속해 있으면 이간하여 위와 아래 사이를 멀어지게 한다. 이쪽에서 거국일치의 태세로 임하면 적의 야망은 좌절되고 만다. 상대방이 어떻게 나오는가에 따라 의표를 찌르면 적을 격파할 수 있다. 소문을 내서 동요시키면, 적은 혼란 상태에 빠진다. 이렇게 사방에 그물을 쳐서 사냥감을 잡듯이, 적을 절체절명의 궁지로 몰고 가는 것이다.

-《삼략》〈상략〉

참으로 유연하고 변화무쌍한 전투 방식이라 하겠습니다.《육도》〈무도〉〈병도편兵道篇〉에도 비슷한 이야기가 있습니다. 태공망은 먼저 적의 판단을 헷갈리게 해야 함을 역설하고, 다음과 같이 말합니다.

몰래 적의 낌새를 알아채서 재빨리 허점을 포착하고, 선수를 쳐서 상대방의 허를 찌른다.

密察敵人之機 而速乘其利 復疾擊其不意

-《육도》〈무도〉 제12〈병도편〉

즉 '일찌감치 적의 움직임을 파악하고, 기선을 잡아 상대방의 허를 찔러라'라는 말입니다. 지금까지 나온 이야기를 간추리면 기민과 유연한 대응, 이것이 《육도》,《삼략》이 제시하는 병법의 원칙이라 하겠습니다.

싸우지 않고 이기는 12가지 계략

앞에서도 언급했듯이 중국인들이 생각하는 병법의 최고 경지는 '싸우지 않고 이기는 것'입니다. 태공망은 《육도》〈무도〉에서 싸우지 않고 이기는 방법 12가지를 제시합니다. 순서대로 소개하겠습니다.

1. 상대방의 환심을 사는 데 힘을 기울이고, 결코 그들을 거스르지 않는다. 이렇게 하면 적은 교만하게 되고 반드시 실책을 범한다. 그것을 이용하면 적을 멸망의 구렁텅이로 몰아넣을 수 있다.

2. 적의 우두머리가 신뢰하는 부하에게 접근하여 그와 그의 상관인 우두머리가 서로 대립하게 만든다. 부하가 딴 마음을 품고 있으면 적의 힘은 쇠퇴하게 마련이다. 충실한 부하가 없어지면 반드시 조직이 동요

승자의 공부

하게 된다.

3. 매수 공작을 통해 적의 측근을 우리 편으로 만든다. 명색이 측근일 뿐 마음은 이미 떠나갔다. 이렇게 되면 적의 조직에 반드시 혼란이 생긴다.

4. 적의 우두머리를 유흥에 빠지게 한다. 보물과 미녀를 선물하고 이쪽에서 저자세로 나오면 상대방은 자연히 싸우고자 하는 의욕을 잃는다.

5. 적의 충실한 부하와 우두머리를 갈라놓는다. 먼저 부하와 우두머리에게 모두 선물을 한다. 이 경우 부하 쪽에 더 좋은 선물을 하는 것이 좋다. 그리고 만일 이 부하가 협상의 책임자로 파견되어 오면, 일부러 협상을 오래 끌어 그가 다른 사람으로 교체되도록 한다. 후임자가 오면 우호적인 태도를 취해 협상이 마무리되도록 한다. 그렇게 되면 적의 우두머리는 전임자보다도 후임자를 더 신뢰하게 될 것이다. 이러한 계략을 쓰면 이렇게 상대방 국가의 결속에 금이 가게 할 수 있다.

6. 적의 부하를 회유하여 이용한다. 유능한 부하가 외국과 협력하고 내란이 일어나면 거의 대부분의 나라는 멸망하고 만다.

7. 상대방 국가의 위상을 초라하게 만든다. 후하게 뇌물을 주어서 측근들을 매수하고 그 이익으로 유혹하여 그들이 직책을 소홀히 하도록 한다. 그래서 농업 생산성을 떨어뜨리고 곡물 창고를 텅 비게 만든다.

8. 상대방의 신뢰를 얻는다. 먼저 선물을 하면서 의논을 꺼낸다. 그리고 그 결과가 상대방의 이익이 되도록 한다. 그렇게 하면 상대방은 반드시 이쪽을 신뢰한다. 이러한 우호 관계가 쌓이면 언젠가는 이용할 수 있다. 한 나라의 군주가 다른 나라에 이용당하게 되면 그는 반드시 나라를 잃는다.

9. 아첨하는 말을 하여 상대방을 치켜세운다. 상대방을 강하다고 말하며 두려워하는 체하면 그는 우쭐해진다. 적국의 군주에게 이런 수법을 쓰면 그는 반드시 거만하게 굴며 정치를 소홀히 하게 된다.

10. 성의를 갖고 상대방을 모신다. 상대방의 마음에 들도록 하고 무엇이든지 그가 말하는 대로 하여 한마음 한몸 같다고 생각하게 한다. 이렇게 하여 충분히 신임을 얻으면, 몰래 준비 작업을 한다. 좋은 기회를 기다려 공격하면 손쉽게 그 나라를 멸망시킬 수 있다.

11. 적의 우두머리를 고립시킨다. 그러려면 적국 내부에 우리 편 무리를 만들어놓아야 한다. 어느 나라이건 부하들은 지위가 올라가는 것을 원하고 실패를 두려워한다. 이 점에 착안하여 유능한 부하들을 회유한다. 또 우리나라 안에서는 충분히 물자를 비축하면서 가난한 나라처럼 비치게 한다. 또 상대방 국가에 간첩을 보내 공작 활동을 하게 하고, 그 결과 그들이 우리나라를 경시하는 마음을 갖게 만든다. 적국의 부하들을 이렇게 포섭하여 우리 편 패거리를 만들어놓는 데 성공하면, 적국의 군주는 고립되고 만다. 그렇게 되면 그가 나라를 지탱할 수 없음은 두말할 나위도 없다.

12. 모든 방법을 써서 적의 군주를 헷갈리게 한다. 부하가 상관에게 등을 돌리도록 공작하는 것도 좋다. 미녀나 경박한 음악을 권장하는 것도 좋다. 훌륭한 말이나 사냥개를 선물하여 사냥에 정신이 팔리게 하는 것도 좋다. 이렇게 해놓고 기회가 있으면, 정세가 유리하다고 생각하게 하여 도발을 유도한다. 그러면 단숨에 그 나라를 망하게 할 수 있다.

이렇게 12가지 방안을 설명한 후 태공망은 다음과 같이 덧붙입니다.

이상의 12가지 계략을 모두 해보고 나서야 비로소 무력을 행사해야 한다. 즉 위로는 하늘을 살피고 아래로는 땅을 살피고 나서 적이 멸망의 징후를 보이면, 그때서야 군사행동을 일으키는 것이다.

十二節備 乃成武事 所謂上察天 下察地 徵已見 乃伐之

-《육도》〈무도〉 제15 〈문벌편文伐篇〉

1975년 4월 30일, '사이공 최후의 날'을 끝으로 월남은 패망합니다. 당시 월남은 월맹보다 국력과 무기 면에서 모두 월등했습니다. 그런데도 월맹에게 지고 맙니다. 월남 패망 후 알려진 바에 따르면, 패망 전의 월남에는 여야를 막론하고 간첩이 넘쳐났으며, 월남 정부 각 부처에도 월맹의 첩자들이 숱하게 숨어 있었다고 합니다. 심지어 군 고위층에도 월맹과 내통하는 이들이 상당수 침투해 있었다고 합니다. 한마디로 패망 전 월남은 '간첩 천국'이었습니다. 공산 월맹의 지도층은 태공망이 《육도》에서 권한 이른바 '적을 자멸시키는 방책'을 꾸준히 시행했던 것입니다.

태공망이 제시하는 리더의 조건

태공망은 《육도》, 《삼략》에서 장將이란 말을 '일선부대의 지휘관'이라는 뜻으로 썼습니다. 이는 한 나라의 군주와는 다른 의미겠지요. 대체로 현대 군대의 각급 지휘관, 기업의 중간관리자 이상의 경영자 정도를 뜻한다고 봐야 할 것 같습니다. 우리가 흔히 쓰는 지도자 또는 리더라는 말과도 크게 다르지 않습니다. 태공망은 《육도》에서 장將이 갖추어야 할 자격 요건으로 다음의 셋을 강조합니다.

첫째, 부하들의 처지를 이해해야 합니다. 그의 말을 좀 더 들어봅시다.

겨울에도 따뜻한 가죽 옷을 입지 않고 병사들과 추위를 함께 견디며, 여름에도 부채를 쓰지 않고 더위를 함께 참습니다. 또 비가 오면 병사들과 함께 흠뻑 젖습니다. 이렇게 장군이 스스로 괴로움을 체험하지 않으면, 추위와 더위에 고생하는 부하들의 처지를 이해할 수 없습니다.
-《육도》〈용도〉 제23 〈려군편勵軍篇〉

둘째, 리더는 궂은일을 마다하지 않아야 합니다.

험한 지형이나 수렁 길을 행군할 때는 수레에서 내려 걸어갑니다. 궂은일을 몸소 해보지 않고서는 병사들의 노고를 알 수 없습니다.
-《육도》〈용도〉 제23 〈려군편〉

승자의 공부

셋째, 욕망을 억제해야 합니다. 욕망을 자제할 줄 아는 장수는 다음과 같이 행동합니다.

부하들의 숙소가 모두 정해진 다음에 숙소에 들어갑니다. 부하들을 위한 식사 준비가 모두 끝나고 나서야 식사를 시작합니다. 부하들이 식사를 할 수 없을 때에는 자신도 먹지 않습니다. 이렇게 장군이 스스로 욕망을 누르지 않고서는 부하들이 얼마나 배를 곯고 있는지 알 수 없습니다.
-《육도》〈용도〉 제23 〈려군편〉

태공망은 이렇게 말하고 나서, 지휘관이 병사들과 갖가지 고생을 같이 해야 그들을 분발하게 할 수 있다고 단언합니다.《삼략》에도 비슷한 말이 나옵니다.

장수는 식사도 고생도 늘 병사들과 함께해야 한다. 그래야만 전군이 하나로 뭉쳐 싸우고 빛나는 승리를 거둘 수 있다.
-《삼도》〈상략〉

《삼략》에 소개된 어느 명장의 일화를 살펴보죠. 어느 날, 전장에 나가 있는 장군 앞으로 술 한 통이 선물로 들어옵니다. 혼자 마시기에는 충분한 양이지만, 모든 병사가 함께 마시기에는 적은 양이었습니다. 그러자 그는 술을 시내에 부어버리고 병사들과 함께 시냇물을 마셨습니다. 술은 불과 한 통뿐이었죠. 시냇물을 마셔봐야 술맛이 날 리 만무합니다. 그래도 병사들은 그 장군을 위해서라면 목숨을 버려도 후회 없다고 생각하게 됩니다. 병사들의 마음에 장군의 배려하는 마음이 깊이 스며든 것입니다. 이 이야기를 소개하고《삼략》은 이렇게 결론짓습니다.

> 이렇게 병사들과 늘 행동을 함께하면 우리는 운명공동체라는 연대감이 생긴다. 그러면 그들은 어떤 힘든 일도 마다 않고 임무를 수행하게 된다. 평소부터 병사들에게 은혜를 베풀어 그들의 마음을 하나로 해놓아야 비로소 그것이 가능해진다.
> ─《삼도》〈상략〉

지도자의 배려가 있어야만 부하들의 의욕을 북돋을 수 있고 조직을 하나로 묶을 수 있다는 말이겠지요. 이렇게《삼략》에서는 지도자가 부하들과 고생을 같이하는 배려의 중요성을 거듭거듭 강조합니다.

그러나 그것만으로는 모자랐는지 태공망은《육도》〈용도〉에서 지도자의 자격 요건으로 용맹勇, 지혜智, 배려仁, 신실信, 충성忠 5가지를 강조합니다.

용맹이 있으면 두려움을 모르므로 적이 깔보지 못합니다. 이것은 단호하게 행동하는 것을 가리키므로 결단력이라든가 용기의 뜻으로 보아도 좋습니다. 지혜는 통찰력 또는 판단력과 서로 통하는 개념입니다. 이것이 있으면 확실한 판단을 바탕으로 행동할 수 있으므로 적이 이용할 만한 허점을 보이지 않습니다. 태공망은 어질 인仁을 '남을 배려하는 마음'이란 뜻으로 썼습니다. 인이 있으면 부하들이 기쁜 마음으로 정성을 다해 따르게 됩니다. 신실은 다른 사람을 속이지 않는 것이므로 이것이 있으면 부하들의 신뢰를 모을 수 있습니다. 끝으로 충성 또는 충실은 딴마음을 품지 않는 것입니다. 충성, 충실이 있어야만 윗사람의 신뢰를 얻고, 그가 나에게 일을 맡기게 됩니다.

이상의 다섯 항목은 말하자면 지도자가 꼭 갖추어야 하는 자격 요건입니다. 그런데 태공망은 여기서 그치지 않고 쓰지 말아야 할 지도자의 유형 10가지를 열거합니다. 〈논장편〉의 내용을 간략하게나마 살펴봅시다.

지나치게 용감하여 죽음을 경시하는 자. 앞에서 언급한 용맹勇은 좋은 덕목이지만 이것이 지나치면 혈기가 넘쳐서 과격해지기 쉽습니다. 이것은 지도자로서는 오히려 결점이 됩니다.

성질이 급해 성급하게 행동하는 자. 성급히 속단을 하고 움직이는 것은 곤란합니다. 지도자는 깊이 생각한 다음 행동해야 합니다.

욕심이 많고 이익을 밝히는 자. 돈 욕심이 많은 사람은 지도자로서 적합하지 않습니다.

지나치게 어질어서 준엄하지 않은 자. 앞에서도 말했다시피 어짊仁, 즉 배려하는 마음은 분명히 장점입니다. 그러나 이것도 배려, 저것도 배려하다가는 정작 중요한 결단이 늦어지거나 약해질 수 있습니다. 그래서 사람이 지나치게 어질면 일이 틀어질 수 있음을 경고한 것입니다.

지혜는 있으나 겁이 많은 자. 지혜가 있어 판단을 제대로 하지만 겁이 많아 결단을 못 내리는 사람도 지도자로서는 곤란합니다.

어떤 상대방도 쉽게 믿어버리는 자. 신실, 즉 거짓말을 하지 않는 것은 지도자의 덕목이지만, 다른 사람도 그럴 것이라고 가볍게 생각하고 쉽게 믿어버리는 단순한 인물도 지도자로서는 적격이 아닙니다. 이런 어수룩한 사람은 적의 함정에 감쪽같이 빠지기 쉽습니다.

청렴하면서 다른 사람에게도 이를 요구하는 자. 지도자에게 청렴결백은 큰 미덕입니다. 하지만 이를 모든 사람에게 똑같이 요구하면, 오히려 단점이 되기도 합니다. 소견이 좁은 사람 밑에는 아무도 모이지 않습니다.

지혜가 너무 많아 결단을 못 내리는 자. 지혜 덕분에 판단력은 있으나 정세의 변화에 맞춰 제때 결단을 내리지 못하는 자도 실격입니다.

의지가 강해 무엇이든지 자기가 처리하는 자. 자신감이 넘쳐서 부하들에게 일을 맡기려고 하지 않는 자도 적격이 아닙니다.

의지가 약해 무엇이든지 남에게 맡기는 자는 앞의 아홉 번째 유형과는 정반대의 사람을 말합니다. 이처럼 스스로 자신이 없기 때문에 무엇이든지 부하에게 의지하고 남에게 맡기는 사람도 실격입니다.

이상이 태공망이 말하는 지도자의 결격 사유입니다. 빈틈없는 점검표check list 같은 인상을 주는데, 이 내용은 군대뿐만 아니라 기업이

승자의 공부

나 관청에도 적용할 수 있습니다.

지금까지 《육도》, 《삼략》의 핵심을 살펴보았습니다. 승부의 세계에서 책략만큼 중요한 것은 평소 자신의 내공을 튼실하게 쌓는 것입니다. 그런 점에서 태공망이 제시하는 리더의 자질은 곁에 두고 비춰봐야 할 거울이라 하겠습니다.

제 10 강

사마법

통솔의
묘

강의를 시작하며

《사마법司馬法》의 '사마'란 원래 군사 업무를 다루는 고대 중국의 관직 이름입니다. 주周왕조 시절에 이 관직은 대사마大司馬라는 명칭으로 불렸습니다. 그래서 원래《사마법》이란 책에는 군사, 전쟁 등에 관한 여러 가지 규정과 노하우가 담겨 있었을 것으로 생각됩니다. 그러나 현재 전해지고 있는《사마법》은 훨씬 후대인 전국시대 제나라에서 옛날의 기록을 정리, 가필하여 간행한 것입니다. 하필이면 왜 전국시대에 다시 정리되었을까요? 이 질문에 답을 하려면 사마양저司馬穰苴라는 뛰어난 장수의 이야기를 하지 않을 수 없습니다.

 춘추시대 말기(기원전 7~6세기) 경공景公이 다스리던 제나라는 이웃 나라들의 압력으로 평안한 날이 없었습니다. 그러던 어느 날, 진晉과 연燕

의 군대가 쳐들어오자, 장군으로 발탁된 사마양저는 훌륭한 리더십을 발휘해 두 나라 군대를 아주 멋지게 무찌릅니다. 이 공로로 사마양저는 대사마大司馬로 임명되어 제나라의 중진으로 대접받게 됩니다. 그러면 사마양저와《사마법》은 어떤 관계일까요? 이야기를 계속해보겠습니다.

세월이 흘러 이제는 전국시대(기원전 4~3세기)가 시작됩니다. 전국시대 중반에 접어들 무렵, 제나라는 위왕威王(재위 기간 기원전 356~320년)이 다스리게 됩니다. 그의 재위 기간에 제는 강국으로서의 위치를 굳히지요. 위왕이 이런 업적을 세우는 데 지대한 공헌을 한 것이 바로 '사마양저의 병법'이라고 합니다. 이와 관련하여《사기》에는 다음과 같이 쓰여 있습니다.

위왕이 군사 행동을 통해 제후들을 누르려고 할 때는 사마양저의 병법을 따랐다. 그 결과, 제는 제후들 사이에서 군림할 수 있었다. 그래서 위왕은 중신들에게 명령하여 예부터 전해오는 사마의 병법을 정리하고 그것에 사마양저의 병법을 덧붙이도록 했다. 그렇게 해서 편찬된 책에 '사마양저의 병법'이라고 이름을 붙였다.

여기서 말하는 사마양저의 병법이 현재 전해지고 있는《사마법》입니다. 다만 당시 만들어진 사마법은 총 55편으로 이루어져 있었다고 하는데, 세월이 흐르면서 많이 흩어져 없어지고 지금은 다섯 편만 남아 있습니다. 그 다섯 편은 〈인본仁本〉, 〈천자지의天子之義〉, 〈정작定爵〉, 〈엄위嚴位〉, 그리고 〈용중用衆〉입니다.《사마법》은 기본적으로 고대 춘추전국시대의 병법을 논한 것으로 오늘날의 전략 사상과는 맞지 않는 부분이 있습니다. 그렇다고 우리가 《사마법》으로부터 배울 것이 없느냐 하면 결코 그렇지 않습니다. 우선 이 책에서 주목해야 할 점은 바로 전쟁관입니다. 〈인본편仁本篇〉에 나오는 다음 구절은 《사마법》의 전쟁관을 단적으로 보여줍니다.

전쟁으로써 전쟁을 그치게 할 수 있으면 전쟁을 일으켜도 좋다.
以戰止戰 雖戰可也

현대 군사용어를 써서 바꿔 말하면, 억지력deterrent으로서의 군사軍事는 용인된다는 뜻으로 재해석할 수 있습니다. 〈인본편〉에는 이런 구절도 나옵니다.

나라가 크다고 해서 전쟁을 좋아하면 반드시 망한다. 천하가 평화롭다고 해서 군비를 소홀히 하면 반드시 위험에 빠진다.
故國雖大 好戰必亡 天下雖安 忘戰必危

2300여 년 전의 이 주장은 그 후의 역사에서도 소름이 끼칠 정도로 정확히 들어맞습니다. 잠시 살펴볼까요. 먼저 나라가 크다고 해서 전쟁을 좋아하면 반드시 망한다는 사례입니다.

1933년 1월 30일, 독일에서는 바이마르Weimar 공화국이 무너지고 히틀러가 이끄는 나치Nazis가 정권을 잡습니다. 집권 후에 히틀러는 꾸준히 군비를 강화합니다. 급기야는 1939년 9월 1일 폴란드를 침공해 제2차 세계대전을 일으킵니다. 히틀러는 전쟁 전에 노골적으로 "우리는 전쟁을 원한다Wir wollen den Krieg"라고 말할 만큼 전쟁을 좋아했습니다. 그러나 2차 세계대전은 우리 모두가 알다시피 독일의 참담한 패배로 끝났습니다. 독일은 1945년 5월 8일에 가장 치욕적인 무조건 항복bedingunglose Kapitulation을 하게 됩니다.

반대로, 군비를 소홀히 한 경우입니다.

1392년에 개국한 조선은 평화가 계속되자 국방을 소홀히 하게 됩니다. 사대주의에 물든 조선의 지도자들은 문약文弱해져갔지요. 선조 시절 외적의 침략에 대비해 10만 군사를 기르자는 이이李珥의 십만양병설十萬養兵說은 이런 배경 아래서 배척당합니다. 그 결과 1592년 4월, 왜군이 대대적으로 쳐들어오자 조선은 속수무책으로 당할 수밖에 없었습니다.

《사마법》은 억지력이란 사상을 밑바닥에 깔고 전쟁에 어떻게 대처해야 하는가를 논합니다. 그러면 이번 강의에서는 《사마법》의 주요 내용과 시사점을 좀 더 자세히 살펴보겠습니다.

억지력, 무력으로 무력을 없애다

앞에서도 언급했듯이 《사마법》은 기본적으로 '전쟁은 하지 말아야 하는 것'으로 보았습니다. 전쟁은 전쟁을 그치게 하기 위해서 할 수 없이 하는 최후의 방책last resort이라는 주장을 합니다. 그런데 《전쟁론 Vom Kriege》을 쓴 프러시아 장교 클라우제비츠Carl von Clausewitz는 다른 전쟁관을 주장합니다. 그의 주장은 이렇습니다.

전쟁이란 다른 수단을 써서 하는 정치의 연장에 지나지 않는다.

클라우제비츠는 전쟁을 정치의 한 수단으로 봤습니다. 끊임없이 전쟁이 일어나던 유럽 대륙에서 강한 군사력을 바탕으로 성장한 프러시아의 문화를 반영한 전쟁관이라 하겠습니다. 재미있는 것은 이렇게 서로 다른 전쟁관을 갖고 있는 사마양저와 클라우제비츠 모두 전쟁할 때의 마음가짐, 달리 말해 정신력을 아주 중시했다는 점입니다.

먼저 《사마법》입니다. 이 책에서는 전쟁할 때의 전제조건으로 5가지 덕德을 갖춰야 한다고 말합니다. 인仁, 의義, 지智, 용勇, 그리고 신信이 그것입니다. 군주는 평소에 백성들에게 이 5가지 덕을 철저히 가르쳐야 하고, 전쟁이 나도 그들이 다섯 덕목을 따르도록 지도해야 한다고 주장합니다. 마찬가지로 전쟁할 때의 높은 사기士氣를 매우 중요시했던 클라우제비츠는 이렇게 말했습니다.

전쟁에 대비하여 무장한 일반 국민들의 다음과 같은 소박한 특성들이 바로 군인의 덕목, 즉 고매한 군인정신의 역할을 한다. 용맹, 노련함, 단련, 열광.

《사마법》의 저자는 전쟁을 싫어했기 때문에 앞에서 인용한 대로 호전적인 나라와 지도자를 크게 경계합니다. 그러나 현실적으로는 전쟁을 좋아하는 국가와 지도자가 존재하기 마련입니다. 그래서 한 나라가 아무리 태평성대를 구가하더라도 튼튼한 국방 태세는 늘 유지하고 있어야 합니다.

《사마법》의 사상 중 흥미로운 것은 또 있습니다. 《사마법》은 전쟁할 때의 예법을 중시했습니다. 쉽게 이해가 안 되죠. 예를 들어, 《사마법》〈인본편〉에는 이런 말이 나옵니다.

옛날에는 패주하는 적을 백 보 이상 추격하지 않았고, 철수하는 적도 90리까지밖에 쫓아가지 않았다.

古者逐奔 不過百步 縱綏不過三舍

적이 대열을 가지런히 할 때까지는 공격을 알리는 북을 치지 않았다.

成列而鼓

옛날에는 신사적으로 전쟁을 했다는 것이니 오늘날로 말하면 전시국제법戰時國際法 같은 법규를 잘 지켰다는 뜻이 되겠죠. 그러나 춘추시대를 지나 전국시대에 이르면 이런 점잖은 전투 방식은 사라집니다. 현대전에서 이런 방식을 고수하면 만인의 웃음거리가 될 뿐 아니라 패배는 불을 보듯이 뻔합니다. 아래에서 보다시피 현대의 전쟁은 대부분 선전포고를 동반하지 않는 기습공격으로 시작되었습니다.

1941년 6월 22일 나치 독일의 300만 군대가 기습적으로 소련을 공격한다.
1941년 12월 7일 일본은 미국 하와이의 진주만을 기습적으로 공습한다.
1950년 6월 25일 38선 전역에 걸쳐 북한군이 대한민국을 기습공격한다.

그럼에도 불구하고 '예의를 지키면서 전쟁을 한다'는 사상은 고귀한 것입니다. 여러 가지 면에서 현대의 기업 경영에서도 경쟁사와 경쟁할 때, 협력 회사와 거래할 때, 고객과 관계를 맺을 때, 직원들과 노사협상을 할 때 상대방에 대한 예의를 지켜야 한다는 생각은 더 주목받아야 합니다.

혼돈과 질서의 균형

《사마법》〈천자지의편天子之義篇〉에는 현대의 기업 경영에 매우 중요한 시사점을 주는 내용이 등장합니다. 핵심을 간추리면 다음과 같습니다.

정치를 할 때나 군대를 통솔할 때 지나치게 조여도 안 되고 또 너무 느슨하게 해도 안 된다. 균형을 잡고 임하는 것이 좋다.

우리 시대의 최고 경영학자인 피터 드러커는 언젠가 "기업 문화는 기업의 가슴이자 얼soul"이라고 말한 바 있습니다. 그만큼 기업 문화가 경영에서 중요하다는 뜻이겠지요. 저는 《사마법》에 나오는 위의 말이 좋은 기업 문화의 정수精粹를 잘 표현한다고 생각합니다. 왜냐하면 이 인용문을 '질서와 혼돈이 적절히 균형을 이루는 기업 문화가 필요하다'라는 말로 재해석할 수 있기 때문입니다.

경제의 세계는 두 얼굴을 갖고 있습니다. 하나는 예측할 수 있고, 법칙이 들어맞고, 잘 규제된 세계입니다(자연법칙과 기술적 규칙이 적용되는 곳). 또 하나는 예측할 수 없으며, 한 번만 일어나는 우발과 직관의 세계입니다(신제품의 판매, 경쟁, 경쟁사의 행동). 이러한 혼돈의 세계에서는 미래를 확실히 예측할 수 없으므로, 절대적인 계획 가능성이나 질서는 불가능합니다. 그렇다고 해서 끊임없이 변화를 주고 혁신해야 할 필요성이 줄어드는 것은 결코 아닙니다. 기업 경영이 가진 혼돈의 측면을 어느 경영학자는 다음과 같이 표현한 바 있습니다.

승자의 공부

모든 새로운 아이디어, 신제품, 새로운 조치 및 절차의 결과는 사전에 이론적으로 완전히 검증할 수 없다. 따라서 기업의 발전은 미리 확실히 계획할 수 있는 것이 아니고, 많은 부분이 우연한 요인에 의해 결정되는 불확실한 과정이다.

그렇다면 기업 경영은 늘 2가지 요소를 갖고 있어야 합니다. 하나는 질서와 규율이며, 다른 하나는 환상, 창의력, 혼돈입니다. 이 두 요소가 모두 필요하다는 것을 의학자 볼프강 게룩은 건강을 예로 들면서 다음과 같이 인상적으로 표현했습니다.

질서 있는 반응은 시스템에 안정과 지속성을 준다. 혼란스러운 반응은 그 대신 유연성, 변해가는 환경 조건에 대한 재빠른 적응 능력, 그리고 새로운 특성의 창출을 가능하게 한다.

이것은 소용돌이치는 환경 속에서 기업 경영의 과제를 서술한 듯합니다. 그렇습니다. 기업은 질서의 틀에 꽉 사로잡혀서도 안 되며, 걷잡을 수 없는 혼란에 빠져도 안 됩니다. 따라서 경영자의 과제는 항상 질서와 혼돈의 가장 적절한 균형 상태를 유지하는 것입니다. 여기서 필요한 일은 2가지입니다. 정돈된 일상업무의 합리화와 혼란스러운 혁신이 그것입니다. 정돈된 일상업무는 효율적으로, 그리고 질서 있게 수행되어야 합니다. 생텍쥐페리의 《어린 왕자》에는 여우가 다음과 같이 말하는 장면이 나옵니다.

변하지 않는 관습이 있어야 해. 그것은 이 한 시간과 또 다른 한 시간,

그리고 이날과 저 날을 구분 짓는 것이지. 예를 들어 우리 동네의 사냥꾼들은 목요일에는 마을의 처녀들과 춤추는 습관이 있어. 그래서 목요일은 아주 좋은 날이야. 나는 바인버그까지 산책을 하곤 하지.

마찬가지로 회사도 이미 가치가 증명된 것을 잘 유지하고 이를 될 수 있는 대로 효율적이고 확실하게 굴러가게 하는 질서가 필요합니다. 그러나 질서를 통해 회사는 되풀이해서 일어나는 문제만을 풀 수 있습니다. 아무리 존재가치가 잘 증명된 규칙이라 할지라도 가끔 그 타당성에 의문을 가져야 합니다. 조직은 너무 많이 규제를 하려는 치명적인 속성을 갖고 있습니다. 이에 대해 어떤 최고경영자는 "대부분의 회사는 너무 많은 것을 관리하고 통제하려고 한다. 그러나 사람은 우리가 생각하는 것만큼 많은 규정을 필요로 하지 않는다"라고 말하기도 했지요.

관리, 통제가 지나치면 황량한 질서만 남게 됩니다. 업무용 차량, 출장비, 통신시설의 이용, 사무실의 집기, 구내식당의 이용, 카펫 등등 모든 것이 질서 있게 통제됩니다. 수많은 종업원들이 새로운 규정을 만들어내고 그것이 잘 지켜지는가를 감시하는 데 동원됩니다. 질서에 대한 사람의 갈망은 어찌 보면 혼돈, 새로움, 불확실성에 대한 두려움을 반영한 것인지도 모릅니다. 어쨌든 우리 안에 내재돼 있는 질서를 원하는 마음은 특히 대기업에서 마음껏 실력을 발휘하는 경향이 있습니다. 그래서 어떤 대기업의 출장 규정은 무려 89쪽이라고 합니다! 그러나 어느 중소기업의 출장 규정은 단 한마디입니다.

'각자 자기 돈을 쓰듯이 회사 돈을 아껴 씁시다.'

경영자는 현재의 질서가 과연 그 정신이나 내용, 범위 면에서 시대에 맞는가를 정기적으로 검토해야 합니다. 매년 질서의 10퍼센트를 삭감하십시오. 그렇지 않으면 질서라는 괴물이 여러분의 회사, 조직, 팀의 무서운 종양이 될지도 모릅니다.

그러나 따지고 보면 질서는 그래도 쉬운 문제에 속합니다. 더 어려운 일은, 특히 대기업의 경우 적당한 정도의 혼돈을 확보하는 것입니다. 안타깝게도 회사의 성공이 오래 지속될수록 충분한 혼돈을 유지하는 것이 특히 어려운 것 같습니다. 이 점에 대해 미국의 제너럴 모터스를 설립한 슬론Alfred Sloan은 다음과 같이 말한 바 있습니다.

> 한번 큰 성공을 거두는 것보다 그것을 계속적으로 유지하는 것이 대체로 더 힘들다.

아서 쾨스틀러는 적당한 혼돈이 혁신에 크나큰 도움을 준다고 보았습니다. 그는 이를 '창조적인 무정부 상태'라고 표현했습니다. 독일의 어느 최고경영자는 혼돈의 필요성을 절실히 느낀 나머지 'CHAOS CHAOS(혼돈 혼돈)'라는 아메바(이런 아메바가 정말 있다고 합니다!)를 자기 회사 기업 문화의 상징으로 내세웠습니다. 분권화와 권한 위양은 생산성과 사기를 올리는 데 큰 도움이 됩니다. 그러나 그것이 불가피하게 더 많은 혼돈을 빚는 것도 사실입니다.

반면에 작은 회사, 역사가 짧은 회사의 경우 혼돈이 너무 많은 경향이 있습니다. 이런 곳에서는 늘 즉흥적으로 처리되는 일이 많아서 혼돈이 판을 칩니다. 이런 회사들의 기업 문화는 대체로 질서를 도입하는 것에 저항합니다. 왜냐하면 직원들이 질서의 도입에 따르는 규율을 마음속으로 받아들이지 않기 때문이지요. 약간 과장해서 이야기하면, 작은 회사의 구성원들은 질서를 견디기 힘들어하고 큰 회사의 구성원들은 혼돈을 두려워하는 듯합니다. 제 생각에는 큰 회사이든 작은 회사이든 질서와 혼돈이 적절히 균형을 이루는 기업 문화를 확립하고 정착시키는 것이 매우 바람직합니다.

한편으로는 안정과 지속성을 유지하면서 또 한편으로는 유연성과 창의성이 발휘될 수 있도록 하려면 질서와 혼돈이 모두 있어야 합니다. 질서만 있으면 발이 묶여 움직이지 못하며, 거꾸로 혼돈만 있으면 발밑의 땅이 꺼져버립니다. 좋은 기업문화가 있는 회사에서는 늘 혼돈과 질서가 절묘한 균형을 이룹니다.

사마법의 조직운영론

《사마법》은 전쟁을 시작할 때 다음 3가지를 신중히 검토하라고 권합니다.

적절한 시점 포착
전비戰費 조달
철저한 준비

이것은 기업이 신규 사업을 시작할 때나 신제품을 내놓을 때 또는 경쟁사를 공격할 때도 그대로 적용할 수 있는 지침입니다.《사마법》에서는 군대의 통제를 위해서 아래 사항을 강조합니다.

상벌의 기준을 명확히 한다.

신상필벌의 원칙을 꼭 지킨다.

평상시에 모든 장병들이 훈련을 잘 받도록 한다.

병사들이 충분한 휴식을 취할 수 있도록 한다.

군법을 확립하고 신속히 집행한다.

병사들에 대한 배려를 잊지 않는다.

이 모든 것이 장병들이 한마음으로 적군에 대처할 수 있도록 하기 위한 것임은 말할 것도 없습니다. 일단 전쟁이 났을 때 병사들의 신뢰를 잃지 않으려면 아래의 2가지가 필요하다고 보았습니다.

재빠른 결단

정확한 상황 판단

그리고 군사작전을 전개할 때의 행동지침도 아래와 같이 명확히 제시했습니다.

정보 수집에 힘을 기울여라.

좋은 기회를 잡아서 움직여라.

신념을 갖고 행동하라.

위험이 닥쳐도 병사들을 잊지 마라.

적과 서로 마주 대하여 진陣을 치고 있을 때는 아래의 3가지 조건이 충족되어야 이길 수 있습니다.

왕성한 사기

단호한 결의

우수한 무기 및 장비

즉, 정신적인 요인과 물질적인 요인을 모두 갖춰야 합니다. 기업이 시장에서 막강한 경쟁사와 맞서 싸울 때도 자금, 제품 등 물리적 요소 못지않게 경쟁사를 꺾으려는 강한 의지, 임직원들의 뜨거운 충성심 같은 눈에 보이지 않는 자산이 꼭 필요합니다.

일단 싸움이 시작되면 대담하면서도 신중히 싸워야 한다고 사마양저는 말합니다. 상황에 따라 어떤 때는 과감히, 또 어떤 때는 조심성 있게 싸우는 유연성이 요구되는 것이죠. 지휘관이라면 승산이 있으면 싸우되 그렇지 않으면 절대로 무리하지 말고 후퇴해야 합니다. 어떠한 상황에서도 냉정한 판단력을 잃어서는 안 됩니다. 지휘관의 독선적인 태도와 생각은 부하들의 희생을 늘릴 뿐이며, 자신의 자주적인 의견이 없으면 전과戰果가 오르지 않습니다. 이렇게 사마양저는 지휘관의 유연한 사고 방식과 냉정한 판단력을 중시하며, 혈기 넘치는 과격한 행동이나 악착같이 살려고 하는 행위 등 무리한 행동 양식을 경계했습니다.

사마양저는 훌륭한 지휘관은 이겨도 거만해지지 말아야 하며, 만일 패배하면 그 책임은 혼자서 져야 한다고 역설합니다. 또한 승리한 공적은 반드시 병사들과 나누어 갖고, 다시 싸울 때는 상벌을 강화해서 부하들의 분발을 촉구하라고 말합니다.

《사마법》의 마지막 장章 〈용중편用衆篇〉은 대군大軍이라고 해서 반드시 안심할 수 없고 병력이 적다고 해서 반드시 불리하지는 않다고 역설합니다. 먼저 원문을 보시죠.

> 싸움을 할 때 아군의 병력이 적으면 결속을 튼튼히 하고, 우리의 병력이 우세하면 통제를 철저히 한다. 작은 부대는 상황 변화에 재빨리 대응할 수 있고, 대부대라면 정면으로 맞붙는 결전에 적합하다. 또 대부대라면 진군하고 정지하는 데 그치게 함으로써 쓸데없는 혼란을 피하고, 소부대라면 진퇴를 자유롭게 할 수 있는 이점을 살린다.

> 凡戰之道 用寡固 用衆治 寡利煩 衆利正 用衆進止 用寡進退

대군에는 대군의 이점이 있고, 소부대에는 소부대의 이점이 있습니다. 각각의 이점을 잘 살려서 싸우면 이길 수 있다는 것이 요지입니다. 《사마법》은 이어서 이 말을 좀 더 구체적으로 설명합니다. 즉 아래의 상황에 부딪혔을 때의 대응책을 제시합니다.

> 대부대인 아군이 소부대인 적을 만났을 때
> 소부대인 아군이 대부대인 적과 부딪혔을 때
> 적이 유리한 곳에 진을 치고 있을 때
> 적이 대군이라서 대항할 수 없을 때
> 적이 소부대이지만 강하게 하나로 뭉쳐 있을 때

여기서 핵심은 상황과 부대의 규모에 가장 적합한 전술, 전략을 찾아야 승산이 있다는 것입니다.

대기업에 대한 의존도가 유난히 높은 것이 한국 경제의 큰 약점입

191

니다. 그래서 저는《사마법》의 위의 인용문을 '중소기업도 그에 맞는 전략을 잘 구사하면 얼마든지 대기업과 맞설 수 있고 성공할 수 있다'는 말로 재해석하고자 합니다. 그 좋은 본보기는 독일의 초일류 중소기업들, 즉 히든 챔피언들에게서 찾을 수 있습니다. 현재까지 알려진 바에 따르면, 전 세계에는 약 2734개의 히든 챔피언이 있는데 그 가운데 절반 가까운 1307개가 독일에 있다고 합니다. 그들은 한결같이 자신들의 기업 규모에 어울리는 전략을 무기로 세계 시장을 석권했습니다. 구체적으로 그들은 어떤 전략을 썼을까요?

첫째, 고도로 전문화된 제품 또는 서비스를 대기업이 넘보지 않거나 넘볼 수 없는 전 세계의 틈새시장에 판매했습니다. 즉, 집중과 세계화가 히든 챔피언 전략의 두 기둥입니다.

둘째, 집중전략은 뛰어난 혁신 능력, 그리고 세계화는 아주 철저한 고객 지향 정신에 의해 뒷받침되고 있습니다. 지속적인 혁신에 의해 제품과 서비스는 더욱 차별화되며, 전 세계에 흩어져 있는 고객들을 꾸준히 만나고 그들이 봉착한 문제를 해결해줌으로써 까다롭지만 충성심 높은 고객들이 떠나갈 수 없도록 하는 것이죠.

셋째, 큰 꿈을 품은 역동적인 최고경영자가 오랫동안 자리를 지키면서 전략의 연속성을 유지했습니다. 또한 그들은 직원들에게 많은 재량권을 주고 그들에게 안정된 직장을 보장해주기 때문에 직원들의 회사에 대한 충성심이 매우 높습니다.

히든 챔피언들은 공룡 같은 대기업들이 흉내 내기 어려운 그들만

승자의 공부

의 독특하고 차별화된 길을 묵묵히, 그리고 철저히 가고 있습니다. 그 결과 그들은 '세계시장 선도기업'이라는 영광스러운 칭호를 얻게 되었습니다. 우리나라의 더 많은 중소기업들이 사마양저가 권하는 대로 시장 상황과 기업 규모에 어울리는 세련되고 차별화된 전략을 개발하고 시행하게 되기를 기대합니다.

제 11 강

울료자

사람 쓰는
법

강의를 시작하며

《울료자尉繚子》의 '울'은 성姓, '료'는 이름, 그리고 '자'는 존칭입니다. 사람의 성명이 그대로 책의 제목이 된 셈이죠. 보통 울尉이라는 한자는 '위'로 읽는 경우가 많은데, 사람의 성을 뜻할 때는 '울'로 읽습니다. 그래서 병법서《울료자》는 울료자라는 사람과 깊은 관계가 있는 것이 분명합니다. 그런데 실은 울료자라는 사람이 둘이 있고, 그 가운데 누가《울료자》와 관계 있는지에 대해서는 예부터 의견이 분분했습니다. 그러면 울료자라는 이름을 가진 두 사람은 어떤 인물들일까요?

첫 번째 울료자는 병법서《울료자》에 나오는 사람입니다. 이 책의 첫머리는 다음과 같이 시작합니다.

양梁의 혜왕惠王이 울료자에게 물었다.

梁惠王問尉繚子 曰

이 책은 울료자라는 사람이 양나라 혜왕과 만나 부국강병富國强兵의 방책을 논의한 내용을 담고 있습니다. 양은 위魏나라의 별칭이고, 혜왕은 3대 왕이며, 그의 재위 기간은 기원전 369년에서 기원전 319년입니다. 위의 초대왕은 문후文侯이고 2대 왕은 무후武侯인데, 위나라는 초대 문후 시절에 강국이 되었고 무후 때까지 강성했습니다. 그러나 3대 혜왕에 이르러서는 동쪽의 제齊나라에게 크게 패하고 서쪽의 진秦나라에게 두들겨 맞아 국력이 급속히 약해졌습니다. 절박한 상황을 맞아 국왕이 울료자라는 인재를 초빙하여 의견을 듣고자 했다는 것은 충분히 있을 수 있는 일입니다. 그런데 이 책에 나오는 울료자는 다른 기록에서는 전혀 보이지 않습니다. 그래서 이 사람이 실제로 있었던 인물이라고 단정할 결정적 근거는 아직 없습니다.

또 한 명의 울료자는 진秦에서 나중에 진시황제가 되는 군주를 모신 사람입니다. 《사기》의 〈진시황본기秦始皇本紀〉에는 다음과 같은 기록이 있습니다.

위의 수도 대량大梁 출신의 울료라는 사람이 진나라에 와서 임금에게 건의했다.

"진나라가 강대해지니 제후들은 기껏해야 군현의 우두머리 정도의 존재에 지나지 않습니다. 다만 경계해야 할 것은 제후들이 동맹하여 진나라의 허를 찌르는 것입니다. 원컨대 대왕께서는 재물을 아끼지 마시고 권세 있는 대신들에게 주어서 그들이 보조를 맞추지 못하게 하십시오.

195

불과 삼십만 금金만 쓰셔도 충분합니다."

진나라 왕은 울료의 건의를 받아들였다. 그리고 왕은 그다음부터 울료를 만날 때마다 그를 자신과 대등하게 대접하고 옷과 음식도 그와 똑같은 것으로 했다. 그러자 울료가 말했다.

"진나라 왕은 코가 오뚝하고 눈이 가늘고 가슴은 매처럼 튀어 나왔으며 목소리는 승냥이 같다. 은혜를 베푸는 것은 적은 데다 호랑이나 이리 같은 마음을 품고 있어 곤궁에 처하면 쉽게 다른 사람 아래 들어가고, 일단 형편이 좋아지면 쉽게 남을 잡아먹을 것이다. 나는 평민 신분인데도 그는 나를 만날 때 항상 스스로 몸을 낮춘다. 그러나 그가 천하를 얻으면 제멋대로 굴 것이다. 그는 오랫동안 모실 수 있는 상대가 아니다."

그래서 울료는 진나라를 떠나려고 했으나 진나라 왕이 이를 알아차리고 한사코 머무르도록 한 후 그를 재상 바로 밑의 요직에 앉혔다. 이렇게 해서 울료의 계책은 진나라에 의해 채택되고 이사李斯가 그것을 실행에 옮겼다.

《사기》의 기록에 따르면 여기 나오는 울료는 진시황제가 중용한 것이 분명합니다. 하지만 그 후 그의 동정動靜은 전혀 전해지지 않습니다. 두 번째 울료자도 역시 수수께끼에 싸인 인물이라고 할 수밖에 없습니다. 결국 지금까지 알려진 자료만으로는《울료자》의 저자가 누구라고 단정할 수 없습니다.

그러나 이 책이 후대의 위작僞作이 아니라는 것은 거의 확실합니다. 1973년 산동성 은작산銀雀山에서 출토된 죽간竹簡(대쪽에 쓴 글)을 분석한 결과《울료자》가 이미 한漢 왕조 초기에 유포되고 있었다는 것이 밝

승자의 공부

혀졌기 때문입니다. 그래서《울료자》는 한나라 이전, 즉 전국시대에 쓰였을 가능성이 높습니다. 앞에서 언급한 두 울료자가 모두 위魏와 연고가 있는 것으로 보아 위나라 사람(또는 사람들)이 저술에 관여했을 것으로 생각됩니다.

울료자는 〈천관편天官篇〉부터 〈병령하편兵令下篇〉까지 24편으로 이루어져 있습니다. 전체적으로 이 책은 법제法制의 확립을 설하고 신상 필벌을 주창한 법가法家의 영향을 강하게 받은 것으로 보입니다. 책의 전편에 걸쳐 법가 사상이 흐르고 있지요.

내용을 보면 크게 〈전권편戰權篇〉까지의 앞부분 12편과 〈중형령편重刑令篇〉 이후의 뒷부분 12편으로 나눌 수 있습니다. 후반부 12편은 오로지 군대의 편성, 관리, 통제 등 군대와 관련된 문제를 논의하고 있고, 전반부 12편은 정치, 경제, 병법 등 다양한 주제를 다룹니다. 이 전반부가 특히 날카로운 필치가 돋보이며 그 설하는 바의 뛰어남으로 말하면《손자병법》에 버금간다고 해도 지나침이 없습니다. 그러면 《울료자》의 내용의 핵심과 그것의 현대적 시사점을 알아보겠습니다.

전쟁은 어디까지나 사람의 일

《울료자》의 서두인 〈천관편天官篇〉에는 이 책 전체를 관통하는 사상이 잘 나타나 있습니다. 이를 간추리면 다음과 같습니다.

전쟁은 어디까지나 사람이 하는 것이므로 점占이나 신神에게 기대서는 승리를 거둘 수 없다. 슬기의 힘이 뛰어난 자가 이기는 법이다.

197

구체적으로 살펴보지요. 양나라 혜왕이 울료자에게 묻습니다. "옛날 황제黃帝가 백전백승한 것은 전쟁의 승부를 점쳤기 때문이라고 하는데 그것이 사실이냐?" 그러자 울료자는 그것을 강하게 부인하고 이렇게 말합니다.

황제는 세속의 사람들이 말하는 것처럼 천문天文과 음양陰陽으로 돌아가서 전쟁의 승부를 점친 것이 아니고 어디까지나 사람이 할 수 있는 최선을 다했을 뿐입니다.

非所謂天官時日 陰陽向背也 黃帝者人事而已矣

이어서 울료자는 주 무왕과 초楚의 장군 공자심公子心을 예로 들며 신의 계시라던가 점 따위가 얼마나 믿을 수 없는가를 분명히 합니다. 그리고 이렇게 말을 맺습니다.

황제께서도 '신에 기대기 전에 우리의 지혜를 발휘하는 것이 좋다'라고 말씀하시지 않았습니까? 천문이다 방위方位다 해도 결국은 사람이 할 수 있는 최선을 다하는 것이 먼저 해야 할 일입니다.

黃帝曰 先神先鬼 先稽我智 謂之天官 人事而已

냉정히 생각하면 지극히 당연한 이야기이지만, 오늘날에도 이런 종류의 것에 빠지는 사람이 계속 나오는 까닭은 무엇일까요? 아직도 용하다고 소문난 점쟁이 집에는 정치인, 기업인, 고위 관료, 학부모 등의 발길이 끊어지지 않는다고 합니다. 문명은 진보하고 있는데 인간의 지성도 함께 나아지고 있는지는 확실치 않아 보입니다.

승자의 공부

내실부터 다져라

《울료자》의 밑바닥에는 정치 우위 사상이 깔려 있습니다. 그래서 〈병담편兵談篇〉은 '전쟁에서 이기려면 먼저 국내 정치를 안정시켜라'라고 역설합니다. 적을 꺾는 것과 국내 정치의 안정은 떼려야 뗄 수 없는 관계이기 때문입니다. 더 나아가서 《울료자》는 '전쟁의 승패는 정치가 결정한다'라고 보았습니다. 국력이 충실하고 정치가 안정되면 구태여 무력을 쓰지 않아도 천하를 평정할 수 있다고 생각한 것이지요. 무력을 행사하지 않고, 즉 싸우지 않고 이기는 것은 《울료자》뿐만 아니라 중국의 모든 병서가 가장 바람직한 이기는 법으로 강조하는 것입니다. 그러면 《울료자》가 생각한 싸우지 않고 이기는 법은 무엇일까요?

《울료자》는 그 해답을 충실한 국력과 정치의 안정에서 찾습니다. 그렇게 되면 천하의 나라들을 위압하여 복종시킬 수 있다고 보았지요. 《울료자》는 어쩔 수 없이 전쟁을 시작하더라도 감정에 휩싸여 돌진하는 것을 극력 경계합니다. 냉정히 상황을 판단해 승산이 없다고 생각되면 재빨리 사태를 수습해야 합니다. 이길 가망이 없다고 여겨지면 처음부터 전쟁을 시작하지 않는 것이 더 나음은 두말할 나위 없습니다.

일시적인 감정에 사로잡혀 전쟁으로 치닫는 행위는 엄격히 삼가야 한다.
승산이 있다고 보면 전쟁에 나서고 승산이 없다고 보면 곧 중지한다.

兵起 非可以忿也 見勝則興 不見勝則止

199

《울료자》는 막강한 군대를 키우려면 법제法制의 확립이 급선무라고 말합니다. 법제를 확립한다는 것은 처벌, 포상 등의 규정을 명시하는 것이지요. 그 목표는 말할 것도 없이 관리와 통제를 강화함으로써 명령이 한 번 떨어지면 전군이 한 덩어리가 되어 싸우도록 하는 데 있습니다.

군사軍事의 첫째 요건은 법제를 확립하는 것이다. 법제가 확립되면 군대가 흐트러지지 않는다. 군이 흐트러지지 않으면 군의 규율은 엄격하고 공정하게 유지된다.

凡兵 制必先定 制先定則士不亂 士不亂 則刑乃明

-《울료자》〈제담편制談篇〉

누구나 죽기를 싫어하고 살기를 원합니다. 그럼에도 불구하고 일단 싸움이 시작되면 병사들이 죽을힘을 다해 싸우도록 해야 합니다. 병사들이 그렇게 행동해야만 최강의 군대가 됩니다. 이렇게 되면 아무리 규모가 큰 군대라 할지라도 마음대로 움직일 수 있습니다. 어떻게 해야 이것이 가능할까요?

법가 사상에 충실한 《울료자》 역시 앞에서 언급한 법제의 정비와 그에 의한 철저한 관리와 통제, 그리고 특히 신상필벌을 강조합니다. 구체적으로 살펴봅시다.

백성들이 용감히 싸우는 것은 죽기를 좋아하고 살기를 싫어해서가 아니다. 군령이 잘 시행되고 법제가 확립되어 있기 때문이다. 상벌이 명확히 규정되어 있고 더구나 그것이 엄격히 적용되어야만 싸웠다 하면 반드시 목적을 달성하고 성과를 올릴 수 있다.

-《울료자》〈제담편〉

싸우고자 하는 의욕이 승패를 좌우한다

어떤 장수도 손발이 되는 병사들이 없으면 싸울 수 없다. 그러면 병사들에게 필요한 것은 무엇인가? 그것은 전의戰意, 즉 싸우고자 하는 의욕이다. 병사들은 전의가 왕성하면 자진해서 싸우지만 전의를 잃으면 달아난다.

《울료자》〈전위편戰威篇〉에서는 이렇게 '싸우고자 하는 의욕'의 중요성을 역설합니다. 따라서 군의 지도자는 적군의 전의를 꺾고 아군의 전의를 고양하는 방도를 강구해야 합니다. 좋은 방책은 무엇일까요? 울료자는 2가지를 들었습니다.

- 정치, 경제, 군사의 모든 면에서 충분한 태세를 갖춘다.
- 적군의 실정을 잘 파악, 분석, 연구하여 적의 허를 틈탄다. 또는 찌른다.

전의는 결국 병사들의 마음의 문제이므로 마음을 하나로 모으는 것이 중요한데, 이를 가능하게 하는 것이 바로 명령입니다. 한번 명령을 내리면 조금 미심쩍거나 약간의 의심이 들더라도 웬만해서는 그것을 바꾸지 않는 것이 좋습니다. 물론 명령의 근간에 잘못이 있는 경우는 예외겠지요. 따라서 지휘관은 처음부터 확고한 신념을 갖고 명령을 내려야 합니다. 그러면 부하들은 망설이지 않고 따르게 마련입니다. 또한 장수는 스스로 앞장서서 모범을 보이며 병사들이 분발하여 일어나도록 해야 합니다. 특히 힘든 상황에 부딪혔을 때 장수가 솔선수범하는 것은 아주 중요합니다. 그러한 장수의 모습을《울료자》〈전위편〉은 다음과 같이 묘사했습니다.

날씨가 뜨거워도 양산을 쓰지 않고, 추운 날에도 자기만 따뜻한 옷을 입지 않는다. 험한 길을 만나면 수레에서 내려 병사들과 같이 걷는다. 그리고 야영할 때 물과 음식이 준비되었어도 병사들이 먹기 시작할 때까지는 손을 대지 않으며, 진지가 완성될 때까지 휴식을 취하지 않는다. 이렇게 즐거울 때나 고생스러울 때나 반드시 병사들과 행동을 같이한다. 그러면 그런 군대는 싸움이 오래 계속되어도 전투력을 잃지 않고 사기도 떨어지지 않는다.

형정은 준엄했지만 원망하는 이가 없었다

《울료자》에서는 훌륭한 장수, 즉 지도자의 조건으로 자애와 준엄, 이 2가지 덕목을 들었습니다. 원문의 표현은 다음과 같습니다.

그러므로 훌륭한 장수의 자격 요건은 자애와 위엄이다.

故善將者 愛與威而已

-《울료자》〈공권편攻權篇〉

중국 역사에서 이런 자애와 준엄을 겸비한 대표적인 지도자로 제갈공명이 있습니다. 진수陳壽는 그가 지은 《삼국지》에서 제갈공명의 평판을 이렇게 표현했습니다.

백성들이 (공명을) 두려워하면서 동시에 사랑하였다.

제갈공명이 준엄하였기에 백성들이 그를 두려워했지만 또한 그가 자애로웠고 공평무사公平無私했기 때문에 그를 사랑한 것입니다. 신상필벌에 철저했던 제갈공명의 준엄과 자애로움은 《삼국지》의 다음 기록에서 잘 알 수 있습니다.

충성을 다하고 시대에 이로움을 주는 자는 원수라 할지라도 반드시 상을 준다. 법을 어기고 태만한 자는 부모라 할지라도 반드시 벌을 준다. 죄를 뉘우치고 개전改悛의 정을 보이는 자는 죄가 무겁다 하더라도 반드시 풀어준다. 용서받은 뜻을 잊고 잔재주를 부리는 자는 죄가 가볍다 하더라도 반드시 처벌한다. 착한 일에 대해서는 아무리 하찮은 것이라 할지라도 상을 주지 않은 적이 없고, 악한 일은 그것이 아무리 대수롭지 않은 것이라 하더라도 무시하지 않았다.

제갈공명은 모든 일을 사사로운 마음 없이 공평하게 처리했기 때문에 불만의 소리가 전혀 나오지 않았습니다. 진수는 다음과 같이 평하기도 했습니다.

형정刑政은 준엄했지만 원망하는 이가 없었다.

제갈공명은 죄를 뉘우친 사람이나 과거에 문제가 있었더라도 현재 나라에 충성을 다하는 사람이라면 상당히 너그럽게 대했습니다. 엄정한 가운데도 따뜻한 배려를 잊지 않은 것이지요. 제갈공명이 준엄과 자애로움을 겸비한 지도자라는 것은 저 유명한 '울면서 마속馬謖을 베다'라는 이야기가 가장 극적으로 보여줍니다.

제갈공명은 촉나라의 국력을 총동원하여 위나라를 침공할 준비를 마친 다음 2대 황제 유선에게 아래와 같은 문장으로 시작하는 출사표出師表를 제출합니다.

선제先帝께서는 창업의 뜻을 반半도 이루시기 전에 붕어하시고, 지금 천하는 셋으로 나누어져 있습니다. 거기다가 우리 익주益州는 싸움으로 피폐해 있으니 이는 실로 나라가 흥하느냐 망하느냐가 걸린 위급한 때라 할 수 있을 것입니다.

이 글은 예로부터 읽고 울지 않는 사람은 충신이 아니라고 하는 말까지 있을 정도로 원정에 임하는 제갈공명의 남다른 결의를 잘 보여주는 명문名文 중의 명문입니다. 그러나 원정은 실패로 끝나고 말았습니다. 선봉 부대의 지휘관으로 기용된 마속이 큰 실수를 했기 때문입니다. 마속은 싸움터로 나갈 때 제갈공명으로부터 면밀한 지시를 받습니다. 그러나 정작 적군과 마주치자 마속은 제갈공명의 명을 어기고 산 위에 진을 치는 졸렬한 작전을 전개합니다. 위군魏軍의 총사령관 장합은 상대방의 조그마한 허점도 놓치지 않는 백전노장이었습니다. 그는 즉시 마속이 진을 친 산을 포위하여 물과 식량의 보급이 끊기게 한 다음 지구전에 들어갑니다. 이대로 가만히 있다간 전멸할 것

승자의 공부

이라고 판단한 마속은 전군에게 산 아래로 돌진할 것을 명령합니다. 그러나 이것이야말로 장합이 기다리던 순간이었지요. 기다리고 있던 위군은 마속의 군대를 철저하게 박살냅니다.

참패의 책임이 오로지 마속에게 있었으므로 제갈공명은 마속을 무척 아꼈지만 울면서 그의 목을 베게 합니다. 뿐만 아니라 마속을 발탁한 사람은 바로 자기 자신이니 자신을 처벌해달라고 황제에게 탄원합니다. 여기까지만 보면 제갈공명은 피도 눈물도 없는 냉철한 무장武將처럼 보일지도 모르겠습니다. 그러나 제갈공명은 마속을 처형하면서도 한편으로는 유족에게 종래와 똑같이 후한 대우를 해줄 것을 약속합니다. 저는 이러한 준엄과 온정의 균형이 제갈공명이라는 사람의 매력이자 통솔력의 비결이라고 생각합니다.

선수를 쳐서 주도권을 잡는다

《울료자》는 장수를 두뇌, 병사들을 손발에 비유합니다. 장수가 확신을 갖고 명령하면 손발은 충실히 움직이지만 두뇌가 불안해하면 손발은 명령을 따르지 않게 됩니다.《울료자》는 또한 반드시 이긴다는 전망이 서지 않으면 경솔하게 개전 명령을 내리지 말 것을 강조했습니다.《울료자》가 제시한 승산의 전제조건은 다음과 같습니다.

첫째, 장수가 권위를 갖고 명령을 내리며, 잘 확립된 명령 계통을 통해 그것이 제대로 전달되고 이행된다.
둘째, 미리 면밀한 작전 계획을 세운다.

어쩌다가 적의 실책에 의해 아군이 승리를 거둘 때도 있습니다. 이는 실력이 아니라 우연의 결과입니다. 이겼다고는 해도 칭찬받을 만한 승리가 아닙니다. 이런 '우연찮은 승리'를 기대해서는 안됩니다. 미리 작전 계획을 세우고 계획대로 일을 진행시켜 승리를 거두는 것이 가장 바람직한 '이기는 법'이라 하겠습니다.

전쟁을 하다 보면 수비를 해야 할 때도 있습니다. 수비하는 입장에서 지지 않는 태세를 갖추려면 다음 네 조건을 충족시켜야 한다고 《울료자》는 말합니다.

이점이 있는 지점의 확보

견고한 방어 시설의 구축

수비 병력의 확보

무기 및 식량의 비축

그러나 백성과 병사들의 사기를 높이기 위해서는 처음부터 수비 일변도의 소극책을 써서는 안 됩니다. 또한 아무리 수비 태세가 완벽하더라도 고립되어 싸우면 언젠가는 지게 마련입니다. 그래서 모든 수단을 강구하여 구원군을 찾고 그들이 오게 해야 합니다.

싸움이 오래 지속되면 병사들의 피로가 쌓이고 사기도 떨어지는 것이 일반적인 현상입니다. 그러나 그럴 때에도 죽을 힘을 다해 싸우게 해야 하는 것이 장수의 임무겠지요. 장수는 군법을 엄격하게 집행하고, 미적지근하게 전투에 임하면 나중에 무서운 형벌이 돌아온다는 사실을 병사들에게 상기시켜야 합니다. 그러나 한편 군대는 물처럼 유연하게 상황에 따라 싸우는 방법을 달리 해야 합니다. 《울료자》

승자의 공부

〈무의편武議篇〉에는 이런 말이 나옵니다.

뛰어난 군대는 물에 비유할 수 있다. 물은 아주 유약하지만, 앞길을 가
로막는 것은 설사 그것이 언덕이라 하더라도 부셔버리고 만다. 그것은
물의 성질에 유연성과 파괴력이 숨겨져 있기 때문이다.

勝兵似水 夫水至柔弱者也 然所觸丘陵 必爲之崩 無異故也 性專而觸誠也

중국인들은 예부터 군사행동뿐만 아니라 인간 행동 전반의 이상적
인 방식을 물에 비유하는 것을 좋아했습니다. 가장 유명한 것이《노
자》제8장에 나오는 '최고의 선은 물과 같다(上善如水상선여수)'는 말이
지요. 물은 상황에 맞춰 형태를 바꾸는 유연성과 모든 물체를 부수는
파괴력을 함께 간직하고 있습니다.《울료자》도 〈무의편〉에서 조직관
리를 맡은 지도자에게 얼핏 서로 반대인 것처럼 보이는 엄격함과 유
연함을 모두 주문합니다.

《울료자》〈전권편戰權篇〉을 마지막으로 살펴보겠습니다. 울료자는
전쟁에서 선수를 쳐서 주도권을 잡는 것을 무엇보다 중요시했습니
다. 일단 주도권을 쥐면 이후의 전국戰局을 유리하게 이끌고 갈 수 있
기 때문입니다. 그러면 주도권을 잡기 위해서는 무엇이 필요할까요?
《울료자》에 따르면 그 대답은 '전쟁에 내재된 법칙성을 파악하는
것'입니다.《울료자》가 말하는 전쟁의 법칙성이란 이렇습니다.
적이 진공해 와도 충분히 적의 실정을 탐색한 뒤가 아니면 응전하지 않
는다. 주도권을 잡고 있어도 적의 움직임을 확인한 다음이 아니면 공격
을 가하지 않는다. 적의 실정을 파악하고 있어도 유리한 지형에 포진하

고 있지 않으면 적을 압도할 수 없다. 이상의 것을 이해해야만 전쟁의
법칙성에 통달했다고 말할 수 있다.

《울료자》가 말하는 전쟁의 법칙성(그는 이것을 병도兵道란 말로 표현했습니다)
의 핵심을 간략하게 정리하면 다음과 같습니다.

- 공격할 때나 방어할 때나 아군의 전략 및 전술은 반드시 적에 관한
  정확한 정보와 그것의 분석에 바탕을 두어야 한다.
- 위의 인용구에 있는 '유리한 지형'이라는 개념은 적이 (또는 경쟁사가)
  모방하거나 따라잡기 힘든 우리의 결정적 경쟁우위라는 말로 재해
  석할 수 있습니다. 그래서 '적을 압도하려면 우리만의 독특한 경쟁우
  위가 있어야 한다'는 것이 전쟁의 법칙성의 또 다른 핵심입니다.

지금부터 2400여 년 전 중국의 전국시대에 살았던 울료자는 그 시
대에 이미 상당한 수준의 전략적 안목을 당시의 지도자들에게 기대
하고 있었던 것으로 보입니다.

제 12 강

이위공문대

정공과
기습

강의를 시작하며

《이위공문대》라는 제목에 있는 문대[問對]는 '질문에 대답한다'는 뜻입니다. 문답과 같은 의미이지요. 그러면 누구와 누구의 무엇에 관한 문답일까요? 이 책은 당의 2대 황제 태종과 그의 중신 이위공李衛公이 병법에 관해 나눈 매우 수준 높은 대화를 다루고 있습니다. 그렇다고 해서 당태종 또는 이위공 자신이 대화 내용을 직접 기록해서 남긴 것은 아닙니다. 후대의 누군가가 두 사람의 이름을 빌려서 저술한 것으로 보입니다. 실제로 누가 언제 이 책을 썼을까요?

크게 두 가지 설이 있습니다. 하나는 당나라 말기에 쓰였다는 설인데, 누가 썼는가는 분명하지 않습니다. 또 다른 설은 송나라 시절 완일阮逸이라는 사람이 썼다는 설입니다. 이 경우에도 완일은 송 왕조 4

209

대 황제 인종仁宗(재위 기간 1023~1063년) 시절의 진사進士(과거합격자)라는 사실밖에는 알려진 것이 없습니다. 널리 알려진 인물은 아닌 것이죠. 아직 어느 설도 정설로 인정받지 못하고 있습니다. 확실하게 말할 수 있는 것은 이 책이 당나라 말기에서 송나라 초기 사이에 쓰였고, 그래서 무경칠서 가운데 가장 늦게 저술된 책이라는 사실입니다.

《이위공문대》가 무경칠서에 포함된 일곱 책 가운데 가장 후대에 쓰였다고 해서 가치가 낮으냐 하면 그렇지는 않습니다. 이 책의 최대 매력은 태종과 이위공이라는 두 군사 전문가를 등장시켜 그들로 하여금 예부터 논의되어온 병법들의 다양한 측면을 마음껏 논하게 했다는 점입니다. 그래서 우리는 책을 살펴보기 전에 이 책의 주역이라고 할 수 있는 태종과 이위공이 어떤 사람인지 알 필요가 있습니다. 당 태종은 앞에서 자세히 다루었듯이 중국 역사상 대표적인 명군 가운데 한 사람입니다.

태종은 아버지 고조를 도와 당의 건국에 크게 이바지했을 뿐만 아니라 늘 긴장을 늦추지 않고 각오를 새롭게 다지면서 정치에 매진했기 때문에 정관의 치로 불리는 그의 통치 기간은 국운이 융성했던 시대의 본보기로 후대의 사람들이 두고두고 칭송하고 있습니다. 그는 당의 개국과 수성守成에 모두 지대하게 공헌한 빼어난 지도자였지요. 그러나 그를 이야기할 때 빠뜨리면 안 되는 사실은 그가 용병用兵에서도 천재적 수완을 발휘한 병법의 대가였다는 점입니다.

당 왕조가 출범한 618년 당시에는 중국 각지에 군웅이 할거하고 있었습니다. 갓 탄생한 당 왕조가 살아남으려면 이들과의 싸움에서 이겨야 했습니다. 이 어려운 과업을 달성하는 데 가장 중심적인 구실을 한 이가 바로 이세민, 즉 당 태종이었습니다. 아버지 고조에 의

승자의 공부

해 대장군大將軍으로 임명된 약관 20세의 이세민은 뛰어난 용병 솜씨를 유감없이 발휘하여 지방의 적대 세력을 하나하나 격파합니다. 그의 맹활약 덕분에 신생국가 당은 안정기에 접어들 수 있었습니다. 이세민과 더불어 당 초기에 군사 부문의 중책을 맡은 사람이 다름 아닌 이위공입니다. 그의 원래의 이름이 이정李靖인데, 나중에 공적에 의해 위공衛公으로 봉해집니다. 그래서 이위공으로 불려집니다.

571년에 태어나 젊은 시절에 병법을 공부한 이정은 처음에는 수 왕조를 위해 일했지만 나중에 당 왕조에 귀순했으며 마흔일곱 살 때 이세민의 참모로 영입됩니다. 이후 그는 그야말로 눈부신 활약을 펼칩니다. 먼저 강남江南 지역을 멋지게 평정합니다. 이세민이 황제의 자리에 오르자 병부상서兵部尚書(국방부 장관) 등의 요직을 역임하며 과감한 작전을 전개해 북방의 돌궐과 서방의 티베트 등 이민족을 물리칩니다. 그의 활약으로 당 왕조는 북방과 서방의 불안을 말끔히 해소할 수 있었습니다.

이정은 수없이 싸움터에 몸을 던졌지만 한 번도 진 적이 없다고 합니다. 그는 싸움이 불리하면 퇴각하여 수비를 군히고, 기회다 싶으면 단숨에 공격하여 승기를 잡았습니다. 그래서 이위공은 '늘 이긴다'는 말을 들었다고 합니다. 뿐만 아니라 문무를 두루 갖춘 인물이어서 더욱 태종의 신임이 두터웠습니다. 만년에는 당 왕조의 원로로서 존중받았지요.

《이위공문대》의 주역은 이 두 사람입니다. 한쪽은 용병의 천재, 또 한쪽은 백전노장百戰老將, 이 두 거물이 화려한 병법 이야기로 꽃을 피웁니다. 그래서 곳곳에 대가들의 날카로운 지적이 번득입니다. 병법에 관심이 있는 사람이라면 꼭 한 번 읽어볼 만한 책입니다.

그러면 《이위공문대李衛公問對》의 특징과 핵심 내용, 그리고 그 시사점을 살펴보겠습니다.

정과 기를 논하다

《이위공문대》에는 다른 병법서에는 없는 특징이 있습니다.

첫째, 《손자》, 《오자》, 《사마법》, 《울료자》 등 다른 병법서에 나오는 훌륭한 말과 빼어난 글귀를 여기저기 인용하고 실전 경험을 한 사람의 관점에서 그 뜻을 새깁니다. 그중에서도 《손자》를 높이 평가해 가장 많이 인용했습니다.

둘째, 《손자병법》〈병세편〉에서 처음 언급되는 기정奇正 문제를 다뤘습니다. 손자에 따르면 전쟁하는 방법은 정正과 기奇의 조합으로 이루어지는데 그 가짓수가 무궁무진하다고 합니다. 대체로 '정'은 정공법正攻法, '기'는 기습작전으로 해석합니다. 영어로는 '정'을 정통적 방법orthodox method, '기'를 정통이 아닌 방법unorthodox method으로 번역합니다. 《이위공문대》는 상중하 세 권으로 이루어져 있는데, 태종과 이위공은 그중 〈상권〉에서 기정의 문제를 포괄적으로 논의했습니다.

셋째, 이 책은 그동안 대체로 신비의 베일에 싸여 있던 진형陣形 문제를 본격적으로 다룹니다.

넷째, 다양한 실전 사례가 많이 언급되는 것도 특징입니다. 태종과 이위공 모두 실전 경험이 풍부한 사람들이므로 자신들이 겪은 여러 전투를 다룬 것은 말할 것도 없습니다. 뿐만 아니라 그들은 역사상의 유명한 전투에 대해서도 논평하며 각 전투의 승패의 원인을 분석합니다.

끝으로, 역사상 뛰어난 명장과 군사軍師들이 차례차례 등장하는 것도 재미있습니다. 예를 들어 태공망, 관중, 오기, 장량, 한신, 조조, 제갈공명 등 잘 알려진 인물들이 줄줄이 나옵니다. 또 그들을 도마에 올려놓고 등급을 매기는 것도 흥미롭습니다. 뿐만 아니라 당대의 장수들에 대해서도 엄격한 평가를 내립니다.

우리에게는 무척 흥미롭게도 《이위공문대》는 고구려와 신라에 관한 이야기로 시작됩니다. 책의 첫머리를 보시죠.

태종이 물었다.
"고구려가 가끔 신라를 침략하고 있다. 사신을 보내 그만두라고 권고해도 명령을 들으려고 하지 않는다. 토벌군을 일으키려고 생각하는데, 어떤가?"
이정이 대답한다.
"고구려의 중신 개소문蓋蘇文에게 슬쩍 속을 떠보니, 자신이야말로 용병의 달인이라고 생각하고 설마 토벌군을 보내지는 않겠지 하며 우리를 우습게 보고 있습니다. 부디 저에게 군 병력 삼만만 주십시오. 꼭 그놈을 사로잡겠습니다."

太宗曰 高麗数侵新羅 朕遣使諭 不奉詔 將討之. 如何. 靖曰 探知蓋蘇文 自恃知兵 謂中國無能討. 故違命. 臣請師三萬擒之.

그러자 태종은 "그렇게 적은 병력으로 멀리 원정 가면 도대체 어떤 전략전술을 쓸 예정이냐?"라고 묻는다. 이정은 정병正兵을 쓸 것이라고 답변한다. 이에 대해 태종은 또 이렇게 묻는다.

"몇 해 전 그대가 돌궐을 평정할 때는 기병奇兵을 쓴 바 있다. 그런데 이번에는 정병을 쓰겠다고 하니 그 까닭은 무엇인가?"

이렇게 태종과 이위공은 병법의 중요한 개념인 기奇와 정正의 문제를 논의하기 시작합니다. 둘은 여러 전투 사례를 이야기하면서 정과 기의 관계를 이해하려고 노력하는데, 먼저 아래의 두 사항이 지적됩니다.

적과 대진할 때는 먼저 정正으로써 임하고 상황의 변화에 맞춰 기奇로 바꾼다.
앞으로 전진하는 것이 정이고 뒤로 물러나는 것이 기다. 따라서 일부러 후퇴하여 적을 유인하고 추격해온 적을 단숨에 공격하는 것은 기에서 정으로 바꾸는 것이다.

여기서 뒤로 물러나는 것이 기라고 했는데 후퇴하는 방법에도 여러 가지가 있습니다. 뿔뿔이 흩어져 도망치는 것은 단순한 패주敗走에 지나지 않습니다. 이것은 기 이전의 문제입니다. 반격 계획을 갖고 물러나며 형세가 뒤바뀔 기회를 노리는 경우에만 기라고 할 수 있습니다.

그러나 정과 기는 원래 별개의 것으로 고정되어 있는 것은 아닙니다. 상황에 따라 같은 부대 또는 같은 병사가 정 또는 정병正兵에서 기또는 기병奇兵으로 바뀌고 그 반대의 경우도 가능합니다. 주력 부대의 싸움은 정이고, 지휘관이 상황에 맞춰 일부 부대를 내보낼 때 그것은 기입니다. 이런 경우 그런 부대 또는 그런 부대에 속한 병사를 기병奇兵으로 부르기로 합니다.

그러나 이정은 태종과의 대화에서 분산과 집중은 기정奇正의 개념

승자의 공부

과 다르다고 분명히 밝혔습니다. 즉 상황에 따라 병력을 집중하거나 분산하는 것은 용병의 원칙인데 이것이 직접적으로 기정과 연결되지는 않는다는 것이죠. 바꿔 말하면 병력을 집중해도 정의 경우도 있지만 기의 경우도 있습니다. 반대로 병력을 분산해도 기의 경우도 있지만 정의 경우도 있습니다. 중요한 것은 정에서 기로, 기에서 정으로 변화하는 것입니다.

임금이 장군을 임명하면 그가 군대를 이끌고 싸움터에 나갑니다. 이때 임금으로부터 지휘를 위탁 받은 군대가 정병正兵이고, 싸움터에서 장군이 스스로 판단하여 쓰는 것이 기병奇兵입니다. 이렇게 놓고 보면 정병은 정공법으로 당당하게 적을 압도하는 정규군, 기병은 적의 움직임을 방해하거나 교란하는 기동부대 또는 기습부대라고 생각해도 크게 틀리지 않을 듯합니다.

〈상권〉의 메시지 네 토막

1. 원칙이란 옛사람들이 시행착오를 되풀이하고 경험을 거듭거듭 쌓아온 끝에 찾아내고 확인한 것입니다. 따라서 원칙은 충분히 존중해야 합니다. 그러나 원칙이라고 해서 금과옥조金科玉條처럼 꼭 지키려고만 하면 잘못 대응할 염려가 있습니다. 그래서 원칙은 될 수 있는 대로 준수하되 그것을 활용할 때는 유연하게 해야 합니다. 이는 병법뿐만 아니라 다른 모든 일에도 해당하는 말입니다.

2. 당 태종 때는 당나라가 이미 돌궐, 위구르 등의 이민족을 다스

렸고 또 한인漢人들과 이민족이 섞여 살았기 때문에 통치가 쉽지 않았습니다. 이정은 이런 경우에는 여러 가지 책략을 써서 적의 판단을 흐리게 해야 한다고 주장합니다.

예를 들어, 한인 부대와 이민족 부대의 깃발과 옷을 서로 바꿔서 한족漢族을 이민족처럼, 이민족을 한족처럼 보이게 하는 것도 한 방법입니다. 그래서 외적이 수상한 움직임을 보이면 몰래 깃발과 의복을 바꾸게 하여 이민족 부대로 위장한 한인 부대가 출동하는 것이죠. 이렇게 적의 판단을 헷갈리게 하면 아군의 속셈을 간파 당하지 않으면서 적을 계략에 빠뜨릴 수 있습니다.

바꾸어 말하면, 적이 우리의 움직임을 눈치채지 못하게 하는 것이 중요합니다. 그렇게 되면 적을 마음대로 다루면서 유리하게 싸움을 진행할 수 있습니다. 적이 우리의 움직임을 눈치채지 못하게 하기 위해서는 깃발과 의복을 바꾸는 등의 계략으로 적의 판단을 어지럽힐 필요가 있습니다. 일단 실전이 벌어지면 이러한 간단한 속임수가 오히려 잘 먹힐 수도 있습니다.

이정은《이위공문대》〈하권下卷〉에서 다시 한 번 "여러 가지 방책을 강구하여 적의 판단을 헷갈리게 하고 그들이 잘못된 작전을 쓰도록 해야 한다"라고 역설합니다.

3. 잘 통제되지 않으면 어떤 조직도 조직으로서 힘을 발휘할 수 없습니다. 특히 이것은 군대로선 사활死活이 걸린 문제입니다. 왜 통제가 안 될까요? 이정은 그 원인으로 다음의 둘을 들었습니다.

평소에 교육 훈련이 충분히 행해지지 않는다.

지휘관의 재임 기간이 짧고, 그래서 부하들을 장악하지 못한다.

4. 이민족이 사는 지역에 주둔하는 군부대의 지휘관은 현지인을 쓰는 것이 좋습니다. 이것을 현대에 적용하면 '해외 자회사에는 현지인을 우두머리로 앉혀라'라고 할 수 있습니다. 그들은 현지 사정을 잘 알고 있으므로 회사를 그들에게 맡기면 더 효율적으로 경영할 수 있기 때문입니다. 다만 이 경우 아래의 두 조건이 충족되어야 합니다.

뽑힌 사람이 경영 수완이 있어서 안심하고 맡길 수 있어야 한다.
발탁된 책임자가 본사의 경영 방침과 경영 기법을 철저히 익혀야 한다.

〈중권〉과 〈하권〉의 핵심

1. 유리하게 싸우기 위해서는 주도권을 잡아야 합니다. 주도권을 잡으면 우리 뜻대로 휘두를 수 있고, 그러면 당연히 이길 가능성이 커지기 때문입니다. 주도권을 잡으려면 어떻게 해야 할까요? 《이위공문대》에서는 다음의 두 조건이 충족되어야 한다고 말합니다.

첫째, 적의 허실虛實을 파악한다. '허'는 적의 전력戰力이 허술한 곳, '실'은 전력이 충실한 곳이다.
둘째, 적의 전력이 충실한 곳에서는 우리는 '정正'으로 대응하고, 적의 전력이 허술한 곳에서는 '기奇'로 대응한다.

여기서 아군이 정으로 대응하고 기로 대응한다 함은 적의 허실에 따라 우리의 태세를 기에서 정으로 정에서 기로 유연하게 변화시켜 대응한다는 뜻입니다. 이 말을 태종은 이렇게 표현했습니다.

태종이 말했다.
"기에서 정으로 바꾼다 함은 우리를 기라고 생각하고 쳐들어오는 상대방을 우리가 즉각 정으로 바꿔 맞아 싸우는 것을 말한다. 또 정에서 기로 바꾼다 함은 우리를 정이라고 생각하고 쳐들어오는 상대방을 우리가 즉각 기로 바꿔 맞아 싸우는 것을 말한다. 즉 적의 세력을 항상 '허'로 만들고 아군의 세력을 늘 '실'로 하는 것이다."

太宗曰 以奇爲正者 敵意其奇 則吾正擊 以正爲奇者 敵意其正 則吾奇擊之 使敵勢常虛 我勢常實

설사 적에게 주도권을 빼앗겼더라도 그것을 다시 찾을 수 있는 방법은 얼마든지 있습니다. 이 책의 〈중권〉에서 이연은 그러한 방책 3가지를 소개합니다.

적의 땅에서 식량 조달을 꾀한다.
식량이 풍족한 적은 그들의 식량 보급로를 끊어 굶주리게 한다.
여유 있는 태세를 갖춘 적은 갖가지 수단을 써서 바쁘게 뛰어다니게 하여 지치게 만든다.

2. 한족 병사가 이민족이 사는 땅에 파견되어 오랫동안 근무하게 되면 당연히 사기가 떨어지고 전투력도 약해지기 마련입니다. 그래

서 가능하면 한족 병사들은 일찍 돌아오게 하고 모자라는 병력은 현지 병사들로 보충하는 것이 좋습니다. 그러면 더 효율적으로 주둔군을 유지할 수 있게 됩니다. 이정은 현대의 언어로 말하면 '경영의 현지화'를 주장한 것이죠.

3. 군을 전개할 경우 상황에 따라 때로는 분산하고 때로는 집중할 필요가 있습니다. 군대가 잘 통제되면 이를 혼란 없이 해낼 수 있습니다. 포진할 때도 마찬가지입니다. 때로는 분산하고 때로는 집중하되 자유자재로 바꿀 수 있는 진형陣形을 구축해야 합니다.

4. 전쟁을 하다 보면 전차戰車, 기마, 보병 등을 모두 동원하여 공동작전을 펼칠 때가 있는데, 이 셋은 각각 장점을 갖고 있습니다. 예를 들어, 전차는 수비를 튼튼히 하는데 적합하고, 기마는 기병奇兵으로 쓰기에 알맞고, 보병은 상황 변화에 재빨리 대응할 수 있습니다. 그래서 공동작전의 효과를 높이려면 이 셋이 각자의 장점을 최대한 발휘하도록 하는 것이 성공의 열쇠입니다. 이러한 지침을 실제로 얼마나 잘 적용하는가는 지휘관의 역량에 달려 있습니다.

보병과 기마병의 장점을 잘 활용하여 적의 강점을 무력화하는데, 즉 적의 세력을 허虛로 만드는데 성공한 좋은 사례를 서양의 고대 로마사에서 찾을 수 있습니다. 그 이야기를 들려드리겠습니다.

기원전 48년 여름, 카이사르와 폼페이우스는 그리스 파르살로스 평원에서 내전의 향방을 결정지을 일대 회전會戰을 치릅니다. 회전에 투입된 양군의 전력戰力은 다음과 같았습니다.

폼페이우스 진영
110개 대대의 중무장 보병 4만 5000명
폼페이우스의 옛 부하 2000명
기병 7000명
합계 5만 4000명

카이사르 진영
80개 대대의 중무장 보병 2만 2000명
기병 1000명
합계 2만 3000명

카이사르는 병력 면에서 절대 열세였기 때문에 고전적인 방법으로는 이길 수 없다고 판단하고, 현재 있는 자원을 활용한 2가지 비밀병기를 생각해냅니다. 하나는 경무장 보병 400명을 1000기의 기마병과 합하여 만든 보병과 기병의 혼성 부대입니다. 이 보병들은 기병과 행동을 같이할 수 있는 체력과 민첩함을 갖고 있었습니다. 또 하나는 노련한 병사들만 뽑아 만든 별동대입니다. 그들의 임무는 적군 기병의 앞을 가로막는 것이었습니다. 그러기 위해서는 기병 앞에서도 꼼짝하지 않는 배짱이 필요합니다. 이 2가지 비밀병기의 목적은 모두 적군 기병의 기동성을 죽이는 것이었는데, 실제로 전투가 벌어지자 이 특수부대는 적군 기병 7000명을 '인간 울타리' 속에 몰아넣어 무력화하는 데 성공합니다. 카이사르의 혁신적인 작전은 운명의 전투에서 대승을 거두는 데 결정적인 역할을 합니다.

5. 어떻게 하면 조직을 잘 통솔하고 부하들이 의욕이 넘치게 할 수 있을까요? 이는 예부터 지도자들이 그 해답을 찾으려고 노력해온 문제이기도 합니다.《이위공문대》〈중권〉은 아래와 같이 명확한 해답을 제시합니다.

지도자가 먼저 애정을 갖고 병사들을 대해 충분한 신뢰를 얻은 다음에 벌칙을 엄격하게 적용해야 합니다. 애정을 쏟지 않은 채 형벌만 주면 성과가 나지 않습니다.

凡將先有愛結於士 然後可以嚴刑也 若愛未加 而獨用峻法 鮮克濟焉

여기서 제시하는 리더십의 원칙은 배려(애정)와 엄격함입니다. 이정은 배려를 엄격함보다 조금 더 중시하는 듯합니다. 병법서 가운데 엄격함에 방점을 찍은 책이 법가 사상을 바탕으로 쓰인《울료자》입니다. 어느 쪽에 더 비중을 두는가는 조직의 사정과 외부 상황에 달려 있습니다. 하지만 어느 한쪽이 없으면 조직이 망가지므로 둘의 균형을 잡는 것이 바람직합니다. 우리나라 역사에서는 충무공 이순신 장군이 자애와 준엄함을 겸비한 훌륭한 지도자의 본보기입니다. 잠깐《난중일기》에 나오는 이순신 장군의 따뜻한 마음씨를 살펴보겠습니다.

살을 에듯 추워 여러 배의 옷 없는 사람들이 목을 움츠리고 추워 떠는 소리가 차마 듣기 어려웠다. - 갑오년 1월 20일자《난중일기》

바람이 몹시 차가워 뱃사람들이 얼고 떨 것이 염려되어 마음을 안정시

킬 수 없었다. - 정유년 10월 21일자《난중일기》

첫 번째 일기는 1593년 여름, 수군 진영을 한산도로 옮기고 난 뒤 처음으로 겨울을 날 때의 이야기이고, 두 번째는 명량해전에서 승리하고 나서 겨울을 보낼 새로운 진영 터를 찾을 때의 상황입니다. 추울 때만 괴로운 게 아니었습니다. 다음 일기는 여름에 비가 올 때 병사들이 겪는 어려움과 답답한 심정을 묘사한 것입니다.

흐리고 가는 비가 오더니 저녁에는 큰비가 내리기 시작하여 밤새도록 내려 집에 마른 데가 없었다. 여러 사람들이 큰 불편을 겪을 것이 무척 염려되었다. - 갑오년 5월 16일자《난중일기》

비가 조금도 그치지 않으니 싸움하는 병사들이 오죽 답답하랴.
-갑오년 5월 25일자《난중일기》

이 글에서 우리는 부하들의 고통을 자신의 아픔으로 여긴 이순신의 인자한 마음을 느낄 수 있습니다. 말에서 그친게 아닙니다. 부하들을 사랑하는 이순신 장군이었기에 틈만 나면 병사들과 어울리며 노고를 위로하곤 했습니다.

삼도 군사들에게 술 1080동이를 먹였다. 우수사, 충청수사가 함께 앉아 먹었다. - 갑오년 4월 3일자《난중일기》

군사 5480명에게 음식을 먹였다. - 갑오년 8월 27일자《난중일기》

이날은 9일(중양절, 음력 9월 9일)이라 명절이므로 나는 상제喪制의 몸이지만 여러 장병들이야 먹이지 않을 수 없어 제주에서 온 소 다섯 마리를 녹도와 안골포의 두 만호萬戸(무관 벼슬이름)에게 주어 병사들에게 먹이도록 지시하였다. - 정유년 9월 9일자《난중일기》

여러 장수들이 모여 회의를 한 뒤 그대로 눌러앉아 위로하는 술잔을 네 잔씩 돌렸다. 몇 잔 돌아간 뒤 경상수사가 씨름을 붙인 결과 낙안 임계형이 일 등을 했다. 밤이 깊도록 즐겁게 뛰놀게 했는데 그것은 나 스스로가 재미있게 놀기 위함이 아니라 다만 오랫동안 고생하는 장수들의 마음을 위로해주자는 생각에서였다.
- 병신년 5월 5일자《난중일기》

경상수사 권준이 내방하였다. 오늘은 그의 생일이라 하므로 국수를 해 먹고, 술에 취하고, 거문고도 듣고 피리도 불다가 저물어서야 헤어졌다.
- 을미년 6월 26일자《난중일기》

이렇게 부하 장병들의 마음을 어루만져준 이순신 장군은 또한 그들의 어려움을 해결해주기 위해 언제나 적극적으로 나섰습니다. 병사들의 의복, 식량 문제를 해결하고, 전염병에 걸린 병사들의 치료를 위해 애썼으며, 전쟁에 지친 병사들을 위로하기 위해 교대로 휴가를 주기도 했습니다. 또한 조정에서 전주에 과거시험장을 개설하였으나, 휘하의 무사들이 적과 대치하고 있는 데다가 거리가 멀어 시험을 치를 수 없음을 안타까이 여겨 한양에 건의하여 진중에서 과거를 볼 수 있게 했습니다.

그러나 이순신 장군은 매우 준엄한 지휘관이기도 했습니다. 손자는 장수의 덕목으로 엄嚴을 강조했는데, 그는 이 말을 '위엄과 형벌로써 삼군三軍을 엄숙하게 하는 것'이라는 뜻으로 썼다고 합니다. 나는 이 말을 다음과 같이 현대의 언어로 바꿀 수 있다고 봅니다.

조직 내부의 규율을 엄격히 유지하여 부하들이 자신의 명령을 따르도록 하는 힘.

이순신 장군은 이러한 뜻의 엄격한 자세를 철저히 견지합니다. 다시《난중일기》를 보시죠.

아침 먹은 뒤에 무기를 검열해보니 활, 갑옷, 투구, 화살통, 환도 등도 깨지고 헐어서 쓸모 없이 된 것이 많았으므로, 색리色吏와 궁장弓匠, 감고監考들을 처벌했다. - 임진년 3월 6일자《난중일기》

늦게 녹도 만호(송여종)가 도망간 군사 여덟 명을 잡아왔는데, 그중 괴수 세 명은 처형하고, 나머지는 곤장을 때렸다.
- 갑오년 7월 26일자《난중일기》

각 배에서 여러 번 양식을 도둑질해 간 자를 처형하였다.
- 갑오년 7월 3일자《난중일기》

왜적이 왔다고 헛소문을 퍼뜨린 두 명을 잡아 곧 목을 베게 하니 군중의 인심이 크게 안정되었다. - 정유년 8월 25일자《난중일기》

이순신 장군은 전쟁 준비를 철저히 하지 않거나 도망치거나 훔치는 행위, 헛소문 등으로 사기를 떨어뜨리는 행위 등은 엄격히 다스렸습니다. 또한 자기 자신은 물론이고 심지어 종들에게까지도 위엄을 지킬 것을 요구했습니다.

어제 취한 것이 아직 깨지 않아 방 밖으로 나가지 않았다.
- 갑오년 9월 13일자 《난중일기》

자신의 흐트러진 모습을 보이고 싶지 않았기 때문임은 말할 것도 없습니다.

아침에 종들이 고을 사람들의 밥을 얻어먹었다고 하기에 그들에게 매질을 하고 밥쌀을 도로 갚아주었다. - 정유년 6월 3일자 《난중일기》

이순신 장군은 종들에게도 자존심을 지닐 것을 요구하였으니 그가 부하 장병들에게 어떠한 처신을 기대했는가는 물을 필요도 없습니다.

6. 부하들로 하여금 진심으로 복종하게 하는 요령의 하나는 신뢰로써 대하는 것입니다. 부하들은 윗사람이 자신들을 신뢰하는가 안 하는가를 민감하게 알아차리는 법입니다. 자신이 신뢰받고 있다고 확신하면 어떻게 해서든 그 신임에 보답하고자 하는 것이 사람의 마음입니다. 따라서 사람을 부리는 쪽의 관점에서 말하면, 믿고 일을 맡기는 것이 부하들의 지지를 얻는 비결입니다.

후한後漢 광무제光武帝는 적미赤眉의 난을 평정했을 때 이제 막 항복

225

한 반란군의 진중陣中을 방문한 적이 있습니다. 이때 그는 장비를 가볍게 차린 기병의 차림으로 그들을 둘러보았다고 합니다. 그러자 반군 병사들은 저마다 "황제께서는 진심으로 우리를 대해주고 계시다"라고 말하며 감격했다고 합니다.

이렇게 이정은 윗사람이 또는 이긴 쪽이 먼저 신뢰하는 마음을 갖고 그것을 보이라고 권합니다. 저도 이 의견에 동의하고 실천하려고 애쓰고 있으며, 또 다른 사람들에게 이러한 리더십 방식을 권장하기도 합니다. 그러나 사람의 마음이 다 그렇게 단순하지만은 않은 듯합니다. 한 가지 역사적 사례를 들어보겠습니다.

율리우스 카이사르Julius Caesar(기원전 100~기원전 44년)는 그의 전 생애에 걸쳐 아랫사람들, 심지어 정적에게까지 신뢰와 아량을 베푼 너그러운 지도자였습니다.

카이사르의 관대함이 가장 극적으로 부각되는 때는 그가 로마 세계의 최고 실력자가 된 기원전 46년입니다. 기원전 49년 1월 12일 루비콘 강을 건넘으로써 시작된 원로원 파 및 폼페이우스와의 내전은 아프리카의 탑수스에서 카이사르가 승리하면서 기원전 46년 4월에 끝납니다. 카이사르는 이 싸움을 끝내고 아직 한 번도 가보지 못한 사르데냐 섬과 코르시카 섬을 둘러본 다음 7월 25일 로마에 돌아옵니다. 그는 귀국한 지 불과 열흘 만에 네 차례로 나누어 아주 멋지고 화려한 개선식을 거행합니다.

이제 절대권력을 손에 넣은 카이사르는 자신의 생각을 마음껏 펼칠 수 있게 되지요. 카이사르는 새 질서의 표어로 '관용'을 내걸었습니다. 개선식 때 배포된 기념 은화의 한쪽 면에는 '관용'이라는 글자가 새겨져 있습니다. 카이사르는 기회 있을 때마다 "나는 (반대파를 무자비하게 탄압한) 술라와는 다르다"라고 공언했습니다.

그는 반대파를 처단하기 위한 '살생부' 작성을 거부하고, 망명한 사람도 원하면 귀국을 허락하였으며, 그의 의중을 헤아리지 못하고 폼페이우스 파 사람들의 재산을 몰수한 안토니우스에게는 그 재산을 반환하도록 시켰습니다. 포로 로마노 연단에 폼페이우스 파 사람들의 목이 효수되는 일도 없었습니다. 귀국과 복직을 원한 사람 가운데 카이사르의 허락을 받지 못한 사람은 하나도 없었습니다. '원로원 최종 권고'를 발동하여 카이사르를 반역자로 규정한 전직 집정관 마르켈루스의 귀국조차 허락했습니다. 카이사르가 원한 것은 적도 동지도 없이 일치단결하여 국가 로마의 재생을 위해 애쓰는 것이었습니다.

카이사르가 폼페이우스 파와의 내전 기간 중에 보여준 너그러운 태도도 참으로 인상적입니다. 그는 점령지에서 잡힌 폼페이우스 파 요인들과 그 가족들을 그대로 풀어줍니다. 이런 사실은 많은 사람들에게 강한 인상을 주었습니다. 그래서 심지어 카이사르의 정적政敵인 키케로Cicero조차 카이사르에게 편지를 보내 그 관대한 조치를 칭찬했습니다. 카이사르는 행군 중인데도 키케로에게 답장을 보냈는데, 그 내용의 일부를 소개하면 다음과 같습니다.

내가 석방한 사람들이 다시 나한테 칼을 들이댄다 해도, 그런 일로 마음을 어지럽히고 싶지는 않소. 내가 무엇보다 나 자신에게 요구하는 것은 내 생각에 충실하게 사는 것이오. 따라서 남들도 자기 생각에 충실하게 사는 것이 당연하다고 생각하오.

227

카이사르의 깊고 너그러운 마음씨가 구구절절이 느껴집니다. 그는 원로원 파의 거두인 키케로를 넉넉한 마음으로 포용했으며, 반대파에 대한 보복을 엄격히 금지했습니다. 구체적으로 카이사르는 전쟁 포로를 비롯한 폼페우스 파 사람들에게까지 거취를 선택할 수 있는 자유를 주었고 그들의 재산을 몰수하지 않았으며, 공직에서 추방하지도 않았습니다.

또한 내전이 끝난 후에도 카이사르 파 사람들과 마찬가지로 공직에 앉을 기회까지 평등하게 보장했습니다. 다만 공직에 앉고자 하는 옛 폼페이우스 파 사람들에게는 카이사르에 대한 복종을 요구했지요. 그리고 북아프리카 우티카에서 그의 정적인 카토가 항복을 거부하고 자살했을 때도, 카이사르는 카토의 아들과 딸, 그리고 폼페이우스의 딸과 손자들의 안전을 보장했습니다. 이런 성격의 카이사르인 만큼 그가 부하 병사들의 약탈을 허용하지 않았음은 두말할 나위도 없습니다.

카이사르가 보여준 너그러움은 얼마든지 더 나열할 수 있습니다. 그만큼 그는 넉넉한 마음의 소유자였습니다. 그래서 그는 많은 사람들에게 깊은 감명을 주었고 큰 존경심을 불러일으켰습니다.

그러나 그는 정적들에게 베푼 신뢰 때문에 살해당하고 맙니다. 기원전 44년 3월 15일, 카이사르는 원로원 회의장에서 14명이나 되는 암살범에 의해 무려 23군데나 찔려 숨을 거둡니다. 암살범들은 대부분 카이사르가 살려준 과거의 정적, 즉 원로원 파였습니다.

장군의 유형

이정은 마지막으로 장군의 유형을 다음과 같이 분류하면서 군 통제의 중요성을 강조했습니다.

장군에는 크게 이기지도 않지만 크게 지지도 않는 유형과 크게 이기기도 하지만 크게 지기도 하는 유형이 있다. 그 차이는 그가 이끄는 군대가 잘 통제되고 있느냐의 여부에 달려 있다. 잘 통제된 군대는 설사 어려운 지경에 부딪혀서 할 수 없이 철수하게 되더라도 병사들이 뿔뿔이 흩어져 도망치지 않는다. 반대로 통제되지 않은 군대는 힘찬 기운으로 공격할 때는 좋지만 일단 힘든 상황에 내몰리면 병사들이 곧 도망치고 만다. 어느 쪽이 더 믿음직스러운 군대인지는 말할 필요조차 없다.

3부

승자의 책략

위기의 순간, 판을 뒤집는 신의 한 수

3000년 내공이 담긴
36가지 책략

강의를 시작하며

《손자》를 비롯한 중국의 병법서는 '싸우지 않고 이기는 것'을 가장 바람직한 전략으로 보았다는 말씀을 여러 번 드렸습니다. 중국인들이 이렇게 생각하는 까닭은 무엇일까요? 무력으로 싸우면 크건 작건 우리 편도 피해를 입게 되고 오늘의 적이 내일은 우리 편이 될 가능성도 있기 때문입니다. 그럼 어떻게 하면 싸우지 않고 이길 수 있을까요? 여기에는 크게 2가지 방법이 있습니다.

- 외교협상을 통해 상대방의 의도를 미리 봉쇄한다.
- 모략에 의해 상대방의 힘을 꺾고, 내부 붕괴로 이어지도록 한다.

한마디로 말해, 무력이 아닌 책략으로 이기고, 힘이 아닌 머리로 이기라는 것이죠. 중국인들은 3000년 동안 싸우지 않고 이기는 법을 마음에 새기며 방대한 노하우를 쌓아왔습니다. 《삼십육계三十六計》는 이러한 지략智略의 집대성입니다. 이 책을 어느 시대에 누가 썼는가는 확실치 않습니다. 그러나 '삼십육계'란 말은 아주 오래전부터 쓰여왔습니다. 그래서 《삼십육계》란 책은 후세의 누군가가 예부터 전해오는 이 말에 힌트를 얻어 저술한 것으로 생각됩니다. 이 책은 〈승전의 계計〉, 〈적전敵戰의 계〉, 〈공전攻戰의 계〉, 〈혼전混戰의 계〉, 〈병전併戰의 계〉, 〈패전敗戰의 계〉 등 여섯 장章으로 이루어져 있으며, 각각의 장은 6개의 계計로 구성되어 있으므로 '삼십육계'란 책의 제목처럼 글자 그대로 36개의 계가 실려 있습니다. "현실을 벗어난 요소가 없고 지극히 유연하고 합리적인 사고思考가 한결같이 깔려 있다"라는 말을 듣는 이 책의 특징을 저는 다음과 같이 정리합니다.

싸움에는 법칙성이 있다. 모든 책략은 그 법칙성을 바탕으로 합리적으로 추구해야 한다. 싸움의 노하우는 과거를 기록한 역사책에 이미 정리되어 있다. 그래서 그것을 연구하여 교훈을 배워야 한다.

이 책에 모아놓은 '36계'는 지도자의 중요한 연구 과제이므로 이를 경시하면 안 됩니다. 그러나 명심할 것이 있습니다.

우선 36계의 책략을 실행에 옮기려고 할 때는 먼저 나와 적의 상황을 철저히 파악해야 합니다. 상황을 무시한 채 무턱대고 이론을 적용하면 실패하기 마련입니다. 다음으로 책략을 적용할 때는 상대방이 방심하도록 유도하여 '하고자 하는 마음, 싸우고 싶은 생각'을 없애는 것에 주안점을 둬야 합니다. 마지막으로 싸움의 법칙성을 따르되, 어디까지나 절대 무리하지 말아야 합니다. 큰 위험이 따르는 모험은 피하는 것이 좋습니다. 승산이 없다고 생각되면 망설이지 않고 철수해야 합니다. 질질 끌다가 패배의 수렁에 빠져 결국 아무것도 못 건지는 것은 가장 졸렬한 대처입니다.

《삼십육계》에 소개된 36가지 계책은 지극히 유연하고 무리 없는 사고방식에 바탕을 두고 있어서 경영 전략의 지침, 처세의 지혜로도 손색이 없습니다. 적용 범위가 넓다는 것도 36계의 큰 매력이라 하겠습니다. 그러면 《삼십육계》에 담긴 지혜와 통찰을 역사적 사례와 함께 읽어봅시다.

승전의 계 : 승자의 제일 비법

우리 편이 유리한 경우에도 안심하면 안 된다. 잠시라도 방심하면 돌이킬 수 없는 패배를 초래할 수 있다. 여유 속에서도 신중하게 책략을 짜내서 '안전하게 이기는 것'을 목표로 삼아야 한다.

제1계 하늘을 속이고 바다를 건넌다 – 만천과해瞞天過海

사람은 이상하게도 평소에 눈에 익은 것, 안전하다고 믿는 것에 대해서는 그다지 의문이나 경계심을 품지 않습니다. 이런 심리의 맹점을 역이용하면 상대를 믿을 수 없을 정도로 유치한 계략으로도 감쪽같이 속일 수 있습니다.

235

삼국시대 오吳나라의 지장智將 태사자太史慈는 성을 겹겹이 둘러싸고 있는 적군의 포위망을 뚫고 탈출해 가까이에 있는 평원국平原國에 구원을 요청했습니다. 어떻게 삼엄한 적의 포위망을 뚫을 수 있었을까요?

태사자는 만천과해의 계략을 사용했습니다. 그는 아침마다 적의 포위에도 아랑곳하지 않고 성 밖에 나와 유유히 활쏘기 연습을 하고, 그것이 끝나면 다시 성 안으로 들어갔습니다. 이 일을 며칠간 계속 되풀이했습니다. 처음에는 태사자가 성을 나설 때마다 무기를 손에 쥐고 싸울 태세를 취하던 적군도 시간이 지나자 태사자가 성을 나서도 경계하지 않게 되었습니다. 그러던 어느 날 아침 태사자는 여느 때처럼 유유히 성 밖으로 나옵니다. 그러곤 적이 눈치채기 전 재빨리 말에 채찍질하여 적진을 빠져나갔습니다.

만천과해 책략은 현대사에서도 그 위력을 크게 발휘한 적이 있습니다. 바로 제2차 세계대전의 확전을 가져온 독일군의 프랑스 침공, 전격전Blitzkrieg이 그것입니다.

1차 세계대전을 겪은 프랑스는 독일군의 전차 공격을 방어하기 위해 독일과 프랑스 국경 사이에 마지노선이라는 강력한 방어 체계를 구축합니다. 프랑스 침공을 계획 중이던 독일에게 마지노선은 가장 큰 방해물이었죠.

히틀러는 프랑스를 침공하기에 앞서 침공 예정일을 슬그머니 연합군 정보기관에 흘립니다. 당연히 연합군은 "이크, 큰일났다" 하며 임전태세를 정비합니다. 연합군의 반응을 지켜보며 히틀러는 자꾸만 예정일을 변경합니다. 연합군은 히틀러가 예정일을 새로 정할 때마

승자의 공부

다 "또야!" 하며 서서히 경계심을 늦추게 되지요.

히틀러가 실제로 마지노선을 돌파한 때는 1940년 5월 10일, 그것도 마지노선의 북쪽 지역인 알레포의 산악 지역을 통해 기습적으로 프랑스를 침공합니다. 프랑스와 영국 정보기관은 그날도 정확히 독일 군대의 움직임을 파악하고 있었습니다. 그러나 두 나라 정부는 이번에도 히틀러의 신경전이겠거니 여기고 실질적인 방비를 게을리했지요. 결과적으로 히틀러의 전격 작전은 큰 성공을 거두었고, 프랑스는 불과 40여 일 만인 6월 22일 항복하고 맙니다.

제2계 위魏를 포위하고 조趙를 구한다
― 위위구조圍魏救趙

전국시대, 위나라의 대군이 조나라의 수도를 포위하자 조나라는 이웃 나라인 제나라에게 도움을 청합니다. 제나라는 전기田忌를 장군으로 임명하고 병법에 능한 손빈을 그의 작전참모로 붙입니다. 전기 장군이 즉각 조나라의 수도로 출동하려고 하자 손빈은 이렇게 진언합니다.

"위나라의 대군과 정면으로 부딪히면 아군의 큰 손실이 예상됩니다. 이는 좋은 작전이 아닙니다. 오히려 군대를 총동원해 방어가 허술해진 위나라의 수도를 공격해야 합니다. 그러면 위의 군대는 반드시 (조나라 수도의) 포위망을 풀고 허둥지둥 돌아올 것입니다. 우리는 매복하고 있다가 돌아오는 적을 공격하는 것이 어떻겠습니까?"

전기 장군은 이 건의를 받아들여 위의 수도를 공격합니다. 손빈의 진언대로 위의 군대는 서둘러 퇴각합니다. 제나라 군대는 위군의 퇴각로에 숨어 있다가 손쉽게 큰 승리를 거두었고, 동시에 조나라도 구하게 됩니다.

강력한 적과 맞설 때는 먼저 적의 힘을 분산시키고, 그들을 바쁘게 뛰어다니게 해서 지치게 만들어야 합니다. 그런 다음 공격하면 비교적 손쉽게 이길 수 있습니다. 있는 힘을 다해 맞붙기보다는 분산시켜 공격하라는 것이 제2계 위위구조圍魏救趙의 책략입니다.

중일전쟁 당시 팔로군八路軍을 이끌며 일본군과 싸운 마오쩌둥이 즐겨 사용한 전략 중 하나가 위위구조입니다. 그는 〈항일 유격전쟁의 전략 문제〉라는 글에서 이렇게 말했습니다.

만일 적이 근거지 안에서 오래 머무르고 떠나려고 하지 않으면, 우리는 병력의 일부만 그 지역에 남겨두고 적을 감시, 견제한다. 한편 우리의 주력 부대는 적이 원래 있던 지방 일대를 공격하고 그곳에서 활발히 활동을 전개한다. 그러면 지금까지 오래 머무르고 있던 적이 우리의 주력 병력을 치기 위해 움직이게 된다. 이것이 '위를 포위하고 조를 구한다圍魏救趙'라는 책략이다.

팔로군은 기동적인 전략전술을 능수능란하게 구사해 일본군에게 종종 피해를 입혔습니다. 이런 피해가 쌓이면서 일본은 차차 전쟁의 주도권을 잃어가게 되지요. 이러한 방식은 중소기업의 경영전략에도 응용할 수 있습니다. 중소기업이 막강한 대기업을 상대하기란 쉽지 않습니다. 독일의 히든 챔피언들처럼 대기업이 넘보지 않는 특수한 틈새시장에 집중하고, 상대적으로 대기업의 방비가 허술한 시장에 진출하면 승산을 높일 수 있습니다.

제3계 남의 힘을 빌려 사람을 죽인다 - 차도살인借刀殺人

차도살인은 상대방을 제3자의 힘을 빌려 해치우는 책략을 말합니다. 그런데 한 차원 높은 방식의 차도살인 전략이 있습니다. 제3자가 아닌 적의 힘을 이용하여 이기는 방식입니다. 적의 힘, 경제력, 지략 등을 교묘히 활용하여 내부로부터 붕괴시키는 것이 이 책략의 진수라 하겠습니다. 역사에서 그 예를 살펴봅시다.

삼국시대는 위의 조조, 촉의 유비, 오의 손권이 서로 다투던 시대였습니다. 당시에는 ㄱ을 이용해서 ㄴ을 치는, 즉 차도살인 방식이 자주 행해졌습니다. 촉의 장수 관우가 대군을 동원하여 위나라 영토를 침범하여 번성樊城을 포위했을 때였습니다. 조조는 구원군을 급파했지만 관우의 반격으로 구원군은 맥없이 궤멸되고 번성은 고립되고 맙니다. 번성이 관우의 손에 들어가면 위의 수도도 위험한 처지에 놓일 게 뻔했습니다. 관우의 위세에 눌린 조조는 서둘러 수도를 멀리 옮기려고 합니다. 이때 작전참모 사마중달이 진언합니다.

"손권도 관우의 세력이 커지는 것을 두려워하고 있습니다. 관우의 영토를 분할하여 장강長江 이남의 땅을 손권에게 주는 조건으로 관우의 배후를 치게 하십시오. 그렇게 하면 힘 들이지 않고 번성의 포위가 풀릴 것입니다."

조조는 사마중달의 말대로 손권에게 제휴를 제안합니다. 손권은 이 제안에 따라 관우의 본거지인 강릉을 점령합니다. 관우는 할 수 없이 번성에서 철수하지만 이미 돌아갈 근거지를 잃어버렸을 뿐만 아니라, 허망하게도 손권의 군대에 붙잡혀 목숨마저 잃게 됩니다.

현대사에도 비슷한 예가 있습니다. 제2차 세계대전이 일어나기 전인 1936년, 소련에서는 스탈린의 숙청 바람이 매섭게 불고 있었습니다. 당시 매우 유능한 장군 투하체프스키Tukhachevsky 원수도 숙청의 바람에 말려들지 모른다는 소문이 시중에 떠돌았습니다. 소련과의 전쟁을 준비 중이던 독일에게 이 소문은 놓칠 수 없는 기회였죠. 히틀러는 정보기관 책임자를 불러 은밀히 투하체프스키가 반역했다는 증거를 날조하라고 지시합니다. 독일이 만들어낸 증거는 투하체프스키와 그 일당이 독일 장군들과 주고받은 편지, 투하체프스키가 독일에 정보를 넘긴 정황과 그 보수액 일람표, 독일 정보부가 투하체프스키에게 보낸 답신의 사본 등이었습니다.

독일의 책략에 말려든 소련 정보부는 이러한 가짜 증거를 300만 루블이라는 거액을 주고 사들이고, 이를 증거로 투하체프스키와 그의 일파 8명을 체포합니다. 이들은 모두 사형선고를 받고 처형당하지요. 히틀러의 차도살인 음모가 멋들어지게 성공한 사례라 하겠습니다.

소련의 외교 전략도 차도살인의 관점에서 바라볼 수 있습니다. 1939년 8월 23일 소련은 나치 독일과 독소불가침조약을 맺습니다. 이 조약으로 스탈린은 히틀러에게 배후의 소련은 안전하다고 오판하게 만듭니다. 조약을 맺은 지 불과 9일 후 히틀러는 폴란드를 침공합니다. 이로써 제2차 세계대전이 일어나지요. 스탈린은 일본과도 중립조약을 맺고 일본의 남진정책을 부추깁니다. 그 결과, 태평양전쟁이 일어납니다. 보기에 따라서는 소련이 차도살인 책략을 활용해 유럽에서는 서진을, 아시아에서는 남진을 시도했다고 볼 수 있습니다.

제4계 여유를 갖고 적이 피로해지기를 기다린다

- 이일대로以逸待勞

적을 곤경에 몰아넣기 위해 꼭 공격해야 할 필요는 없습니다. 방어를 튼튼히 해 적의 피로가 쌓이게 하면, 열세인 전세를 우세로 전환할 수 있습니다. 그러나 기다린다는 것이 모든 것을 하늘에 맡기고 요행을 기대하며 막연히 시간을 보낸다는 뜻은 결코 아닙니다. 취할 수 있는 조치는 남김없이 취하고, 아군의 날카로운 기세를 키우고 힘을 쌓으면서, 상대방이 지치기를 기다려야 합니다. 그리고 마침내 적군이 피로한 기색을 보이면 기회를 놓치지 않고, 단숨에 해치워야 합니다. 한마디로 말해, 싸움의 주도권을 잡기 위한 책략이 이일대로以逸待勞입니다.

삼국시대 오의 장군 육손陸遜이 유비의 대군과 맞서서 이릉夷陵의 싸움을 벌일 때 사용한 책략이 바로 이일대로입니다. 유비의 출격 소식을 듣자 오나라 장군들은 일제히 유비의 군대와 맞서 싸우길 주장합니다. 그러나 총사령관 육손은 의견이 달랐습니다.

"유비는 전군을 동원하여 우리 영토 안으로 들어왔다. 더구나 천연의 요충지에 포진하고 있기 때문에 쉽사리 공격해서 격파할 수 없다. 설사 공격이 성공해도 전군을 궤멸시킬 수는 없다. 만에 하나 실패하면 돌이킬 수 없는 사태가 일어난다. 지금은 아군의 군기가 해이해지지 않도록 하고 만반의 준비를 하면서 정세의 변화를 기다려야 한다. 이 일대가 평야라면 적과 한판 붙을 수도 있겠지만, 적은 산을 타고 오기 때문에 그렇게 할 수도 없다. 더구나 적은 산길을 행군하기에 피로가 점점 심해질 것이다. 우리는 조용히 그들이 지칠 때까지 기다

241

려야 한다."

육손의 전략을 이해하지 못한 장군들은 육손이 겁을 먹었다며 불만을 터뜨렸습니다. 그런데 이렇게 되자 정작 곤란해진 것은 유비 진영이었습니다. 싸움을 오래 끌면 끌수록 당연히 원정군이 불리하기 때문이지요. 정황을 타개하기 위해 유비는 부하 장군들에게 수천 명의 병사를 주어 평지에 포진하게 해 오나라 군대에게 유혹의 손길을 뻗칩니다. 이를 본 오나라 장군들은 마침내 공격할 때가 왔다고 생각하고 일제히 공격을 주장합니다. 하지만 육손은 "기다려라. 무언가 함정이 있는 것이 틀림없다"라고 말하며 다시 한 번 제지합니다.

두 나라 군대가 서로 대치하는 가운데 반년의 세월이 흘렀습니다. 공격의 활로를 찾지 못한 유비의 군대는 마침내 피로한 기색을 보이기 시작하지요. 결전의 시기가 왔다고 판단한 육손은 부하 장군들에게 공격 준비를 명합니다. 그런데 이번에는 장군들이 일제히 반대했습니다.

"적은 지난 반년간 수많은 요충지를 점령하고 수비를 강화했습니다. 지금 공격해도 승산이 없습니다."

육손은 이렇게 반박합니다.

"그렇지 않다. 유비는 천군만마를 거느린 노련한 무사이다. 그가 처음 공격해 올 당시에는 면밀한 작전 계획을 갖고 있었기 때문에 우리가 그들과 싸워도 이길 가능성이 없었다. 그러나 지금은 전선이 교착 상태에 빠졌고, 적의 피로는 극에 달했으며 사기도 땅에 떨어졌다. 게다가 유비는 이렇다 할 타개책도 갖고 있지 않다. 지금이야말로 그들을 포위·섬멸할 수 있는 절호의 기회다."

육손의 판단은 정확했습니다. 오나라 군대의 총공격 앞에 지쳐있

승자의 공부

던 유비의 대군은 크게 패하고 맙니다.

한 가지 예를 더 들겠습니다. 앞에서도 살펴보았듯이 당나라 2대 황제 태종은 아버지 고조를 도와 나라를 함께 세웠을 뿐만 아니라, 고조의 뒤를 이어 황제가 되자마자 널리 인재를 모으고 당 왕조 300년의 기초를 다진 뛰어난 임금입니다. 그는 또 용병의 천재이기도 했지요. 당 건국 초기에는 아직 국내에 강력한 대항 세력이 존재했는데, 태종은 스스로 군대를 이끌고 이들을 차례차례 정벌해 나갔습니다. 이때 그는 다음과 같은 전법戰法을 썼습니다.

먼저 마주 대하여 진을 친 초기에는 지구전에 들어갈 자세를 취하고 움직이지 않는다. 그리고 상대방이 바쁘게 뛰어다녀서 지쳤다고 보자마자 일제히 공격한다.

태종은 이일대로의 책략으로 단기간에 전국 통일에 성공했던 것입니다.

제5계 불난 것을 틈타 강도질을 한다 – 진화타겁趁火打劫

진화타겁趁火打劫은 '상대방이 곤경에 처해 있을 때를 놓치지 말고 맹렬히 공격하여 끝장을 내라'라는 뜻입니다. 우리가 강하고 적이 약할 때 적을 철저히 격파하는 책략이지요.

원래 진화타겁은 '불난 것을 틈타 강도질을 한다'라는 뜻으로, 조금은 지저분한 수법으로 보일 수 있습니다. 그러나 승부의 세계는 냉혹합니다. 상대방의 약점 또는 실수를 활용하는 것은 스포츠에서도,

전쟁에서도, 기업 경영의 세계에서도 마찬가지입니다.

진시황의 죽음으로 진이 무너지자 유방과 항우 두 사람은 천하의 패권을 두고 다툽니다. 이 두 영웅의 격돌은 흔히 초한楚漢의 싸움이라고 부르는데, 이 같은 대립은 3년 남짓 이어졌습니다.

전쟁의 전반부에는 항우 쪽의 기세가 압도적으로 높았습니다. 반면 유방은 전선을 유지하기조차 힘겨울 정도로 불리했지요. 항우는 몇백 년에 하나 나올까 말까 한 걸물이었습니다. 특히 전투에 강했는데 전투 능력만 놓고 말하면 유방은 항우의 발끝에도 미치지 못했습니다. 유방이 초기에 고전을 면치 못한 이유는 여기에 있습니다. 그런데 이들의 대결이 후반에 접어들면서 차츰 형세가 역전되기 시작합니다. 항우 진영은 지친 기색이 역력한 반면 유방의 군대는 오히려 원기를 회복해갑니다. 이리하여 전쟁이 3년째에 들어서자 유방 쪽의 전략적 우세가 뚜렷해지고 항우는 고립 상태에 몰립니다. 물론 오랫동안 힘든 싸움을 해온 유방의 군대도 지쳐 있기는 마찬가지였지요.

이런 상황을 타개하고자 유방은 항우에게 정전협정을 제안합니다. 협정이 체결되자 항우는 귀국길에 오르고 유방도 군대의 철수를 준비합니다. 이때 그의 측근인 장량張良과 진평陳平이 번갈아 가며 유방에게 진언합니다.

"우리는 천하의 절반을 영유하고 있고, 제후들도 우리 편입니다. 그런데 항우 진영은 병력은 소모되었고 식량도 떨어져가고 있습니다. 이것이야말로 하늘이 항우를 버렸다는 증거입니다. 이 기회에 공격하지 않으면 범을 길러 재앙의 씨앗을 뿌리는 것과 같습니다."

어찌 보면 악랄해 보이는 두 사람의 발상은 그야말로 전형적인 진화타겁입니다. "지금 숨통을 끊지 않으면 언제 또 손을 물릴지 모릅

승자의 공부

니다." 유방은 이 말에 크게 수긍하고, 만반의 준비를 갖춘 다음 항우를 추격합니다. 그리하여 기원전 202년 12월 항우를 멸망시킵니다.

1989년 11월 9일 저녁, 독일 분단의 상징인 베를린 장벽이 무너집니다. 이는 자유를 갈망하는 동독 시민들의 민주화 운동의 소중한 결실이었습니다. 그러나 이 시점에 독일이 통일될 것이라는 보장은 전혀 없었습니다. 독일의 통일은 절대로 독일 혼자의 힘만으로는 불가능했습니다. 이해 당사국 특히 미국과 소련이 동의해야만 가능한 구조였습니다. 더구나 당시의 동독 총리 한스 모드로Hans Modrow는 조약공동체treaty community라는 괴상한 개념으로 통일을 회피하려 했습니다. 이웃나라 영국과 프랑스는 독일의 재통일을 결코 원하지 않았습니다.

이런 상황에서 서독 총리 헬무트 콜Helmut Kohl은 공세를 취함으로써 여론을 형성하고 통일의 불씨를 지피기로 결심합니다. 그는 1989년 11월 29일 통일을 향한 로드맵을 담은 '10개 강령'을 과감하게 발표합니다. 이 강령은 독일이 너무 앞서 나간다고 믿고 있던 유럽 각국의 최고지도자들은 말할 것도 없고 소련의 고르바초프Gorbatschow도 반대할 정도로 내용이 획기적이었습니다. 그러나 10개 강령은 곧 동독 시민들을 묶는 구심점이 되었고, 그 결과 동독의 붕괴는 더욱 가속화됩니다. 이를 통해 콜은 통일 문제의 주도권을 쥐게 됩니다.

조지 부시George Bush 미국 대통령은 처음부터 독일인들의 민족자결권을 인정하고 있었고, 고르바초프도 이듬해 2월 10일 모스크바에 온 헬무트 콜 총리와 서독 외무부 장관 한스-디트리히 겐셔Hans-Dietrich Genscher에게 독일 통일을 용인한다는 뜻을 전달합니다. 그 후 여러 과정을 거쳐 드디어 1990년 10월 3일 독일은 45년 만에 다시 하나가 됩니다. 이 힘들고 복잡한 과정에서 약해진 동독을 겨냥한 콜 총리의 진화타겁 책략은 결정적인 동력을 제공했습니다.

제6계 동에서 소리를 내고 서를 친다 - 성동격서聲東擊西

성동격서聲東擊西는 '동을 친다'라는 거짓 정보를 흘려 적이 동쪽의 방비에 힘쓰게 한 다음 방어가 허술해진 서쪽을 급습하는 책략입니다. 상대방의 착각을 이용하여 판단을 그르치게 하는 것이 이 책략의 성공 열쇠입니다. 따라서 적의 지휘관이 무능하고 지휘계통이 흐트러져 있어야 가능한 책략입니다.

《삼국지》 앞부분의 절정은 조조와 원소袁紹가 패권을 놓고 격돌한 관도의 싸움官渡大戰입니다. 원소는 10만 대군을 이끌고 조조의 본거지로 진공합니다. 그는 먼저 조조 측의 전진기지라고 할 수 있는 백마白馬에 선발부대를 보내 포위하도록 합니다. 백마를 간단히 빼앗으면 조조 군대 전체의 사기에 영향을 줄 수 있다고 판단한 것이죠. 이를 잘 아는 조조는 직접 주력부대를 이끌고 백마로 달려가려 합니다. 그러자 그의 참모 순유荀攸가 이렇게 진언합니다.

"병력으로는 도저히 당해낼 수 없습니다. 어떻게든 그들의 병력을 분산시켜야 합니다. 저의 계책입니다만, 먼저 연진延津에 가서 황하를 건너 적의 배후로 군대를 돌리는 척하십시오. 그러면 원소는 틀림없이 서쪽으로 군대를 이동시켜 우리를 맞아 치려고 할 것입니다. 그 틈을 타서 경기병輕騎兵들을 이끌고 백마로 급히 가서 적의 허를 찌르십시오. 이렇게 하면 적을 무찌를 수 있습니다."

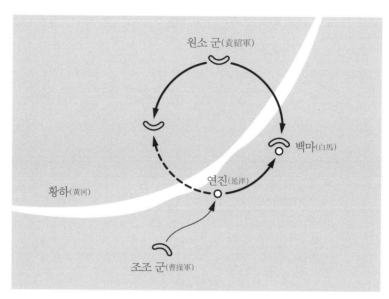

〈관도의 싸움 전개도〉

이것이 바로 전형적인 성동격서 책략인데, 조조는 이 건의를 받아들입니다. 과연 원소는 조조 군이 연진에서 황하를 건너 자신의 배후로 밀고 들어온다는 소식을 듣자마자 군대를 둘로 나누게 합니다. 그는 그중 한 갈래를 이끌고 조조의 군대를 맞아 싸웁니다. 이를 지켜보던 조조는 잽싸게 전군을 백마로 돌려 원소의 포위군을 여지없이 격파합니다.

중일전쟁 당시 마오쩌둥이 이끈 팔로군의 유격전술도 성동격서를 근간으로 삼았습니다. 마오쩌둥은 그의 유명한 〈지구전론持久戰論〉에서 다음과 같이 말합니다.

착각과 뜻밖의 일 때문에 우세와 주도권을 잃는 수가 있다. 따라서 계획적으로 적에게 착각을 일으키고 허를 찌르는 것은 우세를 확보하고 주도권을 빼앗는 중요한 방법이다.

착각이란 무엇인가? '동을 치는 척하고 서를 치는 것'은 적에게 착각을 일으키는 한 방법이다. 정보가 새는 것을 방지할 수 있을 만한 뛰어난 대중 지지 기반이 있을 경우, 적을 속이는 여러 가지 방법을 쓰면 때때로 효과적으로 적이 판단과 행동을 잘못하도록 할 수 있다. 그렇게 되면 우리는 적을 곤경에 빠뜨릴 수 있고, 적은 우세와 주도권을 잃을 수도 있다.

널리 알려져 있다시피 일본군은 중국에서 마오쩌둥의 이러한 양동 작전陽動作戰에 휘둘려 종종 고전을 면치 못했습니다.

1798년 나폴레옹이 이끄는 프랑스 함대가 툴론Toulon항을 떠나 이집트 상륙 작전을 감행한 경우도 마찬가지입니다. 당시 지중해의 제해권은 넬슨이 이끄는 영국 함대에게 있었습니다. 나폴레옹이 상륙 작전을 성공시키려면, 우선 큰 걸림돌인 영국 함대를 어떻게 해서든지 따돌려야 했습니다.

이때 나폴레옹이 채택한 책략도 성동격서였습니다. 나폴레옹은 툴론에 함대를 집결시키면서 이번 원정의 목적지는 이집트가 아니고 지브롤터 해협을 건너야 갈 수 있는 아일랜드라는 거짓 정보를 흘렸습니다. 거짓 정보를 믿은 넬슨은 영국 함대를 지브롤터 근처에 대기시킵니다. 이 틈을 타서 나폴레옹은 감쪽같이 이집트에 상륙해 그곳을 점령하는 데 성공합니다.

적전敵前의 계 : 거짓을 진짜처럼, 진짜를 거짓처럼

적과 싸울 때는 약점을 보이지 마라. 아군의 힘을 과시하면서 적의 약점을 이용하여 이익을 늘려라. 실實로써 허虛를 공격하고, 가죽을 벗기고 살을 베는 싸움을 각오하지 않으면 안 된다.

제7계 없음에서 있음을 만들어낸다 - 무중생유無中生有

무중생유無中生有는 없으면서도 있는 것처럼 보이게 해 적의 눈을 속이는 것을 말합니다. 그러나 끝까지 속이기는 어려운 일입니다. 조만간에 없음을 있음으로 바꿔야 합니다. 이 책략을 쉽게 설명하면, 가짜의 형태로 진짜 모습을 은폐하여 적을 착각에 빠뜨리는 것이라 하겠습니다.

무중생유 책략은 다음 두 조건이 충족되어야 성공할 수 있습니다. 첫째 조건은 상대가 단순한 인물이거나 반대로 의심이 많아서 계략에 쉽게 넘어갈 사람이어야 하죠. 두 번째 조건은 없는데도 있는 것처럼 보이게 하여 적의 판단을 헷갈리게 한 다음에는, 실제로 있는 상태로 전환해 일시에 적을 공격할 수 있어야 합니다. 이렇게 '없음'에서 '있음'으로, 허虛에서 실질實로 전환하는 것이 이 책략의 성공 열쇠입니다.

당나라 때 안록산安祿山이 반란을 일으켜 옹구雍丘성을 포위했을 때의 이야기입니다. 성 안은 더 이상 쏠 화살이 모자랄 정도로 상황이 좋지 않았습니다. 이대로 가면 모두 그대로 전사할 상황이었는데 장순張巡이라는 지휘관이 한 가지 계책을 생각해냅니다.

장순은 병사들을 시켜 짚으로 1000개 정도의 인형을 만들어 검은 옷을 입힙니다. 한밤이 되자 새끼줄로 인형을 묶어 성벽에서 내려뜨리게 했습니다. 이를 본 반란군은 성 안의 병사들이 야습을 시도한다고 착각하고 앞다투어 화살을 쏘아댔습니다. 덕분에 장순은 순식간에 적의 화살 수십만 대를 축내게 했습니다. 그러나 이는 다음 작전을 위한 준비 단계에 지나지 않았습니다.

장순은 다음 날 밤이 되자 이번에는 진짜 병사들을 성벽에서 내려보냅니다. 반란군은 이번에도 짚으로 만든 인형일 거라고 생각하고 화살을 전혀 쏘지 않았습니다. 덕분에 500명의 병사가 순조롭게 성벽 아래로 내려갔고, 이들은 반란군 진영을 급습합니다. 이 작전의 성공으로 화살조차 모자라 패배의 위기에 몰렸던 장순의 군대는 오히려 반란군을 물리칠 수 있었습니다.

제8계 몰래 진창으로 건너가다 ― 암도진창暗渡陣倉

암도진창暗渡陣倉은 가 지점을 공격하는 것처럼 보이게 하고, 실제로는 나 지점을 공격하는 책략입니다. 발상 자체는 앞에서 논의한 제6계 성동격서와 비슷합니다. 암도진창이란 이름은 한나라의 장군 한신韓信의 작전에서 유래했습니다.

진나라가 멸망한 후에 유방은 항우가 행한 논공행상으로 한나라 왕으로 책봉되어 한중漢中에 주둔하게 됩니다. 그런데 한중으로 가는 길이 만만치 않았습니다. 관중關中에서 한중에 가려면 진령秦嶺산맥을 넘어야 하는데 그러기 위해서는 '촉蜀의 벼랑길'이라 불리는 험하기로 유명한 길을 통과해야 했습니다. 유방은 한중으로 가는 도중 이곳

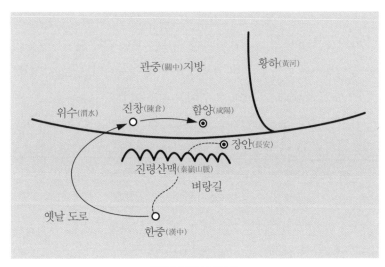

〈한신의 관중 진출로〉

에 있는 조교弔橋(매단 다리)를 불태웁니다. 이는 다시 관중에 돌아갈 마음이 없다는 것을 보여주어 항우의 경계심을 누그러뜨리기 위한 조치였습니다. 이를 확인한 항우는 마음을 놓고 관중의 통치를 다른 장군에게 맡기고 자신은 동방의 본거지로 철수합니다.

　1년 후, 유방은 항우의 패권에 도전하기로 마음을 굳히고 관중으로 진출할 채비를 하지요. 총사령관으로 임명된 한신은 먼저 인부들을 보내 불태운 다리를 재건하는 작업을 합니다. 벼랑길을 거쳐 관중에 쳐들어갈 듯한 태도를 취한 것이죠. 그러자 항우의 군대는 당연히 그쪽에 주의를 기울이며 방비를 강화합니다. 적의 주의를 돌리는 데 성공한 한신은 몰래 군대를 빼돌려 북쪽의 진창陳倉으로 우회하여 관중으로 진출합니다. 이 작전은 대성공을 거두어 한신은 적의 수비군을 격파하고 관중을 손에 넣게 됩니다.

251

1944년 6월 6일 연합군이 감행한 노르망디 상륙작전도 암도진창의 책략을 적용한 좋은 사례입니다. 지도를 보면 금방 알 수 있듯, 영국 동남부에서 바다를 건너 프랑스 해안에 상륙하려면, 노르망디보다도 파-드-칼레Pas-de-Calais 지역이 거리도 가깝고 물자를 나르기에도 유리합니다. 공군의 지원을 받기에도 좋은 조건을 갖추고 있었죠. 이런 사정을 잘 아는 독일군은 연합군이 틀림없이 파-드-칼레 지역에 상륙할 것이라고 판단하고 이 지역에 강력한 방어 시설을 구축합니다.

이를 알아챈 연합군은 계속해서 파-드-칼레에 상륙할 것이라는 가짜 정보를 독일군에게 흘립니다. 심지어는 상륙이 임박했다는 인상을 주기 위해서 파-드-칼레 지역을 폭격하기도 했습니다. 독일군은 점차 이 지역에 병력을 집중시키게 되지요. 이렇게 연합군은 독일군이 파-드-칼레에 주목하게 하고 자신들은 일부러 멀리 돌아 노르망디에 상륙합니다. 아시다시피 노르망디 상륙 작전은 대성공을 거두었고, 독일은 그 후 1년도 견디지 못하고 1945년 5월 8일 항복했습니다.

제9계 강 건너 불을 본다 – 격안관화隔岸觀火

격안관화隔岸觀火, 여기서 화火, 즉 불은 적의 집안싸움을 가리킵니다. 상대방 진영에 내분의 기미가 있으면 가만히 지켜보면서 적의 자멸을 기다리는 편이 낫다는 뜻입니다. 내분이 일어났을 때, 섣불리 공격하면 오히려 상대방을 단결시키는 결과를 낳을 수 있습니다. 그러지 말고 강 건너 불을 보듯 방관하라는 것이 격안관화의 메시지입니다.

그런데 우리는 앞에서 살펴본 제5계 진화타겁에서 상대방이 어려
움에 처해 있을 때를 놓치지 말고 적을 철저히 무너뜨려야 한다는 계
책을 살펴보았습니다. 어려움에 처한 상대를 맹렬히 공격할 것인지
아니면 내부 붕괴를 기다려야 할지 판단하는 것은 말처럼 쉬운 일이
아닙니다. 무턱대고 기다리기만 하다가 좋은 기회를 놓칠 수도 있지
요. 나서야 할 때는 전광석화처럼 재빨리 움직이고, 가만히 있어야 할
때는 철저히 기다릴 줄 알아야 합니다. 언제 어느 방안을 선택해야
하는가를 아는 지혜가 가장 긴요합니다.

우리는 제6계 성동격서에서 조조가 관도의 싸움에서 원소를 격
파한 이야기를 살펴보았습니다. 이 싸움으로 조조는 중국 북부 일대
를 지배하게 됩니다. 하지만 원소의 아들 원상袁尙과 원희袁熙는 북방
의 이민족 오환烏丸이 사는 지역으로 도망가서 계속 저항합니다. 조
조의 입장에서는 북방의 위협을 없애기 위해서라도 오환을 쳐서 원
상과 원희의 숨통을 끊어야 했습니다. 그래서 조조는 207년 오환 토
벌에 나섰고, 이 작전도 성공을 거둡니다. 원상과 원희는 더 멀리 요
동의 공손강公孫康이 있는 곳으로 달아나야 했습니다. 공손강은 이전
부터 요동에 할거하며 조조에게 복속되기를 거부하던 장수였습니다.
원상, 원희 형제는 공손강의 세력에 의지했지만 한편으론 공손강을
그 자리에서 끌어내리고 요동을 기반으로 조조에게 대항하겠다는 구
상을 가지고 있었습니다. 이때 조조의 막료들은 즉각 요동으로 진격
하여 공손강을 토벌하고 원씨 형제를 제거해야 한다고 진언합니다.
그러나 조조는 이렇게 말하며 그대로 군대를 수도로 철수시킵니다.
  "아니다. 나는 이제 공손강의 손으로 원상과 원희를 끝장내게 할

작정이다. 내가 구태여 군대를 움직일 필요까지는 없다."

과연 얼마 안 있어 공손강은 원상과 원희의 머리를 보내옵니다.

"아니 어떻게 이럴 수가!" 하며 참모들은 의아해했겠지요. 그들에게 조조는 이렇게 말합니다.

"원래 공손강은 원씨 형제를 두려워하고 있었다. 만일 내가 군대를 동원해서 성급히 공격을 가하면 그들은 힘을 합해서 저항했겠지만, 가만 놔두면 그들은 서로 갈라지게 되어 있었다. 이런 경우에는 일이 그렇게 흘러가게 마련이다."

제10계 웃음 뒤편에 칼을 감춘다 - 소리장도笑裏藏刀

소리장도笑裏藏刀는 글자 그대로 우호적인 태도로 접근하여 상대방이 경계심을 풀게 한 후, 일거에 덮치는 책략입니다. 바꿔 말하면 상대가 웃음 띤 얼굴을 보이거나 달콤한 이야기를 꺼내면, 무언가 꿍꿍 잇속이 있다고 보아야 한다는 뜻이기도 합니다.

제3계 차도살인 편에서 살펴보았지만 삼국시대에 형주荊州의 최고 책임자로서 강릉에 주둔한 관우는 대군을 동원하여 위나라의 번성을 포위한 바 있습니다. 이때 오나라의 책임자로서 육구陸口에 머물던 여몽呂蒙이라는 지장智將은 관우의 움직임을 지켜보고 있었습니다. 오나라의 입장에서는 관우의 군대가 북으로 올라간 이때야말로 강릉을 빼앗을 수 있는 절호의 기회였습니다. 그러나 관우도 결코 방심만 하고 있지는 않았습니다. 관우는 상당수의 병력을 강릉에 남겨놓고 여몽의 움직임에 대비합니다.

강릉을 뺏으려면 먼저 관우의 경계심을 누그러뜨려야 했습니다.

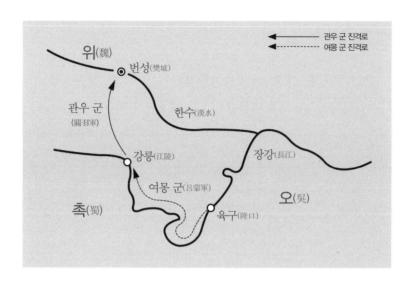

여몽은 병을 핑계로 수도로 돌아가면서 육구를 육손이라는 이름 없는 장교에게 맡깁니다. 육손은 명성, 인지도 등 어느 하나 여몽과는 상대가 되지 않는 신참이었지요. 관우는 뛰어난 역전의 장수 여몽 대신 육손 같은 애송이가 육구에 부임하자 크게 기뻐합니다. 하지만 육손은 비록 나이는 젊지만 꽤 높은 수준의 술수를 구사할 줄 아는 장수였습니다. 그는 육구에 부임하자마자 관우에게 서한을 보내 관우의 무예와 용맹을 칭찬하고 자신을 낮춥니다. 겸손한 태도를 취함으로써 관우의 경계심을 풀려고 한 것이지요. 이에 그만 관우의 마음이 풀리고 맙니다. 관우는 후방의 안전을 믿고 강릉에 남겨두었던 병사들마저 모두 번성 포위 작전에 투입합니다.

이 소식을 들은 여몽은 몰래 군대를 이끌고 강릉으로 향했고, 결국 싸우지 않고 형주의 주도를 함락시킵니다. 단순한 성격의 관우는 여몽과 육손이 놓은 '소리장도'라는 이름의 덫에 걸려들어 어이없이 자멸하고 맙니다.

제11계 자두를 희생시켜 복숭아를 얻는다 – 이대도강李代桃僵

이대도강李代桃僵을 풀이하면 자두를 희생시켜 복숭아를 손에 넣는다는 뜻입니다. 전쟁을 하는 이상 손실을 피할 순 없습니다. 손실이 발생하더라도 그 피해를 최소로 하고, 동시에 어디선가 손실보다 더 큰 이익을 올려서 이를 벌충해야 한다는 것이 이 계략의 핵심입니다. 작은 손해 때문에 끙끙 앓지 말고 이를 발판으로 더 큰 이익을 도모하라는 것이죠.

1941년 6월 22일 나치 독일은 수백만 대군을 동원하여 기습적으로 소련을 침공합니다. 갑작스러운 공격에 소련군은 패배에 패배를 거듭해 한때 수도인 모스크바마저 위험한 지경에 이르기도 합니다. 그러나 소련군은 엄청난 희생을 치러가며 꾸준히 버텼고, 1943년 2월 스탈린그라드에서 결정적 승리를 거둠으로써 승기를 잡습니다. 이때부터 본격적으로 소련군의 반격이 시작됩니다. 1943년 가을에는 우크라이나의 키예프Kiev 탈환을 노립니다. 이 도시를 되찾으려면 병력이 드네프로Dnepr 강을 건너야 했습니다.

소련군의 선봉에 있던 제381사단의 2개 대대가 키예프 북쪽 지점에서 강을 건너 교두보를 구축하라는 명령을 받게 됩니다. 당연히 독일군은 많은 탱크를 동원하여 이들을 맹공격합니다. 소련군 사령부는 어떤 일이 있어도 교두보를 사수하라는 명령을 내리지만 실은 이는 독일군의 주의를 끌기 위한 양동작전이었습니다.

예상대로 독일군은 교두보를 뺏기 위해 기를 쓰고 병력을 투입합니다. 이 틈을 놓치지 않고 제381사단의 주력 병력은 남쪽으로 이동하여 단숨에 강을 건넙니다. 그러나 '교두보를 사수하라'라는 명령을 받은 제381사단의 2개 대대는 독일군의 맹공으로 거의 전멸합니다. 이대도강은 작은 것을 죽이고 큰 것을 살리는 책략이지만, 실전에서는 이 사례에서 보다시피 때때로 비정한 결단이 따르기도 합니다.

제12계 기회를 틈타 양을 슬쩍 끌고 간다 – 순수견양順手牽羊

순수견양順手牽羊이란 원래 '그 자리에 있는 것은 닥치는 대로 슬쩍 한다'라는 뜻입니다. 풀어서 쓰자면 '무리하지 않아도 굴러들어오는 이익이라면 망설이지 말고 손에 넣어라'라는 책략이 되겠습니다. 눈앞의 이익에만 정신을 쏟으라는 뜻은 물론 아닙니다. 이 책략이 성공하려면 다음과 같은 조건이 충족되어야 합니다.

- 달성해야 하는 원래의 목표가 있다.
- 목표와는 별도로 쉽게 손에 들어오는 목표가 눈앞에 널려 있다.
- 목표에 손을 대도 원래의 목표를 추구하는 데 지장이 생기지 않는다.

중국 화교들은 맨손으로 타국으로 나갔습니다. 밑천이라곤 자신의 몸뚱이뿐이었지만 특유의 장사 수완과 다른 사람들이 꺼리는 일도 마다하지 않는 자세로 차근차근 번성해 갑니다. 화교들의 이런 장사 수완을 알 수 있는 일화가 있습니다.

서른이 좀 넘은 화교 수위가 일하는 짬짬이 기숙사생들에게 맥주를 팔았다고 합니다. 그런데 이 맥주가 엄청나게 저렴했습니다. 맥주를 사서 마시던 어느 학생이 물었습니다.

"맥주를 아주 싸게 주는 거래처를 알고 계시나 보죠?"

그러자 수위는 이렇게 대답했습니다.

"아니 그렇지 않아요. 그냥 원가에 팔고 있는 거예요."

그는 맥주뿐만 아니라 맥주 상자도 팔고 있었던 것입니다. 당시에는 물자가 귀했기 때문에 맥주 상자가 흔하지 않았습니다. 그는 맥주가 아닌 맥주 상자를 판 대금을 이익으로 삼았던 것입니다. 이렇게 '티끌 모아 태산'이라는 신념을 갖고 묵묵히, 그리고 우직하게 일하는 것이 화교들의 장사 방식입니다.

공전攻戰의 계, 싸움에도 효율이 중요하다

싸움이 유리하게 전개될 때도 있는 힘을 다해서 하는 싸움은 피하는 것이 좋다. 쓸데없는 소모전은 전혀 도움이 안 된다. 이럴 때야말로 책략을 구사하여 효율이 좋은 이기는 법을 모색해야 한다.

제13계 풀을 쳐서 뱀을 놀라게 한다 - 타초경사打草驚蛇

타초경사打草驚蛇에는 두 가지 뜻이 담겨 있습니다. 전쟁에서 적에 관한 정보의 중요성은 아무리 강조해도 지나치지 않습니다. 그런데 첩보 활동을 통해 얻을 수 있는 정보에는 한계가 있습니다. 그래서 실제 작전 행동을 통해 적의 움직임을 파악해야 할 때가 있게 마련입니다. 이럴 때는 먼저 정찰을 해서 상대방의 속을 떠보고 그들의 반응을 살펴야 합니다. 이것이 타초경사의 첫 번째 뜻입니다.

두 번째는 '뱀을 치는 대신 풀을 쳐서 뱀을 꾀어낸다'라는 뜻입니다. 거물을 잡기 위해 주변의 작은 것부터 차근차근 증거를 수집해가는 작전이 이에 해당합니다. 타초경사가 어느 뜻으로 쓰이든 이 책략의 목적이 풀을 수단으로 하여 뱀의 동향을 알려고 한다는 점에서는 같습니다.

1956년 이집트가 수에즈 운하의 국유화를 선언하자 영국, 프랑스, 이스라엘과 이집트 사이에 수에즈 전쟁이 일어납니다. 무력간섭에 나서기로 한 영국과 프랑스는 수에즈 강 어귀의 포트사이드Port Said에 공수부대를 공중 투입합니다. 그러나 이 부대는 실제로는 나무와 고무로 만든 인형에 지나지 않았습니다. 왜 그런 일을 했을까요? 이집트군의 방어 태세를 알아내기 위해서였습니다.

그런 줄도 모르는 이집트군은 이 인형들에 집중포화를 퍼붓습니다. 그 결과 이집트군의 전력 배치가 속속들이 드러나고 맙니다. 상대방의 화력, 병력 배치 등을 알게 된 영국과 프랑스군은 즉각 이집트군의 방어진지에 대대적인 공격을 가해 이집트 전력을 분쇄했습니다. 그 후 두 나라는 진짜 공수부대를 투하하여 별 피해도 없이 상륙작전을 유리하게 전개해 나갔습니다.

제14계 시체를 빌려서 혼을 되돌린다 – 차시환혼借屍還魂

차시환혼借屍還魂은 이용할 수 있는 것은 무엇이든지 이용하여 세력의 확대를 꾀한다는 책략입니다. 이 책략은 상대방의 세력이 약하고, 상대방이 이용 가치가 있다는 두 조건이 충족될 때 고려할 만합니다.

259

삼국시대 조조는 불과 수천 명의 병사를 긁어모아 군사를 일으켰으나, 불과 몇 년 후 황하 유역의 연주兗州에서 상당한 세력으로 성장합니다. 그러나 이 단계에서는 각지에 할거하고 있는 실력자들과 어깨를 나란히 하게 된 정도에 지나지 않았습니다. 그는 이즈음 자신의 세력을 한층 더 키우기 위해 몇 가지 중요한 조치를 취합니다. 그중 하나가 황제 헌제獻帝를 자신의 본거지로 맞아들인 것입니다. 후한後漢 왕조의 마지막 황제 헌제는 황폐해질 대로 황폐해진 수도에서 끼니도 제대로 잇지 못하는 형편이었습니다.

각지의 군웅群雄은 서로 싸우느라 누구 하나 황제의 딱한 처지에 눈을 돌리는 사람이 없었지요. 조조는 이 사실에 주목합니다. 조조로서는 황제를 자신의 본거지로 맞아들임으로써 얻는 이익이 작지 않았습니다. 권위가 떨어졌다 해도 황제는 역시 황제입니다. 군대를 움직이려고 할 때나 제후들에게 명령을 내리려고 할 때 황제를 내세우는 것과 그렇지 않은 것은 정치적 효과 면에서 매우 큰 차이가 있습니다. 조조는 헌제를 데리고 옴으로써 다른 군웅보다 한 차원 더 높은 정치적 입지를 확보하게 됩니다. 조조는 헌제를 꼭두각시처럼 조종하며 그의 권위를 이용하여 세력을 키워 최대 세력을 가진 실력자로 떠오릅니다. 이를 잘 알기에 조조는 황제를 내쫓고 스스로 그 자리에 오르는 일은 하지 않았습니다.

1931년 9월 18일 일본의 관동군은 펑톈 외곽의 유조호柳條湖에서 자기네 관할이던 만주철도를 스스로 파괴하고, 이를 중국 측 소행이라고 트집 잡아 철도 보호를 구실로 군사행동을 개시합니다. 이렇게 해서 일어난 전쟁이 만주사변입니다. 관동군은 전격적인 군사작전으

승자의 공부

로 만주 전역을 점령하고, 1932년 3월 1일 괴뢰국가인 만주국을 세웁니다. 일본은 청나라 마지막 황제 부의溥儀를 만주국의 우두머리로 앉힙니다. 부의는 청나라가 멸망한 후에도 자금성에 머무르고 있었으나 1924년에는 그곳에서도 쫓겨난 처지였죠. 그는 톈진의 일본 조계지租界地에 머무르고 있었는데, 황제였던 시절을 그리워하는 그를 일본이 만주국의 꼭두각시로 이용한 것입니다.

제15계 범을 산속에서 유인해내다 – 조호리산調虎離山

범은 강적, 산은 근거지를 뜻합니다. 유리한 자연환경 속에서 호랑이는 그야말로 천하무적입니다. 그러나 호랑이를 평지로 유인해내면 물리치기가 훨씬 쉬워집니다. 전략전술의 관점에서 보면 조호리산 책략에는 아래의 두 방법이 있습니다.

- 적이 방비가 튼튼한 성이나 천혜의 요충지 안에서 굳게 버티고 있으면 그곳에서 나오게 하도록 노력한다.
- 적과 정면대치할 경우, 적의 공격 방향을 다른 곳으로 돌려 정면으로부터의 압력을 줄인다.

어느 경우든 책략이 성공하려면 적을 꾀어내는 절묘한 계략이 필요합니다. 즉 그 계략이 얼마나 교묘한가가 이 책략의 성공을 좌우합니다.

한나라의 한신이 조趙나라를 공격할 때의 일입니다. 한신의 군대는 1만이 채 안 되는 반면, 적의 병력은 20만에 달했습니다. 더구나 적은 견고한 성채 안에서 버티고 있었지요. 정면으로 부딪쳐서는 승산이 없었습니다. 한신은 꾀를 냅니다. 먼저 2000명의 기병을 선발하고, 병사 전원에게 빨간 깃발을 들고 조나라 군대의 성채가 내려다보이는 산그늘에 숨어 있으라고 명령합니다. 그러고는 이렇게 말합니다.

"내일 싸움이 벌어지면 우리 군대는 거짓으로 도망칠 것이다. 그러면 적은 성채를 비우고 추격해 올 것이 틀림없다. 너희들은 그 틈을 타서 적의 요새에 진입하여 조나라의 하얀 깃발을 뽑고 한나라의 붉은 깃발을 꽂아라."

그런 다음 한신은 주력부대를 이동시켜, 조나라 군대의 전면에 흐르는 강을 등지고 진을 치게 합니다. 다음 날 아침 이를 본 조나라 병사들은 "병법의 정석을 모르는 놈들"이라 말하며 비웃었지요. 실제로《손자병법》을 비롯한 어느 병법서를 봐도 배수진을 치라는 말은 없습니다. 그러나 한신은 개의치 않고 한 갈래의 부대를 이끌고 적의 요새를 공격합니다. 상대방을 깔보고 있던 조나라 군대는 성채 바깥으로 나와 응전합니다. 그러자 한신은 재빨리 기치旗幟를 버리고 강가에 있는 진지로 후퇴합니다. 한신의 군대는 강을 등지고 진을 쳤기 때문에 도망갈 데가 없어서 필사적으로 싸울 수밖에 없었습니다. 한신의 군대가 결사적으로 저항하니 수적으로 우세한 조나라 군대도 매우 힘겨운 싸움을 하게 됩니다.

그럴 즈음, 산그늘에 숨어 있던 별동대가 성채에 진입하여 성을 점령하는 데 성공합니다. 그 소식을 들은 조나라 군대는 동요하기 시작했고, 한신은 때를 놓치지 않고 앞뒤에서 협공하여 적을 격파합니다. 한신은 배수진을 쳐서 병사들이 죽을힘을 다해 싸우게 하는 한편, 조호리산의 책략으로 적을 밖으로 끌어냈던 것입니다.

제16계 잡기를 바라면 잠시 풀어주어라 – 욕금고종欲擒姑縱

욕금고종欲擒姑縱이란 완전포위를 피하란 뜻입니다. 완전히 포위하여 적을 막다른 곳에 몰아넣으면, 궁지에 빠진 쥐가 고양이를 물 듯 상대도 필사적으로 반격해오기 마련입니다. 그렇게 되면 아군도 상당한 피해를 입을 수 있습니다. 오히려 도망가도록 내버려두면, 상대방의 세력이 자연히 쇠약해져 피를 흘리지 않고도 이길 수 있습니다.

이 책략을 멋지게 실천한 이가 제갈공명입니다. 제갈공명이 남만의 반란을 평정하기 위해 남쪽으로 향하던 때의 이야기입니다.

제갈공명은 반란의 주모자 맹획孟獲을 죽이지 말고 사로잡으라는 명령을 내립니다. 격전 끝에 맹획은 사로잡혀 공명의 앞에 꿇어앉게 됩니다. 그러자 공명은 맹획에게 촉나라 군대 진영의 내부를 속속들이 보여줍니다. 그리고 나서 맹획에게 묻습니다.

"우리 군대의 형세를 본 소감이 어떤가?"

맹획이 대답합니다.

"지난번에는 당신네들의 형편과 상황을 몰라 낭패를 보았지만, 이렇게 당신이 보여준 이상 다음에는 꼭 이기고 말겠다."

제갈공명은 웃으면서 말합니다.

"이놈 봐라. 재미있네. 이자를 풀어주어라!"

이런 식으로 맹획은 일곱 번이나 석방되었지만 일곱 번 모두 잡힙니다. 이것이 그 유명한 칠종칠금七縱七擒이란 고사故事의 유래입니다. 일곱 번째 붙잡히자 마침내 맹획도 마음속으로부터 '내가 졌다'라고 생각합니다. 그런데 또 제갈공명이 자신을 풀어주자, 그는 깊이 감복해서 이렇게 말합니다.

263

"당신은 정말로 신神 같은 분입니다. 다시는 반기를 들지 않겠습니다."

제갈공명은 무력토벌을 진행하면서 동시에 욕금고종 책략을 멋진 솜씨로 구사해 이민족의 마음을 확실히 사로잡습니다.

욕금고종에 담긴 지혜는 원만한 인간관계를 유지하는 데도 응용할 수 있습니다. 예를 들어, 실천적인 삶의 지침서로 널리 알려져 있는 《채근담》은 여러 각도에서 이 문제를 다음과 같이 설파합니다.

남의 단점은 가능하면 덮어주어야 한다. 만일 그것을 들춰내 다른 사람에게 알리면 이는 단점으로 단점을 공격하는 셈이다.
–《채근담》전집 제121장

간악한 무리를 제거하고 아첨하는 무리를 막으려면 그들에게 도망갈 길 하나를 터주어야 한다. 만일 도망갈 길마저 빼앗아버리면 그것은 쥐구멍을 틀어막은 것과 같다. 퇴로가 모두 막히면 그들은 소중한 것을 물어뜯을 것이다.
–《채근담》전집 제140장

사람을 쓸 때도 고분고분하지 않은 상대방을 만나면 어떤 때는 당분간 두고 보면서 그가 스스로 달라지는 것을 기다리는 편이 낫다. 지나치게 간섭해 점점 더 외고집으로 만들면 안 된다.
–《채근담》전집 제153장

제17계 벽돌을 던져 구슬을 얻는다 — 포전인옥抛磚引玉

포전인옥抛磚引玉은 상대방이 달려들 만한 모이를 뿌려서 이를 먹으려고 덤벼드는 적을 격멸하는 책략입니다. 일종의 미끼를 써서 적의 판단을 흐리게 하고 (적의) 생각을 혼란스럽게 만드는 것이 이 책략의 목적입니다. 이 책략이 성공하려면 첫째, 모이가 맛있어 보여야 하고 둘째, 우리가 던진 것이 사실은 미끼임을 적이 눈치채지 못하게 해야 합니다.

춘추시대 때 초楚나라가 교絞라는 작은 나라를 공격할 때의 일입니다. 초의 군대는 교나라 성문 남쪽에 진을 칩니다. 이때 초나라의 굴하屈瑕라는 장군이 왕에게 진언합니다.

"교는 작은 나라이고 게다가 사려도 깊지 않습니다. 인부들을 호위병 없이 산에 들여보내 땔감용 나무를 하게 하는 것이 어떻겠습니까? 그렇게 하면 적을 꾀어낼 수 있을 겁니다."

땔감나무가 없으면 밥을 지을 수 없는데 초나라 군대는 땔감을 가까운 산에서 현지조달하고 있었습니다. 초나라 왕은 이 건의를 받아들여 호위병도 붙이지 않고 30명의 인부를 산에 들여보냅니다. 이를 본 교나라는 부대를 보내 손쉽게 그들을 사로잡았습니다.

다음 날 초나라 군대는 또 무장하지 않은 인부들을 산으로 보냈고, 교나라는 초나라의 허술함을 비웃으며 대부대를 투입하여 인부들을 뒤쫓았습니다. 이를 틈타 북문 근처에 잠복하고 있던 초나라 병사들이 우르르 성 안으로 들이닥쳤고 교나라는 어이없게도 그대로 멸망하고 맙니다.

한나라 고조 유방이 경쟁자 항우를 물리치고 새 나라를 세웠을 즈음, 북방의 흉노족 사이에서 모돈단우冒頓單于라는 뛰어난 지도자가 등장하여 세력을 키우고 있었습니다. 마침내 모돈단우가 대군을 이끌고 한나라 영토를 침공하자 유방은 직접 토벌군을 편성해 전선으로 향합니다.

때는 겨울. 싸움터에는 엄청난 한파가 몰아닥치고 눈이 그치지 않았습니다. 병사들은 속속 동상에 걸려 열에 두셋은 손가락을 잃을 정도였습니다. 이를 알게 된 모돈단우는 패주하는 척하며 한나라 군대를 더욱더 북방으로 끌어들입니다. 유방은 이 꾀에 넘어가 추격을 명령합니다.

그러자 모돈단우는 정예부대를 후방에 감추고 약한 부대를 정면에 배치합니다. 싸움에서 이기자 기분이 좋아진 유방은 전군을 전선에 투입하여 계속 적을 쫓게 했습니다. 정신없이 추격하다 보니 보병 부대가 매우 멀리 뒤처지고 말았습니다. 이 기회를 놓치지 않고 모돈단우는 정예기병 40만을 내보내 유방의 군대를 백등산白登山에서 포위합니다. 유방은 간신히 포위망을 뚫고 도망치기는 했지만 한때는 죽음을 각오해야 할 만큼 위태로운 상황에 처하기도 했습니다. 유방이 위기에 몰렸던 까닭은 말할 것도 없이 상대방의 포전인옥 책략을 간파하지 못하고 경솔하게 용병用兵했기 때문입니다.

제18계 도적을 잡으려면 우두머리를 잡아라 - 금적금왕擒賊擒王

금적금왕擒賊擒王은 글자 그대로 적의 우두머리, 즉 중심 세력이나 중추부를 쳐서 적을 궤멸시키는 책략입니다. 아무리 국지적으로 승리를 해보았자 최종적인 승리로 이어지는 것은 아닙니다. 작은 승리

승자의 공부

에 취해 조금만 고삐를 늦추면 상대방은 숨을 돌리고 맹렬히 반격할 수 있습니다. 이런 경우, 잘못하면 오히려 아군이 크게 패할 수도 있습니다.

난세의 간웅奸雄으로 일컬어지는 조조도 살아 있을 때 여러 차례 뼈아픈 패배의 쓴 잔을 마셔야 했습니다. 조조가 복양濮陽에서 죽치고 있는 여포呂布를 공격했을 때의 이야기입니다.

여포를 포위하고 있던 조조에게 때마침 성 안에서 도와주겠다고 하는 사람이 나타납니다. 그는 몰래 공격의 길잡이가 되어주겠다고 자청하는데, 조조는 그 말을 믿고 몸소 군대를 이끌고 야음을 타서 성의 동문에 접근합니다. 바로 그때 성 안에서 화염이 솟아오르더니 여포의 군대가 몰려옵니다. 속았다는 것을 알았을 때는 이미 늦었지요. 졸지에 허를 찔린 조조 군은 그야말로 박살납니다. 허둥대는 조조의 주변에 적의 기병대가 몰려들더니 창을 들이대며 묻습니다.

"조조는 어디에 있는가?"

순간 조조는 큰소리로 대답한다.

"저기에 있습니다. 저 누런 말을 타고 있는 이가 조조입니다."

이 말을 듣자마자 여포의 기병들은 진짜 조조를 놔두고 누런 말에 올라타 있는 장수를 쫓아갔다고 합니다. 순간적인 기지를 발휘하여 목숨을 건진 것입니다. 반면에 여포는 이 싸움으로 조조에게 멋지게 패배를 안겨주었지만, 그만 가장 중요한 조조를 놓치고 말았습니다. 4년 후 결국 여포는 태세를 재정비한 조조에게 멸망당하고 맙니다.

혼전混戰의 계 : 부드러움이 강함을 이긴다

일진일퇴의 공방이 계속되고 전국戰局의 앞날을 예측할 수 없을 때야
말로 책략과 모략을 써서 승리를 거두어야 한다. 이럴 때도 부드러움柔
이 능히 억셈剛을 누르는 책략으로 적의 세력을 붕괴시키는 것이 상책
이다.

제19계 솥의 밑에서 장작을 빼낸다 – 부저추신釜底抽薪

솥이 부글부글 끓고 있을 때는 뜨거워서 도저히 손을 댈 수 없지
만, 그 밑에서 장작을 빼내면 자연히 뜨거운 물이 식고 쉽게 처리할
수 있게 됩니다. 마찬가지로 적의 세력이 강대해서 대항할 수 없을
때는 적의 생사를 좌우하는 급소를 노려야 합니다. 이것이 부저추신
釜底抽薪의 뜻입니다

부저추신의 책략은 비교적 쉽게 실행할 수 있으면서도 효과가 큰
것일수록 바람직합니다. 현실적으로 어떤 것이 이 두 요건을 충족시
킬 수 있을까요? 다음과 같은 두 방안이 떠오릅니다.

- 적의 보급을 끊는다. 보급을 끊으면 아무리 강한 군대도 전투력
  을 유지할 수 없다.
- 적군 병사들의 사기를 떨어뜨린다. 병사가 전투 의욕을 잃으면
  아무리 수가 많아도 군대가 조직으로서 기능할 수 없게 된다.

조조는 관도의 싸움에서 원소의 대군을 크게 격파하고 중국 북부
일대의 지배자가 됩니다. 그러나 이 싸움이 있기 전만 하더라도 원소

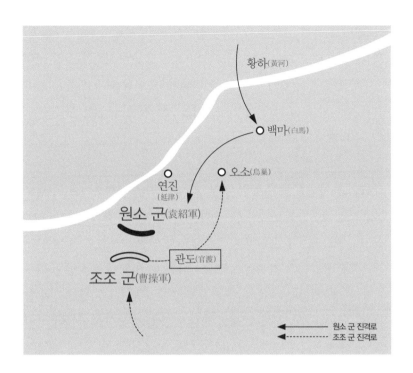

황하(黃河)

백마(白馬)

연진
(延津)

오소(烏巢)

원소 군(袁紹軍)

관도(官渡)

조조 군(曹操軍)

◀─── 원소 군 진격로
◀----- 조조 군 진격로

가 우위에 있다는 평가가 많았습니다. 병력만 보더라도 관도의 싸움에 조조가 동원한 병력은 2만, 원소 측은 10만이었습니다. 실제로 조조는 국지전에서 여러 번 이기지만 원소의 병력에게 밀려 조금씩 후퇴할 수밖에 없었습니다.

조조는 간신히 관도에서 버티며 방위 태세를 강화했지만, 여기서도 조조의 열세는 뚜렷해 보였습니다. 그런 조조가 역전승을 거둔 것은 원소 측에서 투항한 책사 허유許攸가 가져온 정보 덕분이었습니다. 허유의 정보에 따르면 원소 군의 군량과 군수물자가 오소烏巢라는 곳에 쌓여 있는데 그곳의 경비가 허술하다고 했습니다. 조조는 이 말을 듣자마자 정예 병사들을 보내 오소에 쌓인 군량과 군수물자를 몽땅 불태워버립니다.

이 일격으로 전황은 싹 바뀌었습니다. 평정심을 잃은 원소의 군대는 내부 분열을 일으키고 큰 혼란에 빠져 더 이상 적과 싸울 형편이 아니었습니다. 조조의 군대가 총공격을 가하자 원소 군은 우르르 도망가기 바빴다고 합니다.

제2차 세계대전 초기 독일은 영국의 해군력에 대항하기 위해 새로운 병기로 잠수함 U보트U-boat 수십 척을 건조하고 있었습니다. 독일 해군은 이들 신형 잠수함의 완성을 앞두고 청년 승무원 수천 명을 모집합니다. 청년들은 잠수함에 매료되어 속속 지원할 움직임을 보이자 영국 해군정보부는 즉각 방해 공작을 시작합니다. 그들은 잠수함 근무가 얼마나 위험한가에 대해 적은 전단을 대량으로 만들어 독일 전역에 뿌렸습니다. 뿐만 아니라 라디오 방송을 통해 '어떤 꾀병을 부리면 잠수함 근무를 면할 수 있는가' 하는 정보를 흘렸습니다. 그 결과, 독일 청년들 사이에서 잠수함 근무에 대한 거부반응이 일어나고 모집 사업은 몇 달이나 늦어졌다고 합니다.

제20계 물을 흐리게 해서 고기를 잡는다 – 혼수모어混水摸魚

혼수모어混水摸魚는 상대방의 내부 혼란을 이용해 승리를 거두는 책략입니다. 적의 진영에 혼란이 없다면, 혼란을 일으키도록 공작하고 그것을 기화로 일을 처리할 수도 있습니다. 이 책략에서 중요한 것은 다음의 두 가지 점입니다.

- 적의 판단을 헷갈리게 하는 교란 공작을 하고 지휘 계통을 어지

럽힌 다음, 그런 상태를 이용한다.
- 상대방의 내부의 여러 세력과 파벌 중에서 가장 크게 동요하는
  집단을 겨냥한다.

명나라 왕양명王陽明은 양명학의 시조로 알려져 있지만, 전략가로
서도 당대 최고였습니다. 그가 군사령관으로서 영왕寧王의 반란을 진
압할 때의 일입니다. 영왕의 반란군이 명의 수도 남양으로 진격을 개
시했을 때, 양명 진영은 아직 싸울 준비가 되어 있지 않았습니다. 당
장 공격을 당하면 승산이 없었지요. 그래서 왕양명은 한 가지 계책을
생각해냅니다. 영왕의 심복인 이사실李士實과 유양정劉養正에게 보내
는 것처럼 꾸민 밀서를 만들었습니다. 밀서의 내용은 이랬습니다.

그쪽의 사정을 알아본 뒤 조정에 대한 충절의 마음에 깊이 감동하였습
니다. 이렇게 된 이상 한시라도 빨리 공격을 하시라고 영왕에게 권하시
는 것이 어떻겠습니까? 영왕을 본거지인 남창南昌에서 떨어지게 하면,
그것은 바로 우리가 바라는 바이고 일은 다 된 것이나 다름없습니다.

밀서를 다 쓴 후, 왕양명은 일부러 감옥에 있는 영왕의 첩보원을
끌어내어 처형하라는 명령을 내립니다. 그리고 나서 간수에게 조용
히 지시를 내립니다. 적의 첩자에게 귓속말로 이렇게 말한 다음 밀서
를 주고 석방하라고 말이지요.
"실은 나는 영왕을 지지하는 사람인데 이번에 이런 밀서를 입수했
습니다. 그러니까 이것을 영왕에게 전해주십시오."
밀서를 받아본 영왕은 유양정에게 앞으로의 작전 계획에 대한 의

271

견을 묻습니다. 그러자 밀서에 적힌 것처럼 두 사람 다 한시라도 빨리 남경南京을 함락시켜 황제의 자리에 오를 것을 권하지요. 이 말을 듣자 영왕은 그들을 의심하며 공격을 망설이게 됩니다. 이렇게 10여 일이 허망하게 흘러갔습니다. 그제야 비로소 영왕은 적의 군대가 집결하지 못해 양명이 시간 벌기를 하고 있었다는 것을 알게 됩니다. 감쪽같이 양명의 호수모어 책략에 넘어간 것입니다. 왕양명은 상대방의 판단을 헷갈리게 함으로써 시간을 벌고, 이를 승리로 연결시켰습니다.

제2차 세계대전 말기였던 1944년 12월 독일의 패색이 짙어지자, 히틀러는 전세를 단숨에 만회하고자 프랑스 국경과 가까운 아르데느Ardennes에서 수십만 병력과 2000대의 탱크를 동원하여 최후의 총반격을 감행합니다.

이때 독일군은 영어에 능통한 장병 2000명을 뽑아서 미군 군복을 입히고 적의 후방에 침투시킵니다. 그들은 미군 속에 잠입하여 도로를 차단하고 통신선을 끊는 등 교란공작을 펼칩니다. 어떤 병사는 살해한 미군을 대신하여 교통정리를 하는 척하면서 적의 차량 흐름을 혼란에 빠뜨리기도 했습니다. 또 일부는 프랑스 동북부의 마스강Mass 江까지 진출하여 다리를 뺏고 주력부대를 맞이할 준비를 했습니다. 이 특수부대의 활약으로 미군의 지휘계통은 한때 큰 혼란에 빠집니다. 그러나 주력군의 진출이 저지되는 바람에 이들의 노력은 결실을 맺지 못했습니다. 하지만 이것 역시 혼수모어의 아이디어를 잘 응용한 사례로 볼 수 있습니다.

제21계 매미가 허물을 남기고 날아간다 - 금선탈각金蟬脫殼

금선탈각金蟬脫殼은 현재의 위치에 머무르고 있는 듯 속이고 몰래 이동하는 책략입니다. 전쟁에서는 대체로 공격보다 물러나는 것이 더 어려운 법입니다. 시점, 방법, 속도 등 여러 요소 가운데 어느 하나만 잘못되어도 적의 먹이가 되기 십상이므로, 군대가 후퇴할 때는 지휘관의 역량이 어느 때보다 더 중요합니다.

그럼 어떻게 후퇴를 준비해야 할까요? 먼저 진지의 방어태세를 강화하는 것처럼 꾸미고, 끝까지 싸우겠다는 기세를 보여 적을 움직이지 못하게 해야 합니다. 이렇게 시간을 벌고 틈을 보아 조용히 철수하는 것이 금선탈각 책략입니다. 마치 매미가 허물을 남기고 날아가는 모습과 비슷하다고 하여 붙여진 이름이기도 합니다. 이 책략은 철수 작전뿐만 아니라 적이 눈치채지 못하는 사이에 부대를 이동시킬 때도 쓸 수 있습니다.

항우의 패권에 과감히 도전한 유방이 초기에 고전을 면치 못할 때의 이야기입니다. 유방의 군대는 영양滎陽에서 항우의 군대에게 포위를 당합니다. 항우의 대군에게 둘러싸인 유방의 군대는 식량마저 거의 떨어져 최악의 사태를 각오해야 할 지경에 이릅니다. 이때 기신紀信이라는 장군이 진언합니다.

"이대로 가면 앉아서 죽을 수밖에 없습니다. 제가 적의 눈을 속일 테니 그 틈을 타서 탈출하십시오. 제 복안은 이러이러하니 여차여차 하십시오."

유방은 기신이 건의한 대로 부녀자 2000명을 갑옷과 투구로 무장시켜 밤에 동문으로 내보냅니다. 항우의 군대는 "적의 반격이다" 하

273

며 동문에 병력을 집중시켜 그들을 덮치려고 합니다. 이때 기신이 유방의 수레를 타고 동문 밖으로 나오면서 "식량이 떨어졌다. 우리는 항복한다"라고 외쳤습니다. 적 장병들은 틀림없이 유방이 항복하러 왔다고 착각하고 "만세!" 하며 함성을 질렀습니다. 그 틈을 타서 유방은 수천 명의 기병들과 함께 서문으로 탈출하여 위기에서 깨끗이 벗어날 수 있었습니다. 기신을 잡은 항우는 그에게 묻습니다.

"도대체 유방은 어디에 있는가?"

"지금쯤은 벌써 탈출하셨을 것입니다."

항우는 홧김에 기신을 불에 태워 죽였다고 합니다. 유방의 금선탈각은 기신의 희생이 있었기 때문에 성공할 수 있었습니다.

태평양 전쟁이 막바지로 치달을 무렵, 일본군은 패색이 점점 짙어지면서 그동안 점령한 태평양의 섬들을 차례차례 뺏기고 있었습니다. 1943년 5월 치열한 전투 끝에 미국은 알래스카 알류샨 열도 Aleutian Islands의 하나인 아투 섬Attu Island을 되찾습니다. 당시에 일본군은 알류샨 열도의 또 하나의 섬인 키스카 섬Kiska Island을 점령하고 있었는데, 미군의 다음 목표는 키스카가 될 것이 확실해 보였습니다.

일본군은 키스카가 더 이상 전략적 가치가 없다고 보고 주둔군의 막사와 시설을 그대로 놓아둔 채 서둘러서 섬에 주둔해 있던 수비대 5639명을 철수시킵니다.

이런 사실을 몰랐던 미군은 석 달 후인 1943년 8월 이 작은 섬에 3만 5000명의 대군을 상륙시킵니다. 그러나 그들이 발견한 것은 일본군의 빈 막사뿐이었지요. 그런데도 틀림없이 일본군이 매복해 있을 것으로 믿은 미군은 공포에 질린 나머지 아군의 그림자를 적으로 오인합니다. 그리하여 아군끼리 격렬한 총격전이 벌어져 많은 사람이 죽거나 다쳤다고 합니다.

제22계 문을 닫고 도둑을 잡는다 – 관문착적關門捉賊

관문착적關門捉賊이란 포위한 적을 끝까지 밀어붙여 섬멸하는 책략입니다. 앞에서 우리가 논의한 제16계 욕금고종(잡기를 바라면 잠시 풀어주어라)과는 정반대 책략입니다. 얼핏 보면 모순된 듯하지만, 상황에 따라서 강경함과 유연함을 가려서 구사해야 하는 것이죠. 이 책략을 쓰려면 다음 두 조건 가운데 적어도 하나는 충족되어야 합니다.

- 적이 소수이고 또 약할 것. 상대방이 강하거나 또는 의욕이 넘치면, 이 책략을 쓰면 안 되고 써도 성공하지 못합니다.
- 상대방을 놓치면, 장래에 더 큰 화근이 생긴다. 이런 경우에는 적을 철저히 섬멸해야 합니다.

이 책략을 쓸 때 경계해야 할 것은 상대방이 이를 악물고 반격할 가능성입니다. 궁지에 빠진 쥐가 고양이를 물 듯 상대방이 필사적으로 저항하는 일이 없어야 합니다. 상대방의 반격 의지를 완전히 꺾으려면 그들이 아무리 발버둥쳐도 도망갈 길이 없다는 것을 확실히 알려야 합니다.

전국시대 최대의 결전으로 일컬어지는 장평長平싸움이 벌어졌을 때의 이야기입니다. 기원전 260년 백기白起가 이끄는 진秦나라의 50만 군대와 조괄趙括이 지휘하는 조趙나라의 40여만 군대가 장평에서 맞붙습니다. 백기는 도망가는 척하며 조나라 군대를 끌어들인 다음 그들의 보급로를 끊습니다. 그 결과, 조나라 군대는 둘로 갈라지고 얼마 안 있어 식량마저 떨어집니다. 조괄은 어떻게든 위기에서 벗어나고자 스스로 앞장서서 적을 향하여 돌격합니다. 그러나 조괄은 화살에 맞아 전사하고 남은 조나라의 수십만 군대는 전의를 잃고 항복합니다. 싸움이 끝나자 백기는 항복해온 조나라 병사들을 어떻게 처리할 것인가를 결정해야 했습니다. 그는 이렇게 말합니다.

"과거에 우리가 상당上黨을 함락시켰을 때, 그곳 민중은 우리나라 백성이 되는 것이 싫어서 조나라로 도망간 바 있다. 조나라 병사들도 언제 마음이 변할지 모른다. 장래에 화근이 되지 않도록 모두 죽일 수밖에 없다."

백기는 포로들을 모두 생매장하라고 명령합니다. 40여만 장병 가운데 귀국을 허락받은 자는 아직 나이가 어린 240명뿐이었습니다. 이 싸움에서 수많은 장정을 잃은 조나라는 이후 국력이 급격히 쇠퇴합니다.

춘추시대 때 월越나라의 구천勾踐이 오吳를 공격하자 오나라의 부차夫差는 적을 맞아 부초夫椒에서 큰 승리를 거둡니다. 패배한 구천은 패잔병 5000명을 이끌고 회계산會稽山에 들어가버립니다. 그러나 오나라 군대가 회계산을 꽁꽁 둘러쌌기 때문에 더 이상 탈출 가능성이 없었습니다. 그는 할 수 없이 중신 문종文種을 사신으로 내세워서 강화를 요청합니다. 그러나 부차가 이를 거부하자 구천은 최후의 일전을 벌일 결의를 다집니다. 이때 문종이 진언합니다.

"서두르지 마십시오. 오나라의 중신 백비伯嚭는 욕심이 많습니다.

뇌물을 주면 상담에 응할 것입니다. 어떻게든 은밀히 공작을 해보시죠."

구천은 다시 한 번 문종을 파견해 미녀와 보배로운 재물을 백비에게 몰래 선물합니다. 백비는 기뻐하며 부차와 문종을 서로 만나게 해주었습니다. 문종이 부차를 설득하여 강화가 성립되는 듯하자, 부차의 측근인 오자서伍子胥가 반대합니다.

"지금 숨통을 끊지 않으면 반드시 후회할 날이 올 겁니다. 구천은 뛰어난 임금이고 또 훌륭한 신하들도 있습니다. 그를 살려주면 언젠가 우리나라의 우환이 될 것이 틀림없습니다."

오자서의 반대에도 부차는 구천의 강화 요청을 받아들입니다. 간신히 목숨을 건진 구천은 겉으로는 부차에게 복종하는 듯 행동합니다. 그러나 그는 끼니 때마다 쓸개를 핥으며(상담, 嘗膽) 복수를 맹세했고, 마침내 20년 후 부차를 물리치고 회계산에서의 원한을 풀게 됩니다. 부차는 적을 물리쳐야 할 때 철저히 쳐서 장래의 화근을 없애버리라는 관문착적 책략을 등한시했습니다. 이 때문에 결국은 구천에게 당하고 만 것이지요.

제23계 먼 곳과 교제하고 가까운 곳을 친다 – 원교근공遠交近攻

원교근공遠交近攻은 글자 그대로 먼 나라와 동맹을 맺고 가까운 나라를 공격하는 책략입니다. 이 책략은 예부터 여러 나라가 대립하고 서로 다투는 상황에서 매우 유효한 책략으로 간주되어왔습니다. 왜냐하면 먼 곳에 군대를 보내는 것은 힘이 많이 드는 반면 보람은 그다지 크지 않기 때문입니다. 이 책략을 쓰면 조금씩 착실하게 세력권을 확대하고 적은 노력으로 큰 효과를 올릴 수 있습니다.

277

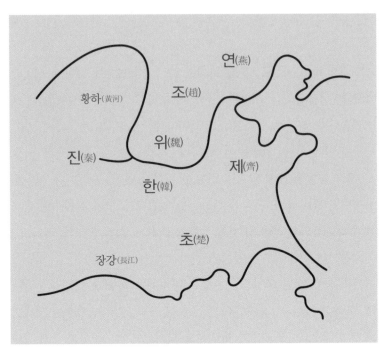

전국시대의 세력 분포

원교근공을 가장 교묘하게 쓴 사람은 진의 시황제였습니다. 원교근공 책략의 탄생은 진시항의 3대 앞인 소왕昭王에게까지 거슬러 올라갑니다.

한때 소왕昭王은 진나라와 지리적으로 가까운 한韓과 위魏는 놓아두고 멀리 있는 제齊를 치려고 했습니다. 그러자 범저范雎라는 사람이 원교근공의 책략을 진언합니다.

"옛날에 제나라에 이런 일이 있었습니다. 민왕湣王 시절 남방의 초楚를 공격하여 적군을 격파하고 사방 천리千里나 되는 넓은 영토를 얻었습니다. 그러나 모처럼 이렇게 손에 넣은 영토를 결국 모두 포기하고 말았습니다. 왜 그랬을까요? 멀리 있는 초나라를 치고 있는 동안에 이웃 나라인 한韓과 위魏가 전투력을 키워 딴죽을 걸었기 때문입니다. 속담에 '도둑에게 무기를 빌려준다'라는 말이 있는데, 바로 이런 것을 두고 하는 말 아니겠습니까? 거꾸로 먼 나라와 손을 잡고 가까운 나라를 치는 것이야말로 최상의 대책입니다. 한 치의 땅을 얻으면 그 한 치가, 그리고 한 평의 땅을 얻으면 그 한 평이 임금님의 영토가 되는 것입니다. 이런 방안을 버리고 멀리 있는 제나라를 치는 것은 엉뚱한 방향이라고 말씀드리지 않을 수 없습니다."

얼마 안 있어 진나라는 범저의 진언을 국시國是로 삼습니다. 그리고 결국 시황제 때에 이르러 한韓을 멸망시킵니다. 이어서 조趙, 위魏, 초楚, 연燕 등 가까운 나라들을 차례차례 삼키고 마지막으로 제齊를 멸망시킴으로써 천하통일의 위업을 달성합니다.

원교근공 책략은 현대 외교 전략에도 자주 응용되고 있습니다. 예를 들어, 과거에 베트남은 소련과 손을 잡고 원조를 많이 받았습니다. 베트남의 목표는 말할 것도 없이 인도차이나 반도를 제압하고 중국의 압력에 대항하는 것이었습니다. 소련으로서도 멀리 떨어진 베트남을 도와주는 것은 국경을 접한 중국에 대한 효과적인 견제 수단이었습니다. 중국도 이에 질세라 베트남에 압박을 가하기 위해 베트남보다 남쪽에 있는 캄보디아를 지원했고, 더 나아가서는 소련을 견제하기 위해 미국과의 접촉도 마다하지 않았습니다. 반대로 미국과 지리적으로 가까운 카스트로의 쿠바도 미국에 대항하기 위해 소련과 동맹을 맺습니다. 소련 또한 미국에 맞서기 위해 쿠바를 아낌없이 지원했지요.

현대사에도 원교근공 책략이 낳은 비극이 있습니다.

1939년 8월 23일 나치 독일은 전격적으로 소련과 독소불가침조
약을 맺습니다. 이미 폴란드를 침공하기로 마음먹은 히틀러는 동쪽
의 소련과 손을 잡음으로써 소련의 개입을 걱정하지 않고 전쟁을 시
작할 수 있게 됩니다. 불과 9일 후인 9월 1일 독일군은 폴란드를 공
격하기 시작했으며, 폴란드는 5주 후인 10월 6일 허망하게 항복하고
맙니다.

제24계 길을 빌려 괵을 친다 - 가도벌괵假道伐虢

가도벌괵假道伐虢은 작은 나라가 어려움에 빠졌을 때, 이를 틈타 상
대를 병탄하는 책략입니다. 그런데 군대를 움직이려면 대의명분이 있
어야 합니다. 상대방이 다른 나라의 공격을 받아서 구원을 요청해 온
다면 이보다 절호의 기회는 없을 겁니다. 그런 때는 망설이지 말고 군
대를 보내 영향력을 확대하고 기회를 봐서 합병해야 합니다. 그렇게
하면 국제 여론의 비난을 피하면서 힘 안 들이고 세력권을 확대할 수
있습니다. 가도벌괵은《한비자》에 나오는 다음 이야기에서 유래했습
니다.

옛날에 진晉이라고 하는 큰 나라가 괵虢이라고 하는 작은 나라를
치려고 했습니다. 괵을 공격하려면 그 이웃에 있는 우虞나라를 통과
해야 합니다. 그래서 진의 왕은 우의 왕에게 보석과 준마를 선물로
보내면서 길을 내줄 것을 부탁합니다. 이에 우의 중신 한 사람이 진
언합니다.

"우리나라와 괵은 서로 이웃 나라로 떼려야 뗄 수 없는 관계입니다. 만일 진에게 길을 내주면 괵이 망하는 그날로 우리나라도 망하고 말 겁니다. 안 됩니다. 부디 그 선물을 받지 마십시오."

그러나 보석과 준마에 눈이 어두워진 우의 임금은 충신의 반대를 무릅쓰고 길을 내주고 맙니다. 그러자 신하가 우려한 대로 진의 군대는 괵을 멸망시킨 후에 '떡 본 김에 제사 지낸다'는 식으로 우마저 멸망시킵니다. 선물로 준 보석과 준마를 다시 가져간 것은 두말할 필요 없겠지요. 우의 임금은 눈앞의 이익에 눈이 멀어 앞으로 닥칠 위험을 생각하지 못했습니다.

1894년 2월 전봉준이 이끄는 1000여 명의 농민이 전라도 고부에서 봉기합니다. 이 봉기는 양반 사회에 항거하여 일어난 대규모 농민전쟁, 즉 동학혁명의 시작이 됩니다. 조선 정부는 자체의 힘만으로는 이들을 진압할 수 없다고 판단하고 청나라에 도움을 요청합니다. 그러자 일본도 공사관과 거류민 보호를 구실로 조선에 군대를 파견합니다.

결국 동학군은 일본군과 합세한 관군에게 패하고 혁명은 실패로 끝을 맺고 맙니다. 그런데 조선 정부의 곤경을 기화로 우리 땅에 들어온 일본군은 청나라에 의존해온 명성황후 정권을 몰아내고 본격적으로 조선의 예속화를 진행합니다. 일본은 농민전쟁이 일어난 약소국 조선에 대해 전형적인 가도벌괵 책략을 구사한 셈입니다.

병전併戰의 계 : 속고 속이는 것이 싸움이다

동맹국과 연합해서 싸울 경우, 상대방이 동맹국이라고 해서 마음을 주어서는 안 된다. 어디까지나 지도하는 권한을 확보하고 강한 통솔력을 보여야 한다. 적이건 아군이건 결코 빈틈을 보여서는 안 된다.

제25계 대들보를 훔치고 기둥을 바꾼다 – 투량환주偸樑換柱

투량환주偸樑換柱는 상대방을 '알맹이가 빠진 상태'로 만들어버리는 책략입니다. 대들보도 기둥도 모두 집을 지탱하는 뼈대입니다. 이것을 바꿔버리면 형태는 같아도 알맹이는 완전히 달라지는 셈입니다. 마찬가지로 상대방에게 이 책략을 쓰면 그들의 전투력을 약화시키고 싸우려는 의지를 잃어버리게 할 수 있습니다. 이 책략은 적국에 대해서도, 또 동맹국에 대해서도 쓸 수 있습니다. 동맹국에게 이 수법을 쓰는 것은 상대방을 원하는 대로 조종하기 위해서이죠.

제23계 '원교근공'을 논의할 때 이야기했듯이, 진秦의 시황제는 이웃 나라들을 하나씩 하나씩 멸망시킨 뒤, 마침내 기원전 321년 마지막으로 제齊를 멸망시키고 천하를 통일합니다. 이 과정에서 시황제는 무력토벌과 함께 철저한 사전 공작으로 적의 전투력과 싸우고자 하는 의욕을 약화시킵니다. 제나라에 대해서도 마찬가지였죠.

그 무렵 제나라에서는 후승后勝이라는 자가 재상으로 임명되어 국정의 실권을 쥐고 있었습니다. 시황제는 그를 매수하고, 후승은 시황제의 요청에 따라 자신의 많은 부하 및 식객을 진나라에 보냅니다. 진나라 정부는 그들을 첩보요원으로 양성하고 돈을 줘서 제나라로 돌려보냈지요. 귀국 후 그들은 진나라가 원하는 대로 진秦의 강대한 국력을 적극적으로 선전하고, 입을 모아 전쟁 준비를 중단하라고 제 나라 왕을 압박합니다. 이 같은 사전공작 때문에 나중에 진나라 군대 가 제나라 수도인 임치臨淄에 접근하자 어느 누구도 저항하지 않았다 고 합니다. 첩보원들의 활약으로 온 나라가 이미 '알맹이가 빠진 상 태'가 되어 있었고 저항의 의지를 상실했던 것이죠.

소련은 오랫동안 인도양에 진출하는 것이 꿈이었습니다. 이를 위 해 소련은 1950년대부터 이미 아프가니스탄 침공을 준비해왔습니 다. 우선 소련은 아프가니스탄 지도층을 자기 편으로 만들기 위해 정 부기관 및 군부대에 6000명이 넘는 고문단과 전문가 집단을 지속적 으로 아프가니스탄으로 보냈습니다. 또한 온갖 수단을 써서 반대파 를 탄압하고 추방했으며, 그들의 후임으로 소련과 가까운 인사들을 등용하라고 아프가니스탄 정부에 압력을 넣었습니다. 그 결과, 아프 가니스탄 군과 정부기관의 주요 요직은 거의 다 소련과 가까운 인물 들이 차지하게 됩니다. 이것도 투량환주 책략이라고 불러야 할 것입 니다. 덕분에 1979년 12월 소련은 아프가니스탄을 침공했을 때 초기 에 손쉽게 성공을 거둘 수 있었습니다.

제26계 뽕나무를 가리키며 회화나무를 욕한다 – 지상매괴指桑罵槐
지상매괴指桑罵槐는 원래 '가'(회화나무)를 비판하고 싶은데 맞대놓고 그렇게 하기가 어려운 경우, '나'(뽕나무)를 꾸짖음으로써 간접적으로 '가'를 비판하는 수법을 말합니다. 이것 역시 옛날부터 쓰이던 책략 인데, 중국 현대사에서 재미있는 사례를 발견할 수 있습니다.
문화혁명이 진행되고 있던 중국에서 비림비공운동批林批孔運動이 일어난 적이 있습니다. 겉으로는 마오쩌둥과 대립하던 린뱌오林彪를 비판하는 형태를 띠고 있지만, 실은 저우언라이를 겨냥하는 것이었습니다.

《삼십육계》에서는 이 책략을 동맹국이나 부하를 다스릴 때 쓰는 것으로 소개합니다. 즉 동맹국을 대놓고 비판하기 망설여진다거나, 부하를 무조건 야단만 쳐서는 효과가 없을 때는 알아들을 수 있는 형태로 간접적으로 비판하거나 꾸짖는 편이 훨씬 더 효과적이란 것이죠.

춘추시대 시절 무경칠서의 하나인 《사마법》의 저자이기도 한 제나라 사마양저는 제나라가 연燕의 공격을 받자 장군으로 임명되어 싸움터로 나가게 됩니다. 그런데 출발하기로 되어 있는 날, 함께 가야 하는 장고莊賈가 나타나지 않았습니다. 정오에 만나기로 했는데 장고는 송별연에 갔다가 저녁때가 되어서야 모습을 드러냈습니다. 사마양저가 묻습니다.

"어째서 약속 시간보다 늦었습니까?"

장고는 사과하며 말합니다.

"중신들과 친지들이 송별연을 열어주어 늦었습니다."

이 말을 듣고 양저는 군법무관을 부릅니다.

"군법에는 약속 시간에 대지 못하면 어떻게 하도록 되어 있소?"

"마땅히 베어야 합니다."

장고는 두려워서 사람을 보내 임금에게 이 일을 알리고 사면을 요청합니다. 그러나 양저는 임금에게 간 사람이 돌아오기도 전에 장고의 목을 베어 전군에 돌려 본보기로 삼았습니다. 이것으로 제나라 군대의 기강은 확실히 서게 되지요. 결과적으로 사마양저는 '나'(장고)를 희생시킴으로써 '가'(군기)를 얻었으므로, 이것도 지상매괴의 사례로

볼 수 있지 않을까 합니다.

제27계 어리석은 척하되 미치지는 않는다 – 가치부전假痴不癲

가치부전假痴不癲은 어리석은 척하여 상대방의 경계심을 누그러뜨리는 책략입니다. 이 책략은 약하거나 괴로운 처지에 있을 때 쓰이는 경우가 많습니다. 잘만 활용하면 눈부신 성과를 올릴 수 있는데, 그 성공 여부는 오로지 얼마나 그럴싸하게 '어리석은 척'할 수 있느냐에 달려 있습니다.

제갈공명의 호적수였던 위나라의 사마중달은 나중에 위나라의 공신, 원로로 대접받게 됩니다. 이 무렵의 일입니다. 위나라 조정 내에 명문 출신인 조상曹爽의 세력이 대두하면서 사마중달은 실권이 없는 자리로 밀려납니다. 그는 병환을 핑계로 집 안에 틀어박힙니다. 하지만 사마중달은 누가 뭐라고 해도 나라의 원로였습니다. 위세를 부리는 조상 일당에게는 불편한 존재일 수밖에 없었지요. 그래서 어느 날 조상은 부하 한 사람을 사마중달에게 보내 병문안도 할 겸 그의 병세를 살펴보게 했습니다.

그 부하는 집 안으로 안내 받아 사마중달을 만납니다. 사마중달의 좌우 양쪽에는 두 하녀가 서서 사마중달의 옷이 어깨에서 떨어질 듯하면 다시 옷을 걸쳐주었습니다. 그리고 사마중달이 입가를 가리키며 "아, 아" 하며 뭔가 마실 것 좀 갖다 달라고 하는 듯하자 하녀가 죽이 들어 있는 공기를 갖다 주었습니다. 사마중달은 죽을 후루룩 들이마시려 하지만 모두 가슴 언저리에 흘리고 맙니다. 말하는 것도 아주 엉망이었습니다. 부하는 이런 모습을 그대로 조상에게 보고했습니다. 조상은 그때부터 안심하고 사마중달에게는 아무런 관심을 갖

285

지 않게 되었습니다. 한 달 뒤 사마중달은 조상이 방심하고 있는 틈을 타서 쿠데타를 일으켜 반대파를 몰아내는 데 성공합니다. 그리하여 사마중달은 권력의 자리에 화려하게 복귀합니다. 가치부전 책략이 멋지게 성공한 사례라 하겠습니다.

제28계 이층으로 올리고 사다리를 치운다 – 상옥추제 上屋抽梯

상옥추제上屋抽梯란 "이층에 올려놓고 사다리를 치운다"는 뜻인데, 군사상의 책략으로서는 다음의 2가지 뜻을 품고 있습니다.

- 적이 달려들어 물음 직한 미끼를 뿌려 그들이 마구 전진하도록 한다. 이어서 후속부대와의 연계를 끊고 이들을 격멸한다.
- 스스로 퇴로를 끊고 배수진을 침으로써 병사들이 죽을 각오를 하고 싸우도록 한다.

둘 중 어느 의미의 책략이든 이것은 아주 대담한 작전이며, 이를 성공시키려면 깊은 통찰력과 매우 주도면밀한 준비가 필요합니다.

당나라 현종을 모신 재상 가운데 이임보李林甫란 이가 있었습니다. 그는 "입에는 꿀, 배에는 칼"이라는 말을 들을 정도로 엉큼한 인물이 었습니다. 이임보의 정적 가운데 엄정자嚴挺子라는 사람이 있었는데, 그는 좌천되어 지방에 내려가 있었습니다. 어느 날 현종은 불현듯 엄정자 생각이 나서 이임보에게 묻습니다.

"엄정자라는 친구가 있었지? 그 사람 참 유능했는데, 지금 어디 있는가?"

황제 앞에서 물러난 이임보는 엄정자의 동생을 불러 이렇게 말합니다.

"황제께서는 너의 형님을 각별히 총애하고 계시다. 이럴 때는 황제의 눈에 띄는 것이 상책인데, 형님이 지방에 계시니까 그것도 마음대로 안 되는구나. 어떻게 하면 좋을까? 중풍에 걸려 고생하고 있으니 장안長安에 돌아와 요양하게 해달라는 청원을 하는 것이 어떨까? 자네가 형님께 그렇게 말씀드리는 것이 좋겠다."

엄정자는 아우로부터 이런 연락을 받고 기뻐하며 황제께 장안에 오게 해달라는 청원서를 올립니다. 현종은 청원서를 받고 이임보와 상의합니다. 이임보는 이렇게 건의합니다.

"엄정자는 연로하여 중풍을 앓고 있습니다. 한직에 앉혀 요양에 전념하도록 하는 것이 좋지 않을까 합니다."

이임보는 이렇게 하여 정적이 복귀할 가능성을 미리 없앴습니다.

항우는 진나라 군대에 포위당한 거록鉅鹿의 동맹군을 구하러 간 적이 있습니다. 그는 전군을 이끌고 황하를 건너자마자, 배를 가라앉히고 솥을 때려 부수고 천막을 불태우도록 합니다. 병사들에게 불과 사흘치 식량만 챙기게 했습니다. 이렇게 함으로써 항우는 장병들에게는 살아 돌아올 생각을 하지 말고 결사적으로 싸울 것을 요구한 것입니다. 과연 거록에 도착한 항우의 군대는 일당십一當十의 각오로 있는 힘을 다해 싸웠습니다. 그 결과, 항우는 진나라 군대를 궤멸시킬 수 있었습니다. 이것이 그 유명한 항우의 파부침주破釜沈舟(솥을 깨뜨리고 배를 가라앉힌다) 이야기입니다. 이것도 상옥추제 책략을 응용한 것이라 할 수 있습니다.

제29계 나무 위에서 꽃을 피운다 - 수상개화樹上開花

수상개화樹上開花는 여러 가지 수단을 이용하여 우리 쪽이 대군인 것처럼 보이게 하는 책략입니다. 아군이 소수이거나 열세일 때 쓰이는 책략인데, 적군을 위압하여 일단 싸움을 피하고 시간을 버는 것이 목적입니다.

1947년 겨울, 중국 공산당의 팔로군과 장제스가 이끄는 국민당군이 내전을 벌이고 있을 때의 이야기입니다. 후난성河南省 서부의 푸뉴산伏牛山 일대에서 유격 활동을 펼치고 있던 팔로군은 전력이 우세한 국민당군과 맞서야 했기 때문에 당분간은 결정적인 싸움을 피해야 했습니다. 그래서 그들은 적을 속이기 위한 미끼 부대를 계속 내보내면서 주력 부대가 출격한 듯이 보이게 하고 적군을 이리저리 끌고 다니는 전술을 쓰기로 합니다. 미끼 부대는 일부러 적의 눈에 띄도록 남하하기 시작했고, 적이 눈치채지 못하고 있다는 것을 알아차리자마자 또 우회하여 같은 길을 행군했습니다. 또한 야영할 때는 화덕을 많이 만들어 대부대가 이동하는 것처럼 보이게 했습니다. 그러나 국민당군도 만만치 않아 쉽게 속아 넘어가지 않았습니다. 그래서 미끼 부대는 과감히 천펑鎭平이라는 곳을 공격하여, 어디까지나 주력 부대가 나서서 싸우는 듯한 인상을 주려 합니다.

그러자 국민당군은 주력 병력을 출동시켜 결전決戰을 청합니다. 미끼 부대는 철수하면서 적을 끌어당기고, 끌어당긴 후에는 또 사이를 벌리고, 게다가 일부러 흙먼지를 자욱이 일으키며 행군합니다. 또 많은 배낭을 고의로 버리기도 했습니다. 이 모든 것이 팔로군 주력 병력이 동원된 것처럼 보이도록 하기 위해서 였습니다. 국민당군은 이

승자의 공부

제 완전히 미끼 부대를 적의 주력 병력으로 오인해 수개월간 이 미끼 부대를 쫓아다녔습니다. 그동안 팔로군 군단 주력부대는 차분히 휴식을 취하면서 얼마 안 있어 닥칠 결전에 대비할 수 있었습니다.

제2차 세계대전 당시 '사막의 여우'라고 불리던 나치 독일의 에르빈 롬멜Erwin Rommel은 북아프리카에서 영국군과 싸울 때 독일군의 열세를 숨기기 위해 다음과 같은 기만전술을 썼습니다. 롬멜은 폴크스바겐 자동차에 나무 관을 씌우고 색을 칠해 탱크처럼 보이게 했습니다. 이어서 소수의 탱크와 자동차에 널빤지를 매단 다음 자동차가 앞서가는 탱크들을 뒤따라가게 했습니다. 그러면 마치 수많은 탱크가 모래바람을 일으키며 달려오는 것처럼 보였습니다. 이를 본 연합군 병사들은 기겁을 하고 달아났다고 합니다.

1970년대 초 소련 영토 상공의 서방측 정찰위성 카메라가 무르만스크Murmansk 근처의 항구에 정박하고 있는 소련의 북방함대에 대륙간 탄도미사일을 실은 잠수함이 새로 몇 척이나 더 늘어난 사실을 발견합니다. 그런데 마침 발트해에 며칠 동안 폭풍이 휘몰아쳐 정찰위성 카메라가 제대로 작동하지 않았습니다. 폭풍이 지나가자 카메라는 다시 작동하기 시작했는데, 놀랍게도 신형 잠수함들의 절반이 모양이 비뚤어지거나 기울어져 있는 것을 발견합니다. 그래서 서방측은 그 잠수함들이 가짜라는 사실을 알게 되었다고 합니다.

이런 사례는 또 있습니다. 리가항Riga港 건너편의 어느 섬에 미사일 기지가 있었는데, 한때 그곳에는 가짜 미사일이 진짜보다 더 많았다고 합니다. 소련은 이렇게 냉전 기간 내내 자국의 실력을 감추고 실제보다 더 강하게 보이기 위해 필사적인 노력을 기울였습니다.

제30계 손님이 주인이 된다 - 반객위주反客爲主

반객위주反客爲主는 손님의 처지에서 서서히 주인의 자리를 차지해 가는 책략입니다. 수동적 상태에 있던 사람이 주도권을 빼앗는 것인데, 여기서 손님이라 함은 글자 그대로 주인이 초대한 손님이라는 뜻도 있지만 주력 군대의 동맹군으로 해석할 수도 있습니다. 이 책략을 성공시키려면 시간이 걸리더라도 차근차근 순서를 밟는 것이 좋습니다. 초조하게 굴면 절대 안 됩니다.

먼저 손님 자리를 확보한다.
⋯▶ 주인의 약점을 찾는다.
⋯▶ 행동을 개시한다.
⋯▶ 권력을 빼앗는다.
⋯▶ 주인의 자리를 대신한다.
⋯▶ 권력을 굳힌다.

요컨대, 손님의 자리에 (수동적인 상태) 있을 때는 경거망동하지 말고 은인자중隱忍自重하며 때를 기다려야 합니다.

항우와 유방은 둘 다 진나라에 대항하는 연합군을 지휘하는 장수로서 각자의 군대를 이끌고 각각 다른 길로 진나라의 수도 함양咸陽으로 향합니다. 연합군 내부에서는 항우의 군대가 주력군단이었고, 유방의 부대는 말하자면 일종의 별동대였습니다.

그런데 얄궂게도 함양에 맨 먼저 들어간 것은 유방의 부대였습니다. 선수를 빼앗긴 항우는 불쾌하기 짝이 없었습니다. 그는 홧김에 유방을 치기로 마음먹습니다. 이때 유방의 부대는 10만, 항우의 군단은 40만이었습니다. 유방으로서는 싸워봤자 승산이 없었습니다. 할 수 없이 유방은 수행원 몇 명만 데리고 항우의 진영을 방문하여 사죄의 뜻을 표합니다. 실제로 유방에게 어떤 잘못이 있는 것은 아니었습니다. 힘으로는 대항할 수 없기에 참을 수 없는 것을 참으면서 머리를 숙인 것이죠. 머지않아 행해진 논공행상에서도 주도권을 잡은 것은 항우였습니다. 이때도 유방은 부당한 대우를 받습니다. 함양에 가장 먼저 입성한 사람에게 관중 땅을 주기로 되어 있었는데, 유방이 받은 것은 관중이 아니고 한중이라는 외진 지방이었습니다.

이 지경에 이르자 유방도 분이 울컥 치밀어 일전을 불사하겠다고 펄펄 뜁니다. 그러나 참모들이 극구 말려 그는 마지못해 한중으로 떠납니다. 어차피 지금은 싸워도 이길 수 없으니 참아야 한다고 생각을 바꾼 것이지요. 한중에 머물게 된 유방은 얼마 안 있어 다시 기회를 포착합니다. 항우의 논공행상에 불만을 품은 동쪽의 제나라에서 반란이 일어나고 그것이 조나라로 번진 것입니다. 항우가 반란을 진압하느라 정신이 없자 유방은 그 틈을 타서 군사를 일으킵니다. 그 후 유방과 항우의 대결은 4년 가까이 계속되었는데 결국 유방이 항우를 꺾고 천하를 통일합니다.

반객위주의 책략을 성공시키려면 유방처럼 마음속으로 참으며 몸가짐을 신중히 하는 준비 단계가 필요합니다.

사마중달은 젊은 시절부터 평판이 매우 좋았습니다. 그를 눈여겨본 위의 조조는 그를 발탁합니다. 그러나 초기에는 두 사람의 관계가 그다지 좋지는 않았던 듯합니다. 예를 들어 이런 이야기가 있습니다.

291

사마중달이 아직 태자 조비曹丕를 모시고 있던 시절, 조조는 이상한
꿈을 꿉니다. 3마리 말이 같은 여물통에 머리를 처박고 있는 꿈이었
습니다. 이 꿈을 꾸고 그는 둘째 아들 조비에게 이렇게 경고합니다.

"사마중달이 우리 집안을 빼앗을 염려가 있으니 그 남자를 조심
해라."

그러나 사마중달은 조조의 미움을 받으면서도 충실히, 그리고 부
지런히 섬겼고, 한결같이 직무에 매진합니다. 조조는 사마중달의 행
동거지를 보면서 차츰차츰 경계심을 풀게 됩니다. 이것만 봐도 사마
중달은 보통내기가 아닙니다. 조조가 죽고 조비의 시대가 되자 사마
중달은 그의 심복이 되었고, 조비가 죽자 사마중달은 원로로서 위나
라의 실권을 잡습니다. 그는 마지막까지 어디까지나 신하의 자리에
머물렀습니다. 그의 집안이 위나라 왕조를 무너뜨리고 진晉을 세우는
것은 사마중달의 손자 사마염司馬炎 때의 이야기이지요. 사마중달의
집안은 무려 3대에 걸쳐 반객위주 책략을 실행에 옮긴 셈입니다.

패전敗戰의 계 : 잘 지는 것도 전략이다

절체절명絶體絶命의 위기에 부딪혀도 끝까지 포기하지 마라. 의지가 있
으면 길이 있다. 역전 승리의 비책秘策은 얼마든지 있다. 정말로 견딜
수 없을 때는 도망가도 좋다. 그것이 내일의 승리로 이어질 수 있다.

제31계 미인을 써서 상대방의 마음을 빼앗는다 - 미인계美人計

미인계는 여자를 써서 상대방의 의지를 없애는 책략입니다. 여러

가지 방법으로 적의 지휘관을 구워삶아 '하고자 하는 마음을 상실하게 하는 것'이 이 책략의 요체입니다. 많은 경우 약자가 강자를 상대로 쓰지만, 그 반대의 경우도 있을 수 있습니다.

춘추시대 말기 월나라의 구천은 오나라의 부차에게 패해 회계산에서 굴욕적인 강화조약을 맺어야 했습니다. 구사일생으로 용서를 받고 귀국한 구천은 늘 곁에 말린 간(肝)을 놓고 아침에 일어나고 밤에 잠자리에 들 때마다 그 쓴맛을 맛보며 자신에게 이렇게 말했다고 합니다.

"구천아, 회계의 치욕을 잊으면 안 된다."

그는 복수를 위해 크게 두 가지 정책을 펼칩니다. 하나는 국내 정치의 개혁입니다. 구천은 스스로 나서서 농사를 지었으며, 널리 인재를 모집합니다. 그는 시작하는 마음으로 돌아가 국정을 다시 정비하였으며, 군사력의 증강에도 힘을 기울입니다. 또 하나는 부차의 마음을 어지럽히는 것이었습니다. 국력을 더 다지기 위해서는 부차가 마음을 놓게 해서 시간을 벌어야 했습니다. 그 공작의 일환으로 구천은 여자를 쓰기로 마음먹습니다. 우선 온 나라를 뒤져서 서시(西施)라는 시골처녀를 찾아냅니다. 서시는 과연 절세미인이었습니다. 그러나 아직은 시골뜨기에 지나지 않았죠. 그래서 구천은 그녀를 수도로 불러 화장하는 법부터 걷는 법에 이르기까지 모든 행위를 가르치기로 합니다. 이러한 특수 훈련이 3년이나 계속되었습니다. 드디어 훈련이 끝나고 서시를 부차에게 알현시킵니다. 부차는 한눈에 서시에게 반하고, 그녀를 후궁으로 맞이합니다. 이렇게 미인계에 걸려든 부차는 서서히 구천에 대한 경계심을 풀게 됩니다. 그 틈을 타고 일어난 구천은 부차에게 멋지게 복수를 합니다.

폭군으로 알려진 은 주왕의 이야기도 들을 만합니다. 당시에 서백

293

이라는 제후가 있었는데, 그는 정치를 잘해서 다른 제후들의 신망을 얻고 있었습니다. 이를 시기한 이가 주왕에게 말했습니다.

"서백이 선정을 펴고 제후들의 마음을 사로잡고 있습니다. 지금 처치하지 않으면 나중에 좋지 않은 일이 일어날 것입니다."

이 말을 들은 주왕은 서백을 붙잡아 가둡니다. 이대로 가면 서백의 목숨이 위태롭다고 판단한 그의 부하들은 곧 손꼽히는 미녀와 준마, 그리고 여러 가지 진기한 물품을 준비합니다. 그들은 주왕의 측근을 통해 이것들을 주왕에게 바칩니다. 주왕은 매우 기뻐하며 이렇게 말했습니다.

"이 정도의 선물을 받았으니 내가 서백을 용서하지 않을 수 없네."

이렇게 해서 서백은 석방되고 자신의 나라로 돌아갔습니다. 서백 또한 미인계로 위기에서 벗어난 것이지요. 결과적으로 후에 서백의 아들 무왕武王은 주왕을 멸망시키고 주 왕조를 세웁니다. 서백이 바로 주나라의 시조인 문왕입니다.

제32계 성을 비운 것처럼 한다 - 공성계空城計

공성계는 아군이 열세이고 승산이 없을 때 일부러 무방비인 것처럼 보이게 하여 적의 판단을 흐리게 하는 책략입니다. 이 책략의 목적은 적에게 승리하는 것이 아니라 시간을 벌고 적의 공격을 피하는 것입니다. 따라서 대개 막다른 곳에 몰려 죽음 속에서 살길을 찾기 위해 쓰는 경우가 많습니다.

나관중의 소설《삼국지》에는 제갈공명이 공성계를 써서 사마중달의 대군을 물리치는 이야기가 나옵니다. 이 이야기는 역사적 사실이

승자의 공부

아니고 소설 속의 허구fiction이지만 들어볼 만합니다.

제갈공명이 불과 2500명의 군사를 이끌고 서성西城에 머물 때, 위나라 장군 사마중달이 15만 대군을 이끌고 공격해 옵니다. 제갈공명이 아무리 지략에 뛰어나더라도 2500명의 병력으로 15만 대군에 맞설 수는 없었습니다. 성 안에 있던 병사들은 모두 얼굴이 새파랗게 질렸다고 하죠. 그러나 제갈공명은 조금도 당황하지 않고 "잠깐 기다려라. 나에게 좋은 생각이 있다"라고 하더니, 사방의 성문을 활짝 열어 놓고 20명가량의 병사들로 하여금 백성의 옷차림을 하고 길을 쓸게 했습니다. 그리고 제갈공명 자신은 도사의 옷차림으로 성루에 올라가 그곳에서 태연자약하게 향불을 피워놓고 거문고를 타기 시작합니다.

성 밑까지 공격해온 사마중달이 바라보니, 성 안이 이상하게 고요하고 성루 위에서는 제갈공명이 거문고를 타고 있는 것이 아닙니까. 이것을 본 사마중달은 "이상한 일이다. 제갈공명은 원래 신중한 사람으로, 한 번도 위험한 일을 저지른 적이 없다. 지금 저렇게 성문을 활짝 열어놓은 것은 분명 복병이 있다는 증거다. 지금 공격하면 공명의 전술에 빠지게 될 것이다"라고 하고는, 모든 군대에게 후퇴할 것을 명령합니다. 사마중달의 15만 대군은 썰물처럼 후퇴하기 시작합니다. 이 광경을 지켜본 병사들은 새삼 제갈공명의 지모에 감탄했다고 합니다.

이것이 공성계의 유래가 된 제갈공명의 고사입니다. 비록 꾸며낸 이야기이기는 하지만 여기서 우리는 공성계의 성공을 위한 세 조건을 추출해낼 수 있습니다. 공성계는 궁지에 몰렸을 때 쓰는 승부수입니다. 평상시에 제갈공명이 아주 신중하게 용병用兵을 해왔기 때문에 이러한 승부수가 통할 수 있었던 겁니다. 상대방 역시 지혜가 많은 장수였기 때문에 이 책략에 넘어갔지요.

당나라 현종 때 티베트 민족이 과주瓜州를 침공하여 현지의 수비군 사령관을 죽이는 사건이 일어납니다. 당 조정에서는 장수규張守珪를 후임 사령관으로 임명하고 과주에 파견합니다. 장수규는 현지에 부임한 후 우선 주민들을 지휘하여 성벽 복구 작업을 시작합니다. 그러나 공사가 끝나기도 전에 티베트족이 또 다시 쳐들어 왔습니다. 이런 상태로는 도저히 과주를 끝까지 지킬 수 없었습니다. 성 안의 주민들은 쩔쩔매기만 할 뿐 싸울 의지가 없었습니다. 그래서 장수규는 이렇게 생각합니다.

"다수에 대해 소수로 대적할 수 없을 뿐더러 방비도 되어 있지 않다. 이런 상황에서 무력으로 대항할 수는 없다. 지금은 머리를 써서 적을 물리쳐야 할 때다."

장수규는 성벽 위에서 술 잔치를 하라고 명령합니다. 음악을 연주하고 사람들에게 술을 마시고 법석을 떨게 했습니다. 이 풍경을 본 티베트군은 성 안에 틀림없이 복병이 있을 것이라고 생각하고 포위망을 풀고 철수했다고 합니다.

제33계 상대방의 첩보원을 역이용하여 적의 판단을 흐리게 한다
— 반간계反間計

반간계는 거짓 정보를 흘려 상대방을 혼란에 빠뜨리는 책략입니다. 거짓 정보를 흘릴 때 가장 효과적인 길은 적의 첩보원을 이용하는 것이지요. 이 경우, 크게 다음의 두 방법이 있습니다.

승자의 공부

- 적의 첩보원을 매수하여 거짓 정보를 흘리게 한다.
- 일부러 눈치 못 채는 척하고 거짓 정보를 적의 첩보원이 포착하
  게 한다.

유방의 군대가 항우의 대군에게 포위당해 크게 고전하고 있을 때였습니다. 진평陳平이라는 참모가 유방에게 진언합니다.

"항우를 따르고 있는 인물들 가운데 강직한 사람은 범증范增을 비롯하여 몇 명밖에 안 됩니다. 그러니 이번 기회에 황금 수만금을 준비하고 첩보원을 풀어서 적의 군신 관계를 흔들고 서로 의심하게 만드는 것이 어떻겠습니까? 항우는 감정적으로 중상에 잘 넘어가는 사람이므로 반드시 내홍이 일어날 것입니다. 그 틈을 타서 공격하면 꼭 이길 수 있습니다."

이 말을 받아들인 유방은 곧 황금 수만금을 준비해서 진평에게 넘깁니다. 유방은 이렇게 말합니다.

"이것을 쓰게. 일일이 자세한 사용 내역을 보고할 필요는 없네."

진평은 황금을 흥청망청 뿌리고 다니는 한편, 항우의 진영에 첩자를 보내 이런 소문을 퍼뜨리게 합니다.

"항우 군대의 지휘관들은 빛나는 공적을 세워왔다. 그런데 그들은 그것에 걸맞은 땅을 받지 못했기 때문에 항우를 버리고 유방과 내통하려고 한다."

과연 항우는 이런 소문을 듣고 부하 지휘관들을 의심하기 시작합니다. 때마침 항우가 유방의 진영에 사신을 보내 옵니다. 진평은 그를 위해 호화판 잔치를 베풉니다. 이 연회석에는 세발솥까지 등장합니다. 세발솥은 왕위의 상징으로, 보통 임금이 있는 자리에만 내놓는 물

297

건입니다. 진평은 이렇게 해놓고 사신의 얼굴을 쳐다봅니다. 그러더니 그는 정말로 소스라치게 놀란 듯한 표정을 지으며 외쳤습니다.

"뭐야, 범증 님의 사신인가 했더니, 항우의 사신인가?"

진평은 준비한 요리를 당장 치우게 하고, 변변치 않은 요리를 가져오게 합니다. 항우의 사신은 돌아오자마자 이같은 사실을 낱낱이 보고하지요. 그러자 항우는 돌연 범증을 의심하기 시작하고, 그가 어떤 진언을 해도 이제 더 이상 받아들이지 않았습니다. 격분한 범증은 고향으로 돌아가버리고 맙니다.

송나라 장군 악비岳飛가 조정의 명을 받아 영표嶺表의 반군을 진압할 때의 일입니다. 반군의 우두머리 조성曹成은 좀처럼 항복하지 않았습니다. 악비의 군대가 하주賀州 근방을 지날 무렵 우연히 반란군의 첩보원을 잡게 됩니다. 악비는 그를 묶은 채 천막 근처에 쓰러뜨려 놓았습니다. 그런 다음 천막을 나와 군량 비축 상황을 점검했습니다. 담당 장교가 하소연합니다.

"군량이 바닥을 치고 있습니다. 어떻게 할까요?"

"어쩔 수 없네. 다릉茶陵까지 철수합시다."

악비는 일부러 이렇게 말하며 흘끗 반군 첩자를 바라보지요. 그는 큰일났다는 표정을 짓고 혀를 차며 천막에 들어갑니다. 그러고는 몰래 풀어주라고 명령합니다. 그가 돌아가서 상관인 조성에게 보고하면, 조성은 안심하고 경계를 게을리할 것이라고 생각한 것이죠. 반란군 첩보원을 석방하자마자 악비는 식량을 준비시키고 가만히 출동 명령을 내립니다. 그의 군대는 골짜기를 지나 행군했고, 동트기 전에 목적지인 반란군 요새에 도착합니다. 악비의 병사들은 우르르 적을 덮쳤고, 허를 찔린 반란군은 여지없이 패하고 말았습니다.

송나라 태조 조광윤趙匡胤이 서지고徐知誥가 옛 오나라 땅에 세운 남당南唐(937~975)을 토벌할 때의 이야기도 들을 만합니다.

남당에는 임인조林仁肇라는 유능한 장군이 있어서, 그가 건재하는 한 송나라 군대는 안심하고 나아갈 수 없었습니다. 그래서 조광윤은 꾀를 냈습니다. 그는 먼저 임인조의 수행비서에게 뇌물을 보낸 다음, 그 비서를 통해 몰래 임인조의 초상화를 손에 넣었습니다. 조광윤은 그것을 별실에 걸어놓고 남당의 사신을 접견합니다. 그는 사신에게 초상화를 가리키며 물었습니다.

"이분이 누구인지 아시나요?"

"우리나라의 임인조 장군입니다."

이 대답을 들은 조광윤이 말합니다.

"임인조는 항복하겠다는 뜻을 전해왔습니다. 그 증거로 이 초상화를 보내온 것입니다."

그러면서 그는 바깥의 별관을 가리키며 말을 잇습니다.

"나는 저 건물을 임인조 장군에게 주어 그곳에서 사시게 할 작정입니다."

사신은 귀국하자마자 이 내용을 임금에게 보고하지요. 그러자 남당의 임금은 이것이 적의 이간 공작이라는 것도 모른 채 임인조에게 사약을 내립니다. 조광윤은 초상화를 도구로 쓰고 상대방의 사신을 역이용함으로써 깔끔히 목적을 달성했습니다.

제34계 자신을 희생하여 적을 속인다 - 고육계苦肉計

고육계苦肉計는 자신의 몸에 고통을 줌으로써 적에게 믿음을 줘 뜻한 바 목적을 달성하는 책략입니다. 상대방으로 하여금 믿게 하려면 우리 편마저 속이는 비정함이 요구되기도 합니다.

삼국시대 때 오나라의 장군 주유周瑜가 이끄는 수군이 적벽赤壁에서 조조의 대군을 맞아 싸울 때의 이야기입니다. 오나라의 장수 황개黃蓋는 강 건너편에 조조의 대함대가 모여 있는 것을 보고 주유에게 진언합니다.

"지금 보아하니 적은 대군이고 우리 병력은 너무 적습니다. 이대로라면 우리는 오래 버틸 수 없습니다. 그러나 건너편에 정박해 있는 적의 함대는 이물(=뱃머리)과 고물(=선미)이 서로 붙어 있습니다. 그렇다면 불로써 들이치는 화공법을 쓰면 격퇴할 수 있을 것입니다."

"좋다 그렇게 하자."

황개는 즉시 수십 척의 배를 마련하고 화공火攻을 준비합니다. 동시에 그는 주유와 상의하여 이 작전을 성공시키기 위한 두 가지 방안을 강구합니다. 하나는 조조에게 밀사를 보내 항복의 뜻을 전하는 것입니다. 그러나 그것만으로는 상대방의 믿음을 살 수 없습니다. 그래서 황개는 과감한 선택을 합니다.

황개는 작전회의 석상에서 항복할 것을 주장하고 자기 뜻을 굽히지 않습니다. 결국 주유의 노여움을 사 무자비하게 볼기를 100대나 맞는 벌을 받게 됩니다. 그의 살은 찢어지고 온몸이 피투성이가 됩니다. 이러한 모습은 첩자에 의해 고스란히 조조에게 전달됩니다. 조조도 황개의 항복 의사를 듣고 처음에는 반신반의했는데, 이 사건으로 굳게 믿게 됩니다. 그래서 조조는 황개의 선단이 접근해오자 항복하러 오는 것이라고 믿고 경계를 게을리하였습니다. 그 결과, 황개의 화공 작전은 거뜬히 성공합니다.

이것이 소설 《삼국지》에 나오는 유명한 적벽대전赤壁大戰의 가장 흥미 있는 부분입니다. 그러나 황개의 고육계 자체는 정사正史에 기록되어 있지 않습니다. 아마도 작가가 만들어낸 허구일 가능성이 큽니다.

남북조시대 때 후촉後蜀의 이웅李雄은 진晋의 나상羅尙이 이끄는 군대의 공격을 받습니다. 이때 그는 계책의 일환으로 박태朴泰라는 신하를 모질게 채찍질합니다. 박태는 그 길로 나상의 진영에 가서 심한 상처를 보여주며 말합니다.

"저는 이웅에게 원한이 있습니다. 성 안에서 내통하고 싶습니다. 불길이 오르면 공격해 들어오십시오."

이 말을 믿은 나상은 부하 장군들에게 전 병력을 동원하여 박태를 따라 총공격을 가하라고 명령합니다. 한편 이웅은 길 옆에 복병을 배치하고 적의 공격을 이제나저제나 하고 기다렸습니다. 박태는 줄사다리를 타고 성 안에 들어가서 불길을 당깁니다. 그러자 나상의 군대가 일제히 성벽에 붙었습니다. 그때 박태는 줄사다리를 끊어 성벽을 오르던 적군 병사 100여 명을 죽게 만듭니다. 이어서 이웅이 전군에게 출격 명령을 내립니다. 나상의 군대는 무참히 패배하고 말지요.

고육계는 자신의 몸에 고통을 주는 것이 기본이지만 그 대상을 꼭 몸에만 한정할 필요는 없습니다. 무엇이든 자신이 매우 중요시하는 것을 희생하여 적의 판단을 흐리게 할 수 있으면 그것으로 고육계가 성립할 수 있습니다. 사례 한 가지를 더 들어보겠습니다.

정鄭의 무공武公이 호胡를 토벌할 때의 이야기입니다. 무공은 먼저 자신의 딸을 호의 임금에게 주어서 그의 비위를 맞춘 다음 신하들에게 묻습니다.

"나는 전쟁을 하고 싶다. 어느 나라를 치면 좋을까?"

중신 관기사關其思가 대답한다.

"호가 좋다고 생각합니다."

"호는 나의 사돈 나라 아닌가? 그 나라를 치라니 무슨 말이냐?"

무공은 불같이 노하며 관기사를 죽여버립니다. 호의 왕은 이 소식을 전해 듣고 완전히 마음을 놓고 그만 정나라에 대한 방비를 풀고 맙니다. 그 허를 찌르고 정나라는 손쉽게 호를 탈취합니다.

제35계 여러 계략을 조합하여 적을 격멸한다 – 연환계連環計

연환계는 적이 서로 발을 잡아당기도록 만들어서 행동력을 떨어뜨린 다음에 공격하는 책략입니다. 처음 계략으로 적의 움직임을 봉쇄하거나 그들의 전투력을 소모시키고, 그다음 계략으로 공격하여 격멸시키는 것이 바로 연환계라고 하겠습니다. 이렇게 멋진 한 판 승리를 노리지 않고 둘 이상의 계략을 조합하여 구사하면서 강대한 적을 쓰러뜨리는 것이 이 책략의 특징입니다.

소설 《삼국지》에 따르면 적벽대전 당시 유비 측의 군사軍師 방통龐統이 거짓으로 조조에게 접근하여 이 책략을 진언했다고 합니다. 이 싸움이 벌어지기 전, 수상 생활에 익숙하지 않은 조조 군단에서는 질병으로 고생하는 사람이 속출했습니다. 이 문제는 조조에게도 아주 큰 골칫거리였지요. 이것을 눈여겨본 방통은 물 위의 배들을 사슬로 연결하고 그 위에 판자를 깔 것을 제안합니다. 그렇게 하면 육상에서 사는 것과 똑같이 생활할 수 있으므로 조조도 이 아이디어를 받아들였고, 그 결과 앞에서 살펴보았듯이 황개가 화공법으로 공격했을 때

꼼짝없이 당하고 말게 됩니다.

배들을 서로 연결해놓으면 분명히 더 편하게 생활할 수 있지만, 반면에 선박으로서의 기능을 잃고 자유롭게 움직일 수 없게 됩니다. 방통이 조조에게 연환계를 권한 것은 바로 이 점을 노린 것이지요. 상대방을 마음대로 움직일 수 없는 상태로 몰아넣고 공격하는 것이 방통의 연환계였습니다.

송나라는 막강한 금나라 군대가 침공해 오면 자주 패배하였고 결국 열세의 처지로 전락하였습니다. 그러나 개중에는 뛰어난 책략으로 강대한 금나라 군대를 격파한 장군도 있었습니다. 필재우畢再遇라는 장군도 그런 인물이었습니다. 그가 금金의 군대와 싸우는 방법은 이러했습니다.

우선 적이 전진하면 후퇴하고 적이 물러나면 전진하고, 정면대결을 피하면서 유격전술로 적을 피곤하게 합니다. 땅거미가 지면, 미리 향료를 써서 푹 삶아 놓은 콩을 땅에 흩뿌립니다. 그런 상태에서 또다시 유인하는 싸움을 걸고서는 일부러 지는 척하며 후퇴합니다. 적은 곧 추격해 옵니다. 그러나 새벽부터 싸웠기 때문에 적의 말은 굶주린 상태겠지요. 콩 냄새를 맡은 말들은 추격을 하는 대신 모두 정신없이 흩뿌려진 콩에 덤벼들게 됩니다. 채찍으로 냅다 때려도 말들은 움직이려고 하지 않습니다. 이때 필재우는 반전反轉해서 맹공격하여 적군을 여지없이 격파했다고 합니다. 이것 역시 연환계라고 해도 좋을 것입니다.

제36계 싸움을 피해 달아난다 – 주위상走爲上

주위상走爲上은 싸움을 피하는 것이 최선의 책략이라는 사고방식입니다. 중국인들은 승산이 없을 때는 싸우지 말아야 한다고 생각했습니다. 나아갈 줄만 알고 물러날 줄 모르는 장수를 중국인들은 '필부의 용勇'이라고 부르며 경멸합니다. 군대에서나 기업에서나 바람직한 지도자는 나아가는 용기와 물러서는 용기를 겸비해야 한다는 것이죠.

후퇴하는 것에는 어떤 장점이 있을까요? 첫째, 이길 수는 없지만 패하지도 않습니다. 즉 큰 타격을 피할 수 있습니다. 둘째, 전투력을 소중하게 보존해 다음 전투에 대비할 수 있습니다. 그렇게 보존한 병력으로 역전승을 거둘 기회를 엿볼 수 있습니다.

1940년 5월 10일, 나치 독일 군대가 프랑스, 네덜란드, 벨기에를 공격하기 시작한 날, 바다 건너 영국에서는 제2차 세계대전의 향방에 엄청난 영향을 미칠 큰 사건이 일어납니다. 그동안 독일과의 유화 정책을 추구해온 네빌 체임벌린Neville Chamberlain 총리가 물러나고 당시 66세의 윈스턴 처칠Winston Churchill이 대영제국의 새 총리가 된 것입니다. 1936년 12월에 취임한 체임벌린 총리의 유화 정책은 히틀러를 더욱 대담하게 만들었을 뿐이었죠.

체임벌린의 가장 치명적인 실패작은 1938년 9월 30일 독일의 뮌헨에서 열린 뮌헨회담이었습니다. 이탈리아의 무솔리니와 프랑스의 달라디에Daladier 총리도 참석한 이 회담에서 체임벌린은 체코슬로바키아의 주데텐란트Sudetenland를 독일에 떼어달라는 히틀러의 요구에 동의합니다. 체임벌린은 히틀러의 요구를 들어주면 유럽의 평화를 유지할 수 있을 거라고 믿었습니다. 그러나 1년도 채 지나지 않은

1939년 9월 1일 독일이 폴란드를 침공함으로써 2차 대전이 일어나고, 이로써 체임벌린의 유화 정책은 완전히 수포로 돌아갑니다.

처칠은 일찍이 히틀러의 야욕을 간파하고 줄곧 영국 정부의 유약함을 비판해왔습니다. 이러한 그가 취임할 당시의 상황은 영국 입장에서 암울하기 짝이 없었습니다. 폴란드와 덴마크, 노르웨이는 이미 독일군에 의해 점령당했고, 곧이어 네덜란드와 벨기에도 항복합니다. 프랑스군과 프랑스에 파견된 영국군도 고전을 면치 못하고 있었습니다. 국민의 사기는 땅에 떨어질 대로 떨어져 있었죠. 이러한 때 서둘러 조각組閣을 마친 처칠은 5월 13일 영국 하원 본회의에서 역사적인 연설을 합니다. 연설 도중 처칠은 다음과 같이 선언합니다.

내가 바칠 수 있는 것은 다만 피와 노력과 눈물과 땀뿐입니다.

I have nothing to offer but blood, toil, tears, and sweat

잠시 천근 같은 침묵이 흐른 후에 우레 같은 박수가 터져 나왔습니다. 결의에 찬 이 한마디는 영국 국민들의 가슴속에 깊이 새겨집니다. 이어서 장중한 그의 연설은 계속됩니다.

여러분은 우리에게 묻습니다. 우리의 정책이 무엇이냐고. 나는 대답하겠습니다. 싸우는 것이 우리의 일이라고. 바다에서, 육지에서, 하늘에서 우리들이 가진 모든 힘과 신이 우리에게 주신 모든 정력을 바쳐 싸우는 일입니다. 여러분은 물을 것입니다. 우리의 목표는 무엇이냐고. 나는 한마디로 대답하겠습니다. 승리라고. 어떠한 희생도 마다하지 않는 승리, 어떠한 공포도 두려워하지 않는 승리, 아무리 그 길이 멀고 험난해도 개의치 않는 승리. 왜냐하면 승리 없이는 우리들에게 생존이 없기 때문입니다. (중략) 자아, 여러분! 일치단결하여 함께 싸웁시다.

처칠은 전쟁 기간 내내 희망과 용기의 메시지를 끊임없이 전달했습니다. 처칠이 이 역사적인 연설을 한 직후인 1940년 5월 말에서 6월 초에 걸쳐 프랑스의 덩케르크Dunkirk에 발이 묶였던 영국군과 프랑스군 약 33만 8000명이 기적적으로 철수하는 데 성공합니다. 그들은 분명히 독일군을 피해 달아났기 때문에 결코 승리한 것이 아니지만 그렇다고 해서 진 것도 아니었습니다. 수많은 병사들을 살렸기 때문이죠. 이때 잘 보존된 병력이 그 후 독일군과의 여러 전투에서 큰 역할을 했음은 말할 것도 없습니다. 6월 4일 처칠은 의회에 덩케르크 철수 작전의 대성공을 보고하면서 다시 명연설을 합니다.

우리는 끝까지 싸울 것입니다. 프랑스에서 싸우고, 바다와 대양에서 싸우고, 점점 더 커지는 자신감과 점점 더 커지는 공군력으로 싸울 것입니다. 우리는 어떤 대가를 치르더라도 영국을 지킬 것입니다. 우리는 해안에서 싸우고, 상륙 지점에서 싸우고, 들판에서 싸우고, 거리에서 싸우고, 언덕에서도 싸울 것입니다. 우리는 결코 항복하지 않을 것입니다.

처칠이 이 연설을 하고 나서 약 5년이 지난 1945년 5월 8일 독일이 항복함으로써 영국은 최후의 승리를 거두게 됩니다.

유방이 항우의 패권에 도전함으로써 시작된 두 사람의 대결은 4년 가까이 이어졌습니다. 그 기간 동안 전반에는 항우 쪽이 압도적으로 우세했습니다. 유방은 싸울 때마다 패해 전선을 유지하는 것조차 힘겨울 정도였습니다. 그 시기의 유방은 결코 무리한 싸움을 하지 않았습니다. 승산이 없다고 생각하면 지체 없이 후퇴해 항우의 예봉을 피했습니다. 하지만 유방은 그저 여기저기 도망쳐 다니기만 한 것은 아니었습니다. 전술적으로는 패하면서도 동시에 보급망의 확보, 포위망의 완성 등을 장기적 관점에서 꾸준히 추진합니다. 이렇게 2~3년 버티는 동안 유방은 어느덧 우위에 서게 되고, 결국 역전승을 거둡니다. 유방이 승리한 주요 요인의 하나는 '불리한 싸움을 피해 달아나라'라는 '주위상' 책략을 잘 실천한 것입니다.

중국 삼국시대 주역의 한 사람인 조조는 당시 으뜸가는 걸물이었습니다. 우선 그는 전쟁을 참 잘했습니다. 그의 경쟁자인 유비는 평생 싸움에서 이긴 비율이 20퍼센트 이하였지만, 조조의 승률은 평균 80퍼센트에 가깝습니다. 그의 싸우는 방법에는 몇 가지 특징이 있습니다.

첫째, 《손자병법》 등의 병법서를 연구해서 전략전술의 원칙을 잘 익혔고, 임기응변에도 능했습니다.

둘째, 설사 졌더라도 조조는 그 싸움에서 반드시 교훈을 얻어 두 번 다시 똑같은 이유로 패하지 않았습니다.

셋째, 더 이상 공격해도 이길 수 없다고 판단하면 망설이지 않고 철수했습니다. 도망치는 발걸음도 빨랐습니다. 즉, 필요할 때는 서슴지 않고 '주위상'의 길을 택한 것이죠. 아래 이야기를 보시죠.

조조가 한중에서 유비와 맞서 죽을힘을 다해 싸우고 있을 때였습니다. 이번에는 유비도 요충지에 포진하고 열심히 방어전에 임했기 때문에 드물게도 조조 측이 고전을 면치 못했습니다. 이대로 가면 쓸데없이 피해만 커질 거라고 판단한 조조는 어느 날 밤 참모들을 모아 놓고 "계륵(鷄肋, 닭의 갈비)이다, 계륵이다"라고 외칩니다. 그러나 참모들은 그 뜻을 제대로 이해하지 못했습니다. 그런데 양수楊脩라는 참모만이 떠날 준비를 합니다. 다른 사람들이 그 까닭을 물으니 그는 이렇게 대답합니다.

"계륵, 즉 살을 발라낸 닭의 뼈는 버리기에는 아깝지만 먹으려 해도 살이 없습니다. 한중이라고 하는 데가 바로 그런 곳이라는 뜻입니다. 이것은 '철수하자'라고 말씀하신 것입니다."

조조는 곧 한중을 포기하고 본거지로 갑니다. 그는 철수한 것을 유감스러워하기는커녕 오히려 전군이 무사히 귀환한 것을 기뻐했다고 합니다. 한중을 영유하는 것의 값어치와 그것을 손에 넣기 위해 치러야 하는 비용을 저울질하고 나서 철수의 길을 선택한 것입니다.

제 14 강

전국책

상대의 관점에서
사고할 수 있는가

강의를 시작하며

《전국책戰國策》에서 '책'은 책략策略을 의미하므로 전국책은 '전국시대의 책략을 기록한 책'이라는 뜻으로 해석됩니다. 이 책은 주로 당시에 활약했던 '민간인 전권대사들'의 생생한 삶의 이야기를 중심으로 구성되어 있습니다. 원저자는 확실치 않지만 엮은이는 알려져 있습니다. 전한前漢 시대의 유향劉向이라는 학자가 궁중의 장서 가운데 《국책國策》,《국사國事》,《단장短長》 등의 명칭으로 보존되어 있던 여러 자료들의 문장, 자구字句를 고찰하여 바른 본문本文을 결정하는 작업을 했다고 합니다. 그는 그 작업의 결과를 33권으로 편집해《전국책》으로 이름지었습니다.

저는 위에서 '민간인 전권대사'라는 약간 생소한 용어를 썼는데,

여기에는 시대적 배경이 있습니다. 지금부터 2400~2500년 전 중국은 그야말로 약육강식弱肉强食의 시대였습니다. 전국시대로 불리던 당시는 각 나라들이 천하통일을 목표로 서로 피비린내 나는 싸움을 벌였습니다. 그러나 또 한편으로는 살아남기 위해 활발히 협상이 이뤄지기도 했습니다. 그러한 외교협상을 담당한 사람들이 바로 민간인 전권대사들입니다. 이들은 각국의 임금에게 자신의 의견이나 주장 따위를 설명하고 그들에게 발탁되기를 원했습니다. 군주의 눈에 들어야만 화려한 외교무대에 발을 디딜 수 있기 때문입니다. 그러나 협상이 실패하면 곧 자리를 잃게 됩니다. 따라서 자신의 자리를 지키려면 어떻게 해서든지 협상을 성공시켜야 했습니다. 그런 만큼 이들은 상대방을 설득하기 위한 온갖 방식과 화술을 갖추기 위해 노력을 기울였습니다.

전국시대에는 이렇게 빼어난 설득술을 자랑하는 수천, 수만 명의 인재들이 나타나고 사라졌습니다. 이들은 세 치 혀만 갖고 어지러운 세상을 누비고 다니면서 많은 이야깃거리를 만들어냈지요.《전국책》은 이들의 화려한 말과 권모술수의 향연을 기록한 고전이자 인간관계에 대한 통찰이 담긴 명저입니다.

맛보기로《전국책》에 소개된 이야기 하나를 살펴보고 본격적인 강의를 시작하겠습니다. 우리가 잘 아는 어부지리漁父之利는《전국책》에서 유래한 사자성어입니다.

조趙 혜문왕惠文王이 연燕을 공격하려고 하는 때에 소대蘇代라는 달변가가 연나라 임금의 부탁을 받고 조나라 왕을 설득하는 작업에 나섭니다. 소대는 혜문왕에게 이렇게 말합니다.

"이번에 제가 이곳으로 오는 도중에 역수易水를 건너게 되었습니다. 마침 민물조개가 강변에 나와 입을 벌리고 햇볕을 쬐고 있는데, 황새란 놈이 날아와서 조갯살을 쪼아 먹으려 했습니다. 조개는 깜짝 놀라 입을 오므렸고, 그래서 황새는 그만 주둥이를 물리고 말았습니다. 황새는 고함을 지릅니다.

'이놈, 이삼 일만 비가 안 오면 너는 뒈져버릴 것이다.'

그러나 조개도 지지 않고 되받습니다.

'뭐라고 지껄이는 거야. 이대로 있으면 너야말로 끝장이다.'

둘은 이렇게 서로 다투면서 양보하지 않습니다. 그때 마침 어부가 이 광경을 보고 황새와 조개를 한꺼번에 잡았습니다. 지금 조나라가 연나라를 치려 하시는데 싸움이 오래 지속되어 국력이 바닥을 치면 이웃 나라 진秦이 어부지리를 얻을 것입니다. 그러니까 대왕께서는 깊이 생각하시기 바랍니다."

소대의 비유를 들은 혜문왕은 과연 옳은 말이라 하며 연나라 침공 계획을 접었다고 합니다.

의표를 찔러 설득하는 법

사람을 설득하는 방법은 여러 가지입니다. 그중 하나가 상대방의 의표를 찌르는 것입니다. 이것은 엉뚱한 이야기로 상대방의 관심을 끈 다음, 서서히 하고 싶은 말을 하는 방식이죠. 이런 접근법은 특히 설득하기 어려운 상대를 만났을 때 효과적입니다. 《전국책》에도 이런 사례가 여럿 소개되어 있는데요, 그중에서 두 가지만 살펴보겠습니다.

제나라 재상 가운데 정곽군靖郭君이란 이가 있었습니다. 그는 설薛이란 지역에 땅을 갖고 있었는데, 어느 날 그곳에 성을 쌓으려고 했습니다. 그랬더니 그의 신세를 지고 있던 달변가들이 연달아 찾아와서 이를 중지하라고 건의합니다. 진절머리가 난 정곽군은 비서에게 명령합니다.

"이제 됐다. 손님이 와도 더 이상 받지 마라."

그런데 얼마 안 있어 달변가 한 사람이 찾아와 면담을 요청하며 이렇게 말합니다.

"딱 세 마디만 하겠습니다. 그 이상 말하면 저를 솥에 넣고 삶아도 좋습니다."

보고를 받은 정곽군은 '그거 재미있는 놈이네'라고 생각하고 만나주기로 합니다. 손님은 종종걸음으로 들어오더니 "해海, 대大, 어魚"라고 말하자마자 다시 종종걸음으로 나가려고 합니다. 분명히 세 마디입니다. 그러나 이 말만 들어서는 도무지 무슨 뜻인지 알 수 없겠죠. 정곽군은 자신도 모르게 외칩니다.

"기다려라!"

그 손님이 대답합니다.

"저는 어이없이 죽고 싶지는 않습니다."

"걱정 마시오. 자세히 얘기해주십시오."

손님이 대답합니다.

"큰 고기大魚 이야기를 알고 계시죠. 물고기가 워낙 커서 그물에도 걸리지 않고 낚싯줄로 낚아 올릴 수도 없습니다. 하지만 그렇게 큰 물고기도 물에서 나오기만 하면 벌레들의 먹이에 지나지 않습니다. 제나라는 재상에게 물과 같습니다. 이것만 있으면 설薛에 성을 쌓을

승자의 공부

필요가 없습니다. 그러나 제나라에서 떨어져 나가면 하늘을 찌를 듯한 성벽을 쌓아보았자 아무런 도움이 안 됩니다."

이 말을 들은 정곽군은 "과연, 당신 말대로다" 하며 성 쌓을 생각을 접었다고 합니다.

그 손님이 말하고자 한 것은 '분수를 모르면 파멸한다'라는 메시지입니다. 이 이야기에서 정말 재미있는 것은 그의 독특한 화법입니다. "해, 대, 어"라는 기발한 말을 하여 상대방의 호기심을 자극하고, 이어서 차차 본론에 들어가는 방식 말입니다.

한 가지 이야기를 더 들려드리겠습니다.

위魏 안리왕安釐王이 이웃한 조趙나라를 치려고 했던 때의 이야기입니다. 위나라에는 계량季梁이라는 달변가가 있었습니다. 그는 안리왕이 조를 치려 할 때 여러 나라를 돌아다니면서 자신의 의견을 펴고있었기 때문에 나라를 떠나 있었습니다. 나라 밖에서 소문을 들은 그는 허둥지둥 귀국하여 안리왕에게 면담 요청을 합니다. 어떻게든 이번 전쟁을 그만두게 하려는 계량은 임금을 만나자마자 다음과 같은이야기를 꺼냅니다.

"제가 귀국하는 도중에 한 사내를 만났습니다. 그는 마차를 타고북쪽으로 가면서 '초楚에 갈 작정이다'라고 말했습니다. '남쪽에 있는초나라에 간다면서 왜 북으로 향하느냐?'고 물으니 '말이 썩 잘 달린다'라고 대답했습니다. '말은 좋을지 모르나 길이 틀렸네'라고 제가대꾸하니 그는 '여비도 충분하다'라고 말했습니다. '그럴지도 모르지만 자네는 길을 잘못 들었네'라고 제가 거듭 충고하니까 그는 '훌륭한 마부가 있네'라고 답변했습니다. 그러나 이런 조건들을 갖추고 있으면 점점 더 초나라에서 멀어지게 될 뿐입니다."

안리왕은 자기도 모르게 솔깃해하는 모습을 보입니다. 그러자 계량은 슬슬 본론에 들어갑니다.

"그런데 지금 폐하께서는 천하의 신뢰를 얻어 패왕이 되어 천하를 호령하려고 하십니다. 나라가 크고 군대가 강한 것을 믿고 이웃 나라를 치고 영토를 넓혀서 명성을 얻으려고 하십니다. 그러나 지금 여기서 섣불리 움직이면 그만큼 패왕의 길에서 멀어져버릴 겁니다. 그것은 마치 초나라에 간다고 하면서 반대 방향인 북쪽으로 수레를 몰고 가는 것과 같지 않습니까?"

안리왕은 이 말을 듣고 조나라 침공 계획을 포기했습니다. 이 이야기는 '기본 방침이 잘못되면 아무리 노력해도 소용없고, 노력하면 할수록 목적 달성에서 멀어져버린다'는 것을 가르쳐줍니다. 곁가지로 빠지는 이야기이긴 하지만, 경영에서도 전략의 기본 방향이 틀리면 똑같은 일이 일어날 수 있습니다. 그래서 경영 전략을 세울 때는 아무리 신중을 기해도 지나치지 않고, 또한 전략을 확정한 후에도 기본 방향이 맞는가를 정기적으로 점검할 필요가 있습니다. 그것은 그렇다 치고 멋진 비유로 상대방이 주목하게 만드는 계량의 이야기도 의표를 찌르는 설득법의 전형이라 하겠습니다.

설득의 기본, 관찰과 통찰

초楚의 장의張儀라는 달변가는 그 나라의 회왕懷王에게 자신의 의견을 알려 발탁되기를 원했습니다. 그러나 임금은 좀처럼 그의 말을 들어주지 않았습니다. 벼슬길에 오르지 못하니 장의의 살림이 어려워져서 그의 수행원마저 떠나가버리고 맙니다. 그런데 회왕은 여자를 무척 좋아했고, 특히 남후南後와 정수鄭袖라는 두 미녀를 총애하고 있었습니다. 이 점에 착안한 장의는 어떤 의도를 가슴에 품고 회왕과 만납니다.

"폐하께서는 저를 등용하실 마음이 없는 듯하니 저는 이제 진晉에 가볼까 합니다."

"좋도록 하게."

"혹시 진나라에서 탐나는 것은 없습니까?"

"우리나라에는 황금, 옥, 코뿔소, 코끼리 등 무엇이든지 다 있다. 갖고 싶은 것은 아무것도 없다."

"여자도 필요 없다고 말씀하시는 것입니까?"

"그렇게 말하면……."

"진나라 여인들의 아름다움이란…… 그들은 딴 곳에서 온 사람에게는 마치 하늘의 여인이 내려와 선 듯 보인다고 합니다."

"아무쪼록 부탁하네. 우리나라는 외진 곳에 있어 그런 미녀들과는 거리가 머네. 꼭 만나보고 싶네."

회왕은 미녀라고 하면 사족을 못 썼습니다. 그는 곧 장의에게 자금을 담뿍 주고 미인의 조달을 의뢰합니다.

이 소식을 들은 남후와 정수는 안절부절못합니다. 정말 그런 미녀가 들어오면 자신들은 찬밥이 될 것이 뻔하니까요. 남후는 즉각 심부름꾼을 통해 장의에게 여비에 보태 쓰라며 금 1000근을 보냅니다. 정수도 "잘 부탁합니다" 하며 금 500근을 선물합니다. 이렇게 듬뿍 뇌물을 챙긴 장의는 작별 인사차 또 다시 회왕을 찾아갑니다.

315

"요즈음 각국이 왕래를 엄하게 단속하고 있습니다. 제가 폐하를 언제 또 뵐 수 있을지 모르겠습니다. 이별의 잔을 받고 싶습니다."

"좋네."

회왕이 술을 내리자 장의는 적당한 때를 봐서 말을 꺼냅니다.

"저희 둘만 있으니까 쓸쓸합니다. 마음에 드는 분한테 상대해달라고 부탁하면 안 되겠습니까?"

"그것도 좋겠군."

회왕은 남후와 정수를 부르고 술을 따르라고 명령합니다. 그러자 장의는 짐짓 놀란 체하며 공손히 말합니다.

"죄송한 말씀을 올립니다."

"무엇이냐?"

"제가 여러 나라를 돌아다녀보았습니다만, 두 분을 뵈오니 이렇게 아름다운 분들은 본 적이 없습니다. 그것도 모르고 미인을 구하러 떠난다고 했으니 제가 허튼소리를 했습니다."

"좋다, 좋아, 걱정하지 마라. 실은 나도 이 두 여인만큼 아름다운 사람은 없을 것이라고 생각하고 있었다."

이렇게 해서 장의는 밑천 한 푼 안 들이고 담보도 없이 엄청나게 큰돈을 주머니에 넣을 수 있었습니다. 더구나 회왕과 두 애첩을 모두 만족시켰지요. 참으로 멋진 흥정 아닌가요? 장의는 나중에 국제정치 무대에 등장한 뒤에도 가끔 이러한 흥정을 성공시켜 거물 외교관으로 이름을 날리게 됩니다. 장의의 흥정술은 인간이 갖고 있는 약점을 실로 정확히 읽는 것이 특징입니다. 지금 회왕의 이야기만 하더라도 여자를 좋아하는 회왕의 약점뿐만 아니라 여인들의 약점까지도 훤히 꿰뚫어 본 것이지요. 흥정, 교섭, 협상을 능숙하게 하려면 사람에

316

대한 깊은 통찰력이 몸에 배어 있어야 합니다. 저는 이것도 지도자가 갖추어야 할 자질의 하나라고 생각합니다.

맹상군의 전화위복

우리 속담에 "열 길 물속은 알아도 한 길 사람의 속은 모른다"라는 말이 있습니다. 그만큼 사람의 마음을 헤아리는 것이 몹시 어렵다는 뜻이겠지요. 인간관계는 정말로 미묘하기 짝이 없습니다. 특히 지도자는 이러한 인간관계의 미묘함을 잘 이해할 필요가 있습니다. 그렇지 않으면 부하들을 다루기 어렵고 일이 순조롭게 진행되지 않기 때문입니다. 《전국책》에는 인간관계의 미묘함을 잘 보여주는 이야기가 2개 실려 있습니다. 소개해드리겠습니다.

전국시대에 중산中山이라는 작은 나라가 있었습니다. 중산의 왕이 어느 날 국내의 명사들을 초대하여 연회를 베풀었습니다. 그런데 마침 양고기 수프mutton soup가 모자라서 모든 사람에게 다 돌아가지 않았습니다. 이때 수프를 못 마신 어느 사내가 앙심을 품고 초나라로 도망을 갑니다. 그는 초나라 임금을 부추겨서 중산을 공격하게 합니다. 초나라 대군이 침공해오자 약소국이었던 중산은 잠시도 버티지 못합니다. 중산의 왕은 할 수 없이 국외로 탈출을 시도하지요. 한참 도망을 치고 있는데, 손에 창을 든 두 남자가 왕을 뒤쫓아 오는 것 아니겠습니까! 왕이 뒤돌아보며 "누구냐?"라고 외치자 이런 대답이 돌아옵니다.

"옛날에 폐하께서 음식 한 단지를 주신 덕분에 굶어 죽지 않은 사람이 있습니다. 우리는 그분의 자식들입니다. 아버님께서는 돌아가시기 직전에 '중산에 무슨 일이 있으면 목숨을 걸고 이 은혜를 갚아라'라고 유언하셨습니다. 지금이야말로 은혜를 갚을 때라고 생각하여 이렇게 달려오는 참입니다."

왕은 자신도 모르게 이렇게 탄식했습니다.

"사소한 은혜를 베풀어도 그것을 상대방이 힘들어할 때 하면 효과가 직방. 하찮은 원한이라도 상대방의 마음에 상처를 입히면 호된 보복을 받는다. 나는 수프 한 접시로 나라를 잃고 음식 한 단지로 용사 두 사람을 얻었다."

이러한 탄식이 오늘날에는 적용되지 않는다고 누가 말할 수 있을까요? 인간관계의 지극히 미묘한 면을 상기시키는 예라고 하겠습니다. 또 다른 이야기를 보시죠.

맹상군孟嘗君은 제나라의 재상을 역임한 바 있는 명망 높은 정치가입니다. 그의 집은 늘 식객食客들로 북적거렸는데 그중 한 사람이 맹상군의 첩과 몰래 정을 통합니다. 이를 알게 된 어느 가신家臣이 맹상군에게 아룁니다.

"식객 주제에 감히 집주인의 여인을 건드리는 것은 당치도 않은 일입니다. 그놈을 즉각 처형해야 한다고 생각합니다."

맹상군의 반응은 뜻밖이었습니다.

"괜찮네. 예쁜 여자한테 끌리는 것은 인지상정 아닌가? 그냥 내버려두게."

그리고 1년이 지났습니다. 맹상군은 자신의 첩과 정을 통한 식객을 불러들입니다.

"모처럼 저의 집에 이렇게 계시는데 아직도 좋은 자리로 모시지 못해 정말 죄송합니다. 그렇다고 해서 말단 벼슬아치 정도로 선생께서 만족하실 순 없겠죠. 그런데 제가 위衛의 국왕과 매우 가까운 사이입니다. 어떨까요? 제가 마차와 여비를 마련해드릴 테니 위나라에 가셔서 일하시는 것이."

이렇게 해서 그 식객은 위나라에서 중용됩니다. 재미있는 것은 그 다음입니다.

제나라와 위나라는 사이가 나빠져 결국 국교를 끊고, 위의 왕은 다른 제후들과 상의한 끝에 제를 치기로 마음을 굳힙니다. 이때 그 식객이 위의 국왕에게 간諫합니다.

"제가 이렇게 폐하를 모시고 있는 것은 맹상군께서 보잘것없는 저를 굳이 추천해주셨기 때문입니다. 그런데 제나라와 위나라의 선대先代 임금들께서는 자자손손子子孫孫까지 서로 싸우지 않겠다고 맹세한 바 있습니다. 그런데도 폐하께서는 제후들과 말씀을 나누고 제나라를 공격하려고 하십니다. 이것은 옛 선군先君들의 서약을 어기는 것이고, 뿐만 아니라 저와 맹상군의 우정을 저버리는 행위입니다. 아무쪼록 제나라 정벌 계획을 거두어주십시오. 그렇지 않으면 저는 지금 이 자리에서 제 목숨을 제물로 바칠 각오를 하고 있습니다."

위나라 임금은 이 식객의 목숨을 건 설득에 제나라 침공을 그만둡니다. 제나라 백성들은 이 소식을 듣고 이렇게들 얘기했다고 합니다.

"맹상군은 제법 신통한 조치를 취한 것이다. 재앙이 바뀌어 오히려 복福이 되었다(전화위복, 轉禍爲福)."

이 이야기의 골자는 말할 것도 없이 지도자는 너그러운 마음을 가져야 한다는 것입니다. 속이 좁은 사람은 남의 흠을 잘 잡고 실패를 나무라는데, 그런 지도자는 사람의 마음을 얻을 수 없습니다.

누구나 인정받고 싶어 한다

《전국책》〈조책趙策〉에는 이런 유명한 말이 나옵니다.

훌륭한 사람은 자신을 알아주는 인물을 위해 목숨을 던진다.

이 말은 인간관계의 미묘함을 조금 다른 각도에서 바라본 말인데, 그 유래는 다음과 같습니다.

진晉에 예양豫讓이라는 사내가 있었습니다. 예양은 범씨范氏, 중행씨中行氏 등 진의 중신을 모셨는데 중용되지는 못했습니다. 그래서 지백智伯이라는 중신을 찾아갔더니 이번에는 발탁되었다고 합니다. 그러나 예양의 윗사람이 된 지백은 권력다툼에서 밀렸고, 결국 조양자趙襄子라는 자에게 피살되고 맙니다. 당시 진나라에서는 신하들 사이의 싸움이 치열해서 죽고 죽이는 일이 적지 않게 일어났습니다. 졸지에 윗사람을 잃은 예양은 산 속으로 도망가서 이렇게 말하며 복수를 맹세합니다.

"훌륭한 사람은 자신을 알아주는 인물을 위해 목숨을 던지고, 여자는 자기를 받아들이는 사람을 위해 치장한다. 주인님의 원한은 내가 반드시 풀어드리고 말리라."

예양은 복수를 위해 이름을 바꾸고 조양자의 집에 들어갑니다. 그곳에서 그는 화장실 벽을 바르면서 암살할 기회를 노립니다. 그러던 어느 날 조양자가 화장실에 들어가려고 하는데 문득 가슴이 뛰는 것을 느낍니다. 벽을 바르는 인부를 잡고 보니 예양이었습니다. 더구나 그가 갖고 있는 흙손에는 날이 서 있는 것 아닙니까!

예양을 엄하게 심문하니 죽은 지백의 원한을 풀어줄 작정이었다고 말합니다. 당연히 조양자의 측근들은 예양을 그 자리에서 참수斬首하자고 했지요 그런데 조양자는 반대로 예양을 풀어줍니다. 그러면서 이렇게 말합니다.

"이 남자는 의리와 지조를 지키는 사람이다. 내가 조심만 하면 문제없다. 지백은 이미 죽었고 자손도 없다. 그런데도 그 신하가 원수를 갚으려고 한다. 장한 사나이 아닌가?"

이 일화로 미루어보아 조양자도 배포가 상당히 큰 인물이었던 듯합니다. 한편 풀려난 예양도 호락호락한 사람은 아니었습니다. 이번에는 온몸에 옻을 바르고 문둥병에 걸린 체합니다. 거기다가 수염을 깎고 눈썹을 밀어 용모까지 바꾼 다음, 이것도 모자라 숯을 삼켜서 목청마저 망가뜨립니다. 예양은 구걸하고 다니며 계속 조양자를 처치할 기회만을 엿봅니다. 그러던 어느 날 드디어 기회가 찾아옵니다. 조양자가 외출한다는 소식을 들은 예양은 다리 옆에서 그가 오기를 기다립니다. 그런데 조양자가 다리에 다다르자 갑자기 말이 놀라서 뛰어 올랐습니다.

"틀림없이 예양이 있을 것이다."

이렇게 생각한 조양자가 사람을 시켜 찾아보게 하니 과연 예양이 있었습니다. 그 대단한 조양자도 이번에는 얼굴을 마주 대하고 예양을 꾸짖습니다.

"너는 일찍이 범씨, 중행씨를 섬기지 않았느냐? 그들을 멸망시킨 것이 지백이다. 그런데 너는 그들의 원수를 갚기는커녕 충성을 맹세하고 지백을 섬겼다. 너는 어째서 지백이 죽었을 때만 원수를 갚으려 하느냐?"

예양이 대답합니다.

"범씨, 중행씨를 섬겼을 때는 대우가 그저 보통이었다. 그래서 나도 보통 정도로 신세를 갚은 것이다. 그러나 지백은 나를 나라 안의 뛰어난 인물로 대접해주었다. 그래서 나도 바로 그만큼 보은報恩하려는 것이다."

이 말에 예양의 심리가 남김없이 드러나 있다고 보아도 좋을 것입니다. 예양의 말을 들은 조양자는 자신도 모르게 이렇게 탄식합니다.

"아, 예양이여. 지백의 은혜를 갚는다는 변명은 이제 됐다. 나로선 용서할 수 있는 만큼 용서해주었다. 각오해라. 더 이상 용서해줄 수 없다."

조양자의 부하들이 예양을 둘러쌉니다. 예양도 이제는 끝이라는 것을 깨닫고 조양자에게 최후의 말을 던집니다.

"당신은 나를 한 번 살려주었소. 천하의 모든 사람들이 당신을 칭찬하고 있소. 이제는 나도 기쁜 마음으로 세상을 하직할 수 있을 것 같소. 다만 그전에 당신의 옷을 받아 그것을 자르고 싶소. 그렇게 하면 죽임을 당해도 미련이 없을 것이오."

조양자는 그 마음가짐에 감동하여 옷을 벗어줍니다. 예양은 칼을 뽑더니 기합 소리와 함께 뛰어오르면서 그것을 세 번 자르고, "이것으로 지백에게 보답할 수 있었다"라고 외친 후 스스로 자기 몸을 칼로 푹 찔렀다고 합니다.

승자의 공부

이것이 '훌륭한 사람은 자신을 알아주는 인물을 위해 목숨을 던진다'라는 말에 얽힌 이야기입니다. 예양이 섬겼고 원수를 갚아주려고 했던 지백이라고 하는 본래 주인은 원래 그다지 평판이 좋은 사람은 아니었습니다. 그가 조양자에게 멸망당한 것도 말하자면 자업자득이었습니다. 그런 인물을 위해 예양은 자신의 목숨을 바치면서까지 원수를 갚아주려고 했습니다. 그를 그렇게까지 하게 할 수 있었던 힘은 무엇일까요? 지백만이 "자기를 이해해주었다. 자기를 뛰어난 인물로 대우해주었다"고 하는 데서 온 열렬한 충성심 아닐까요?

자신을 이해하고 인정해주는 사람과 일하고 싶어 하는 사람의 마음은 예나 지금이나 크게 다르지 않습니다. 상대방을 이해하고 그의 기분과 장점을 소중히 여기면 부하는 '하고자 하는 마음'을 갖게 마련입니다. 예양의 이야기에는 동기유발motivation의 핵심이 담겨 있습니다.

원대한 사업도 쉬운 일부터 시작해라

마지막으로《전국책》〈연책燕冊〉에 나오는 말을 소개하고자 합니다.

우선 손쉬운 일부터 시작하라.

어떤 일을 시작하든 '먼저 말을 꺼낸 사람부터, 게다가 비근한 일부터 시작하라'라는 뜻입니다. 이는 원래 인재를 초빙할 때의 마음 준비에 관해 한 말인데 그 유래는 다음과 같습니다.

323

전국시대에 지금의 북경 근처에 연燕이라는 나라가 있었습니다. 연나라는 이웃 나라 제齊의 침공을 받아 크게 패해 어려웠던 시절이 있었습니다. 이러한 시기에 즉위한 임금이 소왕昭王입니다. 그는 어떻게 해서든지 나라를 다시 정비하여 패전의 치욕을 씻고 싶어 했죠. 그러기 위해서는 먼저 우수한 인재를 확보해야 했습니다. 그래서 소왕은 현자賢者로 이름난 곽외郭隗를 모셔와 상의합니다.

"우리나라는 내란을 틈타서 공격해온 제나라에게 지고 말았습니다. 저는 이 치욕을 씻고 싶습니다만 작은 나라의 비애라고 할 수 있는 이 역부족力不足 문제는 어떻게 할 도리가 없습니다. 저는 이런 때에 인재를 초빙하고 그들의 협력을 얻어서 조상 세대의 치욕을 씻어버리려고 합니다. 이것에 관해서 선생님의 고견을 듣고 싶습니다."

곽외는 이렇게 대답합니다.

"예부터 제왕은 훌륭한 보좌관을 갖고 있었습니다. 또 임금은 훌륭한 벗을, 그리고 패자霸者는 훌륭한 부하를 갖고 있었습니다. 그런데도 나라를 망치는 임금은 시시한 부하들에게 둘러싸여 있는 사람입니다. 인재를 모시고 싶다고 하셨는데 그 방법은 몇 가지가 있습니다.

첫째, 예를 다하여 상대방을 모시고 정중히 가르침을 받습니다. 이렇게 하면 자기보다 100배 우수한 인재들이 몰려옵니다.

둘째, 상대방에게 경의를 표하고 그 의견에 가만히 귀를 기울입니다. 이렇게 하면 자기보다 10배 우수한 인재들이 몰려옵니다.

상대방을 대등하게 대하면 자신과 비슷한 정도의 인간밖에 모이지 않습니다. 걸상에 기대앉아서 지팡이를 잡고 곁눈질로 지시하면 말단 벼슬아치밖에 모이지 않습니다. 정신 못 차리게 무조건 호통치고 호되게 꾸짖으면 하인밖에 모이지 않습니다. 이것이 인재를 초빙

승자의 공부

할 때의 지침입니다. 이제 널리 나라 안의 인재를 뽑아서 가르침을 받으십시오. 이 소문이 퍼지면 천하의 인재들이 너도 나도 몰려올 것입니다."

이렇게 멋들어지게 답변한 곽외의 말의 핵심은 '조직의 우두머리는 넓은 시야와 겸허한 마음을 갖고 널리 인재를 모아야 한다'는 것입니다. 곽외는 지도자가 '우물 안 개구리' 또는 골목대장에 머무르는 것을 크게 경계해야 한다고 말한 것입니다. 중국에는 야랑자대夜郎自大라는 재미있는 말이 있는데 이는 우리말의 '우물 안 개구리'와 같은 뜻으로, 그 유래는 다음과 같습니다.

한漢왕조 시절 중국 대륙 남쪽 구석에 야랑夜郎이라는 작은 나라가 있었습니다. 어느 날 이 나라에 한나라의 사신이 찾아옵니다. 야랑의 임금이 사신에게 묻습니다.

"우리나라와 한나라 중 어느 나라가 더 큰가?"

이 이야기에서 비롯되어 밖에 넓은 세계가 있는 줄도 모르고 좁은 세계 안에서 으스대는 사람을 '야랑자대'라고 부르게 되었다고 합니다. 계속해서 인재 초빙에 관한 곽외의 말을 들어보죠.

"저는 이런 이야기를 들은 적이 있습니다. 옛날에 어느 나라의 임금이 1000금을 투자하여 하루에 1000리나 달린다는 준마를 구하려고 했습니다. 그런데 3년이 지나도 그것을 손에 넣을 수 없었습니다. 그때 한 신하가 '제가 찾아보겠습니다' 하며 자청自請합니다. 그래서 임금은 그 일을 이 남자에게 맡깁니다. 그러고 나서 석 달 후에 그 사나이는 마침내 준마가 있는 곳을 캐물어 알아냅니다. '자, 이제는 찾았다' 하며 가보니까 말은 벌써 죽은 상태였습니다. 신하는 말의 뼈를 500금에 사고 돌아와서 임금에게 보고했습니다. 왕은 벌컥 화를 내며 그 신하를 큰소리로 꾸짖었습니다. '내가 원하는 것은 살아 있는 말이다. 죽은 말을 500금이나 주고 사는 바보가 어디 있느냐?' 사나이는 대답합니다. '죽은 말이라서 500금에 샀습니다. 틀림없이 살아 있는 말이라면 더 비싸게 사줄 것이라는 소문이 날 겁니다. 그러면 곧 좋은 말이 몰려올 겁니다.' 왕이 그의 말을 따르니 과연 채 1년도 되지 않아 천하의 준마를 세 필이나 얻었다고 합니다."

곽외는 이런 이야기를 하고 나서 본론에 들어갑니다.

"폐하께서도 진심으로 인재를 모시려고 하면 먼저 저 곽외부터 시작해주십시오. 저 같은 사람도 귀하게 여긴다는 평판이 돌면 더 뛰어난 인물들이 1000리 길도 멀다 않고 몰려올 것입니다."

"과연 옳은 말이네."

소왕은 곧 곽외를 최고 고문으로 영입하고 스승으로 모시면서 가르침을 받았습니다. 그러자 여러 나라에서 속속 인재들이 몰려들었습니다. 소왕은 그들의 협력을 얻어 결국 제나라에게 보복할 수 있었습니다.

이 이야기에서 눈에 띄는 것은 곽외라는 사람의 기막힌 취업 전술입니다. 그는 설득력 있는 비유를 통해 자신부터 채용하는 것이 인재 영입 프로젝트의 첫 걸음임을 소왕에게 납득시킵니다. 곽외의 목적이 처음부터 관직 등용이었는지는 알 수 없지만 결과적으로 그는 나라를 위해 보람찬 일을 할 수 있는 요직을 얻었습니다. 또한 비교적 손쉽게 발탁할 수 있는 인재를 우선 영입하고 그를 잘 대우해주라는 곽외의 조언은 주목할 만합니다. 그렇게 해서 채용된 인재가 더 좋은 인물들을 끌어들이는 지남철 구실을 할 수 있기 때문입니다.

끝으로 저는 이 이야기의 가장 궁극적인 메시지는 아래와 같이 표현할 수 있다고 봅니다.

아무리 원대한 사업도 우선 손쉬운 일부터 시작해라.

붓다의 가르침과
현대의 기업 경영

1. 들어가는 말

이 글의 목적은 불교, 즉 붓다의 가르침과 기업 경영의 관계를 천착해보는 것이다. 이를 위해 우리는 먼저 불교와 기업이 왜 서로 소통해야 하는가, 즉 불교와 기업의 상호 소통의 당위성을 논의할 필요가 있다. 불교와 기업이 서로 소통할 당위성을 확신한 다음에야 우리는 불교와 기업 또는 기업 경영의 상호 소통 가능성을 모색하는 단계로 나아갈 수 있기 때문이다. 그래서 나는 이 글에서 먼저 불교와 기업의 상호 소통의 당위성을 논의하고, 이어서 그것의 가능성을 이야기한 다음, 끝으로 불교의 가르침을 현대의 기업 경영에 구체적으로 어떻게 응용할 것인가를 다루려고 한다.

2. 불교와 기업의 상호 소통의 당위성

불교와 기업은 왜 서로 소통해야 하는가?

이 질문에 대답하기 위해 우리는 먼저 불교, 즉 붓다의 가르침의 근본 목적을 되돌아볼 필요가 있다. 그리고 그것을 마음에 새기고 현재의 기업 현실을 바라보면 얼핏 이질적으로 보이는 이 둘 사이의 연결고리가 자연스럽게 눈에 들어올 것으로 생각된다.

붓다가 무려 45년에 걸쳐 가르침을 설하신 근본 목적은 무엇인가? 그것은 싯다르타가 룸비니 동산에서 태어나자마자 외쳤다고 하는 유명한 아래의 말에 이미 나타나 있다.

천상천하 유아독존天上天下 唯我獨尊
삼계개고 아당안지三界皆苦 我當安之
하늘 위 하늘 아래 / 내 오직 존귀하나니
온통 괴로움에 휩싸인 삼계 / 내 마땅히 안온하게 하리라

즉, 붓다는 모든 중생이 고통에서 벗어나고 행복한 삶을 영위하도록 도와주기 위해 이 세상에 오셨음을 이 탄생 설화는 명확히 하고 있다. 또 붓다의 원래의 가르침을 고스란히 전하는 초기 경전에는 "내가 한결같이 말하는 법은 고집멸도"라는 구절이 많이 나온다. 예를 들어, 매우 극적인 내용을 담고 있는 아래의 경전을 보자.

독 묻은 화살

부처님이 사밧티의 기원정사에 계실 때였다. 말룽캬라는 제자가 홀로 조용한 곳에 앉아 이렇게 생각했다.

'세계는 영원한가, 무상한가? 무한한 것인가, 유한한 것인가? 목숨이 곧 몸인가, 목숨과 몸은 다른 것인가? 여래는 최후最後가 있는가, 없는가, 아니면 최후가 있지도 않고 없지도 않은가? 세존께서는 이와 같은 말씀은 전혀 하시지 않는다. 그러나 나는 그 같은 태도가 못마땅하고 이제는 더 참을 수가 없다. 세존께서 세계는 영원하다고 말씀한다면 수행修行을 계속하겠지만, 영원하지 않다면 그를 비난하고 떠나야겠다.'

말룽캬는 해가 질 무렵 자리에서 일어나 부처님을 찾아갔다. 조금 전에 혼자서 속으로 생각한 일을 말씀드리고 이렇게 덧붙였다.

"세존께서는 저의 이 같은 생각에 대해 한결같이 진실한 것인지 허망한 것인지 기탄 없이 바로 말씀해주십시오."

부처님은 물으셨다.

"말룽캬여, 내가 이전에 너에게 세상은 영원하다고 말했기 때문에 너는 나를 따라 수행을 하고 있느냐?"

"아닙니다."

"그 밖의 의문에 대해서도, 내가 이전에 이것은 진실하고 다른 것은 허망하다고 말했기 때문에 나를 따라 도를 배우고 있느냐?"

"아닙니다."

"말룽캬여, 너는 참 어리석구나. 그런 문제에 대해서는 내가 일찍이 너에게 말한 적이 없고 너도 또한 내게 말한 적이 없는데, 너는 어째서 부질없는 생각으로 나를 비방하려고 하느냐?"

승자의 공부

말룽캬는 부처님의 꾸지람을 듣고 머리를 숙인 채 말이 없었으나 속으로는 의문이 가시지 않았다.

이때 부처님이 비구들을 향해 말씀하셨다.

"어떤 어리석은 사람이 '만약 부처님이 나에게 세계는 영원하다고 말하지 않는다면 나는 그를 따라 도를 배우지 않겠다'라고 생각한다면, 그는 그 문제를 풀지 못한 채 도중에 목숨을 마치고 말 것이다.

이를테면, 어떤 사람이 독 묻은 화살을 맞아 견디기 어려운 고통을 받을 때, 그 친족들은 곧 의사를 부르려고 했다. 그런데 그는 '아직 이 화살을 뽑아서는 안 되오. 나는 먼저 화살을 쏜 사람이 누구인지를 알아야겠소. 성은 무엇이고 이름은 무엇이며 어떤 신분인지 알아야겠소. 그리고 그 활이 뽕나무로 되어 있는지, 물푸레나무로 되어 있는지, 화살은 보통 나무로 된 것인지 대나무로 된 것인지를 알아야겠소. 또 화살 깃은 매 털로 되어 있는지 독수리 털로 되어 있는지 아니면 닭 털로 되어 있는지 먼저 알아야겠소.' 이와 같이 말한다면 그는 그것을 알기도 전에 온몸에 독이 번져 죽고 말 것이다.

세계가 영원하다거나 무상하다는 이 소견 때문에 나를 따라 수행한다면 그것은 옳지 않다. 세계가 영원하다거나 무상하다고 말하는 사람에게도 생로병사와 근심 걱정은 있다. 또 나는 세상이 무한하다거나 유한하다고 단정적으로 말하지 않는다. 왜냐하면 그것은 이치와 법에 맞지 않으며, 수행이 아니고 지혜와 깨달음으로 나아가는 길이 아니고, 열반의 길도 아니기 때문이다.

그러면 내가 한결같이 말하는 법은 무엇인가? 그것은 곧 괴로움(고)과 괴로움의 원인(집)과 괴로움의 소멸(멸)과 괴로움을 소멸하는 길(도)이다. 어째서 내가 이것을 한결같이 말하는가 하면, 이치에 맞고 법에 맞으며

더 읽을거리 ▬ 붓다의 가르침과 현대의 기업경영

수행인 동시에 지혜와 깨달음의 길이며 또한 열반의 길이기 때문이다. 너희들은 마땅히 이와 같이 알고 배워라."

부처님께서 이렇게 말씀하시니 말룽캬를 비롯하여 여러 비구들은 기뻐하면서 받들어 행하였다.

−《중아함》〈전유경〉

즉 붓다는 형이상학적인 토론을 배격하고, 먼저 인간과 모든 존재의 현실이 괴로움(고)이고, 그것의 원인(집)은 집착이며, 괴로움이 사라진(멸) 세계가 있음을 설파하고, 그것에 이르는 길(도)을 제시했다.

이렇게 붓다가 가르침을 설한 근본 목적이 "모든 중생이 고통에서 벗어나고 고통이 없는 삶을 살도록 도와주는 것"이라면, 오늘날 자본주의의 가장 중요한 경제 주체인 기업과 그곳에서 일하는 수많은 중생들을 그는 어떤 눈으로 바라볼까?

그는 먼저 현대 사회에서 기업 및 기업 경영은 수많은 중생들의 삶에 결정적인 영향을 미치고 있다는 사실에 주목할 것이다.

우선, 2015년 6월 현재 2620만 5000명으로 추산되는 우리나라 취업자들의 대다수가 대기업, 중소기업, 또는 자신이 운영하는 기업에서 일하고 있다. 그리고 이들이 벌어들이는 근로소득이 가계소득의 가장 큰 부분을 차지하고 있다. 즉 매우 많은 사람들이 현재 기업에서 일하고 있으며, 그들이 그 대가로 받는 보수가 그들 삶의 경제적 기반이다.

또한 수많은 청년들이 취업 준비를 하고 있으며, 그들의 상당수가 취업하는 데 큰 어려움을 겪고 있다. 뿐만 아니라 어렵사리 취업에 성공한 청년들 중 적지 않은 수가 이런저런 이유로 취직한 지 얼마 안 된 시점에 회사를 떠난다. 이러한 고달픈 취업 준비 과정, 치열한 취업 경쟁, 이직 등이 당사자는 말할 것도 없고 그들의 가정에 얼마나 큰 영향을 미치는가는 새삼 거론할 필요조차 없다. 오죽하면 집안의 자녀가 취업하면 '가문의 영광'이라는 말까지 나왔을까.

그러나 이렇게 힘든 과정을 거쳐 회사에 들어오면 그때부터 또 다른 시련의 시작이다. 실적 달성, 평가, 보상, 보직, 승진, 해고와 관련된 스트레스는 이만저만 아니다. 또한 급속도로 고령화가 진행되면서 정년퇴임 또는 실직에 따르는 두려움이 우리 사회를 짓누르고 있다. 그러나 한편 자본주의 사회의 꽃인 기업에서 경력과 실적을 쌓아가는 것은 큰 보람 있는 일이다. 또한 좋은 기업 문화가 있는 회사에서 일하는 많은 회사원들은 매일매일의 회사 생활이 즐거울 수도 있다. 시장 개척에 성공한다든가, 훌륭한 신제품을 경쟁사보다 먼저 개발한다든가, 아주 크고 중요한 고객과 새로 거래를 트게 되었든가 하는 등 좋은 일이 있으면, 그것은 당사자에게 엄청난 희열을 주기도 한다. 이렇게 회사원들이 회사 생활에서 느끼는 애환을 나는 아래와 같은 시詩로 노래한 바 있다.

회사원으로 산다는 것

나는 회사원입니다
그것도 아주 평범한 회사원입니다
거의 매일 꼭두새벽에 일어나고
깜깜할 때 녹초가 되어 집에 돌아옵니다
평일에는 허구한 날 내키지 않는

333
더 읽을거리 ◆ 붓다의 가르침과 현대의 기업경영

회식 모임에 가야 하고
일이 있으면 휴일에도 회사에 나갑니다

회사에 가면 상사는 시어머니고
고객은 상전입니다
동료는 경쟁자이고 부하들에게 나는
거추장스러운 존재일 뿐입니다
협력 회사 직원은 조심해야 하고
관리들과 고문교수는 잘 모셔야 합니다
누구를 만나도 반가워하는 척해야 합니다

가끔씩 인생이란 이렇게 사는 건가,
잘못 사는 것은 아닌가 하는
상념이 떠오릅니다
어린 시절이 생각나고,
학교 다닐 때가 그립기도 합니다
그러다가 또 일이 떨어지면
정신 없이 왔다 갔다 합니다
어느새 봉급 날이 오면 그런 생각은
이미 온 데 간 데 없습니다

하지만 나에게는 큰 즐거움이 있습니다
아이들이 무럭무럭 크는 것을 보는 것입니다
그런데 한편 애들이 커갈수록 불안도 커집니다

승자의 공부

회사를 그만두어야 할 날이 가까워지니까요
그래서 인사 발령 시기가 다가오면
늘 마음이 조마조마합니다

그런데도 남들은 내가 좋은 회사 다닌다고
부러워합니다
아니 나갈 직장이 있어서 좋겠다고 합니다
얼마를 받느냐, 다음 승진은 언제 하느냐고
물어보기도 합니다
웃어야 할지 울어야 할지 모르겠습니다

그러나 주어진 삶을 꿋꿋이, 그리고 열심히
살아가는 나는 언제나 늠름합니다
최선을 다하므로 당당하고 후회가 없습니다
태산 같은 자부심이 있습니다
누가 뭐라 해도 나는 우리 사회의 튼튼한
버팀목이기 때문입니다

나는 지극한 정성의 힘을 믿습니다
그래서 이제는 미래가 불안하지 않습니다
어느 옛 시인의 노래가 생각납니다

나는 이미 밥도 지었고 우유도 짜놓았습니다
마히 강변에서 처자와 함께 살고 있습니다

내 움막은 이엉이 덮이고 방에는 불이 켜졌습니다
그러니 하늘이여, 비를 뿌리려거든 비를 뿌리소서

나는 이 땅의 회사원입니다

지금까지의 이야기를 정리하면 다음과 같다. 첫째, 붓다의 가르침의 목적은 모든 중생을 괴로움에서 벗어나게 하는 것이다. 둘째, 수많은 중생이 현재 기업에서 일하고 있다. 셋째, 기업 경영은 중생들의 삶에 크나큰 영향을 미친다. 넷째, 기업에서 일하는 중생들은 기쁜 일을 겪기도 하지만 대체로 크나큰 스트레스에 시달리고 있다. 그러면 이러한 현대 자본주의 사회의 현실을 붓다가 보면 어떤 행동을 취하실까? 아래의 이야기는 이 물음에 대한 답변을 준다.

부처님이 고향을 방문했을 때의 일이다.

고향인 카필라 성의 이웃에는 같은 샤캬족인 콜리라는 나라가 있었다. 부처님의 어머니인 마야 부인, 이모인 마하파자파티, 부인인 야쇼다라 등이 모두 콜리국 출신일 정도로 콜리국은 카필라국과 예로부터 깊은 관계였다.

그런데 한번은 두 나라 사람들 간에 물싸움이 일어났다. 두 나라 모두 농업국으로, 물은 매우 소중한 자원이었다. 두 나라 사이에는 로히니란 강이 있었는데, 가뭄으로 말미암아 강물이 거의 바닥이 났다. 그래서 얼마 남지 않은 물을 서로 자기 쪽으로 끌어오기 위해 큰 싸움이 난 것이다. 양쪽이 다 살기가 등등해져서 금방이라도 서로 치고받을 지경에 이르렀다.

승자의 공부

부처님께서는 마침 그 소식을 듣고 급히 로히니 강변으로 달려갔다. 붓다를 보자 양쪽 사람들은 모두 합장을 했다.

부처님께서는 그들에게 다음과 같이 물으셨다.

"여러분은 물과 사람, 이 둘 중 어느 것이 더 소중합니까?"

"물론 사람이 더 소중합니다."

"그런데 여러분은 지금 물 때문에 서로 싸우고 있지 않습니까? 내가 나타나지 않았다면 지금쯤 벌써 몇 사람이 다쳤을지도 모릅니다."

그리고 부처님은 비유를 하나 들어 말씀하셨다.

옛날 깊은 산 속에 사자가 한 마리 살고 있었다. 그런데 하루는 바람이 불어 나무 열매가 사자의 얼굴에 떨어졌다. 사자는 화가 나서 그 나무를 꼭 혼내주어야겠다고 마음 먹었다. 그런데 며칠 뒤에 마침 한 목수가 수레바퀴에 쓸 재목을 구하러 산에 왔다. 사자는 좋은 기회라고 생각하고 "수레바퀴에 쓸 재목으로 이 큰 나무가 제일 좋으니 베어 가시오"라고 말하였다. 그러자 목수는 사자의 말대로 그 나무를 벴다. 그랬더니 이번에는 넘어진 나무가 목수에게 "사자의 가죽을 바퀴에 쓰면 아주 질기고 좋습니다"고 했다. 목수는 마침 곁에 있던 사자도 잡고 말았다. 이처럼 사자와 나무는 하찮은 일로 서로 시기하다 목숨을 잃고 말았다.

부처님은 지금 벌이고 있는 물싸움이 마치 이 사자와 나무의 싸움 같다고 한 것이다. 부처님의 말씀에 양쪽 사람들은 서로 부끄러워하면서 돌아갔다.

이 물싸움을 그치게 한 이야기는 부처님이 세상과 담을 쌓고 한적한 곳에만 앉아 계셨던 분이 아니며, 또 이론적인 가르침만 폈던 분이 아니라는 것을 보여준다. 그는 삶의 현장에 직접 달려가 중생들의 실제적인 문제를 풀어주곤 하였다.

오늘날의 경영학 용어를 쓰면 붓다는 '현장 경영'을 중시했다고 말할 수 있다. 앞의 질문으로 돌아가면, 붓다는 당연히 수많은 중생들이 크나큰 고통을 겪고 있는 기업 경영의 현장에 달려가서 그들을 행복하게 해주려고 온 힘을 기울였을 것이다. 그리고 그의 그러한 노력은 큰 힘을 발휘했을 것이다. 왜냐하면 붓다의 가르침은 i)기업 경영을 포함한 삶의 모든 부문에 적용되는 ii)보편 타당성이 있고 iii)검증된 진리이며, iv)그 가르침을 배워 실천하면 그 효과가 즉각 나타날 뿐만 아니라 그 공덕이 무한하기 때문이다.

이렇게 불교와 기업 및 기업 경영의 상호 소통의 당위성은 명확하다. 그러면 이제 불교와 기업의 소통 가능성을 생각해보자.

3. 불교와 기업의 소통 가능성

붓다는 자신의 가르침에 자신이 있었고, 많은 중생들 또한 그것을 배우기를 간절히 열망했다. 그래서 그는 그들에게 맹목적인 신앙을 강요하지 않았고 오히려 배움의 길로 초대했다. 그의 확신에 찬 초대의 말씀은 참으로 인상적이다.

스스로 와서 보아라Komm und sieh selbst

《맛지마니카야》 제 80경 〈베카낫사의 경〉 끄트머리에는 다음과 같은 구절이 나온다.

> 솔직하고 성실하고 정직한 사람을 오게 하십시오. 나는 그에게 진리를 말합니다. 그가 나의 가르침대로 행하면 그는 오래지 않아 속박, 즉 무명無明의 속박에서 벗어나게 될 것임을 스스로 알고 스스로 보게 될 것입니다.

이렇게 중생이 직접 실천하면 스스로 깨닫게 될 것이라는 붓다의 가르침은 한마디로 말해 지혜와 자비다. 이를 불교에서는 '위로는 깨달음을 구하고 아래로는 중생을 교화한다'는 뜻의 '상구보리 하화중생上求菩提 下化衆生'이라는 말로 표현하기도 한다. 또 석가모니를 나타내는 말 가운데 양족존兩足尊, 즉 '두 발을 가진 이 가운데 가장 존귀한 분'이라는 표현이 있는데, 여기서 두 발은 지혜와 자비를 상징하며 부처님은 이 둘을 모두 갖추셨다는 뜻을 내포한다.

그런데 기업 경영의 본질은 의사결정decision-making이다. 즉 기업은 전략, 마케팅, 인사, 재무, 회계 등 경영의 모든 분야에서 크고 작은 결정을 제대로 잘 내리고 시행하면 좋은 성과를 올리게 되어 있다. 경영자가 붓다의 가르침에 바탕을 둔 지혜로운 의사결정을 하고 실천에 옮기면, 기업은 번창하고 임직원들은 기업에서 행복한 삶을 누리게 될 것이라고 나는 확신한다. 나는 그동안 나의 이러한 생각을 몇 개의 시詩로 읊은 바 있다.

경영의 지혜

회사의 크나큰 원願, 비전을 세워라
그것은 해볼 만하고 해낼 수 있다
원이 간절하면 간절할수록
그것은 반드시 이루어질 것이다
시작하는 마음을 늘 가슴에 품고
물러서지만 않는다면

회사의 으뜸가는 보배는 그 안의 사람들이다
사람이 중요하고 사람만이 일을 해낼 수 있다
그들을 존중하고, 그들의 숨은 힘이 용솟음치게 하라
밖에서 찾지 마라, 진짜 보석은 바로
당신 회사 안에 있다

고객이 있어야 회사가 있다
그들의 눈으로 보고 그에 따라 행동하라
그들을 진정으로 섬기고 정성을 다해 이롭게 하라
고객은 반드시 받은 것만큼 돌려준다
콩 심은 데 콩 나고 팥 심은 데 팥 나듯이

과거는 이미 흘러가버렸고
미래는 아직 오지 않았다
현재의 일에 푹 빠져라

승자의 공부

순간은 영원한 현재가 되고,

여유와 맑음이 당신을 감싼다

당신의 지혜는 회사의 번영을 일군다

이 시의 첫째 연은 말할 것도 없이 간절한 원願의 중요성 및 힘, 그리고 초심初心, 즉 시작하는 마음을 잃지 말라는 불교의 가르침을 담고 있다.

둘째 연은 《법화경》에 나오는 유명한 상불경常不輕 이야기를 생각하며 썼는데, 사람이 기업의 가장 중요한 자산이라는 사실을 강조한 것이다. 나의 이러한 확신이 인간은 누구나 스스로 깨달을 능력이 있는 굉장한 존재라는 붓다의 가르침에 바탕을 두고 있음은 말할 것도 없다.

셋째 연은 지은 것만큼 받는다는 불교의 인과법과 남을 이롭게 함으로써 스스로를 이롭게 한다는 대승불교의 자리이타自利利他 사상을 현대 기업 경영의 고객관리에 응용한 것이다.

마지막 연은 지금 현재 하고 있는 일, 그 순간순간에 순수한 하나의 마음으로 임하라는 선불교의 가르침을 경영자의 업무 처리 방식, 의사결정 방식에 적용해본 것이다.

경영자가 늘 지금 눈앞의 일을 100퍼센트 순수한 하나의 마음으로 하면, 그가 일하는 순간순간은 과거 현재 미래가 무르녹은 큰 시간, 영원한 현재eternal now가 되어 항상 새롭고, 그 일들은 가장 창조적인 일들이 될 수 있다.

또 다음 시를 보자.

경영의 진리

시장이 있어야 기업이 있다
떠나라, 충족되지 않은 고객의 욕구를 찾아서
당신이 가는 길은 남들이 가지 않은 길
당신의 목적지는 풍요로운 황무지
당신의 몸은 현장, 가슴은 겸양, 머리는 상상력

지극한 정성으로 원가를 낮추어라
당신과 고객을 위해
노력하는 사람은 하늘이 돕는다
여러 겹을 겪어 일을 성취하라
막히는 데서 도리어 통한다

경영은 위험과 불확실성의 보금자리
실패할 수 있는 자유가 숨쉬게 하라
질서와 혼돈을 적절히 포용하라
거문고의 줄을 너무 늦추거나
조이지 말아야 하듯이
질서만 있으면 움직이지 못하고,
혼돈만 있으면 땅이 꺼져버린다

승자의 공부

이제는 섬기는 지도자의 시대
고객을 섬기고 아랫사람을 섬겨라
시장은 당신의 회사를 사랑하고,
임직원들은 이 회사는 내 회사다
라고 말할 것이다
당신을 걸어 다니는 비전으로 볼 것이다
당신의 회사는 번창하는 행복한 공동체

이 시의 첫째 연은 '기업의 생존을 위한 인과적 조건은 시장의 존재'라는 그야말로 엄연한 경영의 진리를 노래하고 있다. 그런데 이 연의 셋째 줄에 현장과 겸양이라는 낱말이 나온다. 전자는 중생의 고통이 있는 곳으로 달려가는 붓다의 모습에서 힌트를 얻었고, 후자는 '내가 옳다는 생각, 내가 잘났다는 생각', 즉 아상我相을 버리라는《금강경》의 가르침을 반영했다.

둘째 연은 불교에서 말하는 지극한 정성의 힘을 노래했으며, 또한 '여러 겹을 겪어 일을 성취하라'는《보왕삼매론》의 가르침을 담았다.

셋째 연은《잡아함경》〈이십억이경〉에 나오는 소오나 비구의 이야기를 바탕으로 질서와 혼돈을 적절히 포용하는 기업 문화의 중요성을 설파했다.

마지막 연은 수처작주隨處作主, 즉 어느 곳에 있든지 있는 그 자리에서 주인이 되라는 임제 스님의 가르침을 현대의 기업 경영에 응용한 것이다. 회사의 모든 구성원들이 '이 회사는 내 회사다'라는 주인의식을 갖고 각자 맡은 일을 당당하게 처리해가는 분위기가 있는 회사는 번창하는 행복한 공동체가 될 것이라는 내 생각을 표현한 것이 바로 이 연이다.

이와 같이 복잡한 오늘날의 경영 환경 속에서 크고 작은 의사결정을 수시로 해야 하는 현대의 경영자들에게 불교는 마르지 않는 지혜의 샘이 될 수 있다.

그러면 현대의 기업 지도자가 기업 문화를 비롯한 경영의 여러 측면에 불교의 지혜를 구체적으로 어떻게 응용할 수 있는가를 생각해보자.

4. 불교의 지혜와 현대의 경영

기업 문화

현대의 기업 경영에서 기업 문화의 중요성은 아무리 강조해도 지나치지 않다. 그래서 이제 많은 경영학자들은 "훌륭한 회사와 평범한 회사를 구분짓는 것은 기계나 공장, 조직 구조 등이 아니라 기업 문화다"라고 말한다. 전후 독일의 성공적인 기업가 라인홀트 뷔르트는 다음과 같이 말한 바 있다.

"최신 장비와 시설을 갖춘 환경에서 동기유발이 되지 못한 직원들이 일할 때보다, 비록 기계는 낡고 공장은 허름할지라도 직원들이 신나게 일할 때가 효과와 효율 면에서 훨씬 낫다."

불교 경전은 경영자가 바람직한 기업 문화의 정립에 활용할 수 있는 많은 아이디어를 준다. 앞에서 나는 이미 '혼돈과 질서가 늘 절묘한 균형을 이루는 기업 문화'(소오나 비구 이야기)와 기업의 모든 임직원들

승자의 공부

이 '주인의 마음'을 머리와 가슴속에 담고 있는 기업 문화를 언급한 바 있다. 그 밖의 경전에는 아래에서 보다시피 열린 토론 문화를 권장하는 대목이 가끔 나온다. 이것을 경영자는 '기업은 열린 토론 문화를 필요로 한다'라는 가르침으로 해석할 수 있을 것이다.

부처님이 마가다국 왕사성 영취산에 계실 때 마가다국 아사세 왕은 이웃 나라 밧지국을 침공할 계획을 세우고 있었다. 아사세 왕은 사신을 붓다에게 보내어 손쉽게 밧지국을 정복할 지혜를 얻으려고 했다.
아사세 왕의 사신이 부처님께 왕의 요청을 말씀드리자, 부처님은 그 사신에게는 대꾸도 하지 않은 채, 아난 존자에게 다음과 같이 물으셨다.
"아난아, 밧지족은 자주 모임을 갖고 그 모임에는 많은 사람들이 모인다는데, 너는 그런 말을 들은 적이 있느냐?"
"예, 세존이시여! 저는 틀림없이 밧지족이 자주 모임을 열고 그 모임에 많은 사람들이 참석한다고 들었사옵니다."
"아난아, 밧지족에게는 번영이 기대될 뿐 쇠망은 없을 것이니라."
-《소승열반경》

현자의 토론, 제왕의 토론

밀린다 왕이 말하였다.
"나가세나 스님, 나와 토론하시겠습니까?"
나가세나는 왕의 물음에 다음과 같이 대답하였다.
"폐하, 만일 폐하께서 현자賢者의 태도로 토론하시겠다면 저도 응하겠습니다. 그러나 제왕의 방식으로 토론하시겠다면 저는 응할 뜻이 없습

345

니다."

"나가세나 스님, 현자로서 토론한다 함은 어떻게 하는 것입니까?"

"대체로 현자의 토론에 있어서 문제가 해명되고 해설되고 비판받고 수정되고 반박 당하는 경우가 있다 할지라도 현자는 결코 성내지 않습니다."

"그렇다면 제왕으로서 토론한다 함은 어떻게 하는 것입니까?"

"제왕은 토론을 할 때 대개 한 가지 것을 주장하고 한 가지 것만 밀고 나가며 그의 뜻을 따르지 않는 사람에게는 왕의 권위로 벌을 주라고 명령합니다."

"알았습니다. 저는 제왕으로서가 아니라 현자로서 스님과 토론하겠습니다. 스님께서는 다른 스님이나 신도들과 토론하듯이 거리낌없이 자유롭게 말씀해주시기 바랍니다."

"좋습니다."

"그럼 질문하겠습니다."

– 밀린다 왕의 물음

노사 관계

대한민국이 21세기의 세계 중심 국가로 발돋움하려면 고질적인 노사 문제를 반드시 해결해야 한다. 현재 한국 경제 도약의 큰 걸림돌 중 하나가 바로 이 문제이기 때문이다.

노사 관계도 인간 관계의 한 측면이고, 인간 관계의 기본 바탕은 예의범절이다. 그런데 붓다도 예의를 아주 중시해서, 우리가 살아가면서 만나는 모든 사람들에게 지켜야 할 예의를 선생경善生經으로도 불리는《육방예경六方禮經》에서 매우 구체적으로 설했다.

그중 주인이 하인에게 해야 할 일, 하인이 주인에게 해야 할 일을 논의하는 다음과 같은 대목이 있다.

선생善生아, 주인은 5가지 일을 잊지 말고 하인을 부려야 한다. 어떤 것이 5가지 일인가?

첫째, 그 능력에 따라 부리는 것이다. 둘째, 때를 따라 음식을 주는 것이다. 셋째, 때를 따라 수고를 위로하는 것이다. 넷째, 병나면 약을 주는 것이다. 다섯째, 휴가를 허락하는 것이다. 선생아, 이런 5가지로 하인을 부리는 것이다.

하인도 또 5가지로써 그 주인을 받들어 섬겨야 한다. 어떤 것이 5가지인가?

첫째, 일찍 일어나는 것이다. 둘째, 일을 할 때 빈틈없이 하는 것이다. 셋째, 주지 않으면 갖지 않는 것이다. 넷째, 일을 순서 있게 하는 것이다. 다섯째, 주인을 명예롭게 하는 것이다.

이렇게 주인이 하인을 잘 대접하면 그는 안온하여 걱정이나 두려움이 없을 것이다.

이 부분을 현대 경영학의 용어로 풀어 쓰면 다음과 같다.

즉 경영자는 종업원들을 능력에 맞는 부서에 배치하고, 금전적인 보상뿐만 아니라 칭찬 등의 비금전적 보상도 충분히 해주고, 그들이 인간다운 삶을 누릴 수 있도록 복리후생을 해주어야 한다.

또한 종업원은 i)맡은 일을 성실하고 철저하게 처리하고, ii)회사의 재산을 사적으로 유용하지 않으며, iii)회사의 이름을 드높이는 데 힘써야 한다.

부처님은 그야말로 노사 관계의 기본상식을 논의한 것이다! 노사 문제 해결의 출발점은 우선 양쪽이 이러한 기본 예의를 철저히 지키는 것이다.

　나는 또한 이 어려운 문제를 풀 수 있는 실마리를 원효 스님의 화쟁사상和諍思想에서도 찾을 수 있다고 본다.
　원효는《십문화쟁론十門和諍論》이란 저서를 통해 극단적 대립 관계에 있는 쟁론들을 하나로 융합하면서도 각자의 존재를 인정하는 화쟁의 방법을 제시했다. 즉 둘이 대립할 때, 그 둘이 가지고 있는 근원을 통찰하여 그것들이 둘이 아니라는 것을 터득하게 함으로써 대립을 없애는 것이다.
　먼저 원효는 자신의 주장에 집착하여 상대방의 의견에 귀를 기울이지 않는 사람을 다음과 같이 비판했다.
　"자기가 조금 들은 바 좁은 견해만을 내세워, 그 견해에 동조하면 좋다고 하고, 그 견해에 반대하면 잘못이라고 하는 사람이 있다. 그런 사람은 마치 갈대 구멍으로 하늘을 보는 것과 같아서 갈대 구멍으로 하늘을 보면 좋다고 하고, 그렇지 않은 사람은 하늘을 보지 못하는 자라고 한다."
　또한 세상의 이치는 하나가 아니지만, 그렇다고 서로 다르기만 한 것도 아니라는 사상을 원효는 다음과 같이 표현했다.
　"하나가 아니기 때문에 능히 모든 방면이 다 합당하고 다르지 아니함으로 말미암아 모든 방면이 한 맛으로 통한다."
　이러한 원효의 사상을 현대의 노사 관계에 적용하여보자. 우선 기업과 노동조합은 사실상 상호의존하고 있다는 사실을 직시하자. 어느 한쪽이 없으면 다른 쪽도 있을 수 없기 때문이다. 따라서 노사 문제는 양쪽이 자기중심적인 생각이나 주장에 대한 집착에서 벗어나

승자의 공부

노사가 대립하는 존재일 뿐만 아니라, 더불어 함께 살아가야 하는 존재라는 것을 인정하는 데서부터 해결의 실마리를 찾아야 한다. 자신의 존재를 지키고 싶으면 상대방을 포용하라. 그리고 마음의 문을 활짝 열고 그들의 말에 귀를 기울여라. 아무런 편견이나 선입견 없이. 사물의 대립상을 일단 인정하면서 그것이 근본적으로는 둘이 아님을 통찰하게 함으로써 100가지 쟁론을 화쟁하게 하는 원효의 위대한 화쟁 사상을 바탕으로 하면 오늘날 노사간의 어떠한 문제도 풀 수 있을 것이라고 나는 믿어 의심치 않는다.

고객 만족

앞에서 나는 〈경영의 지혜〉라는 나의 자작시를 논의하면서 불교의 자리이타自利利他 사상과 인과법을 언급한 바 있다. '남을 이롭게 하면 그 이로움이 결국 자기에게 돌아온다'라는 자리이타 정신은 현대 경영학의 가장 핵심적인 개념인 '철저한 고객 지향 정신' 바로 그 자체이다. 《화엄경》〈보현행원품〉에 나오는 다음 구절은 불교의 간절한 '자리이타' 정신을 잘 나타내준다.

보현보살이 말하였다.
"모든 중생을 수순隨順하고 섬기고 공양하기를, 부모와 같이 하고 스승과 같이 하며 아라한이나 부처님과 다름없이 대한다.
병든 이에게는 의사가 되어주고, 길 잃은 이에게는 바른 길을 가리켜주며, 어두운 방에는 등불이 되고, 가난한 이에게는 재물을 얻게 한다.
이와 같이 보살은 모든 중생을 평등하고 이롭게 한다."
- 《화엄경》〈보현행원품〉

더 읽을거리 ➡ 붓다의 가르침과 현대의 기업경영

이러한 마음으로 경영자가 고객을 진정으로 섬긴다는 마음으로 대하고, 그들에게 최대한의 이로움을 주겠다는 생각으로 회사를 경영하면 그 공덕으로 회사는 무한히 번성하게 되어 있다. 그 까닭은 인과법에 의해 고객은 받은 것만큼 돌려주게 되어 있기 때문이다. 한 걸음 더 나아가 모든 것이 둘이 아니라는 불교의 불이不二 사상에 비추어보면, 기업과 고객은 서로 분리될 수 없다. 고객이 있어야 회사가 있고, 회사가 없으면 고객도 없기 때문이다. 나는 이러한 불이 사상을 바탕으로 기업이 고객을 어떤 시각으로 바라보아야 하는가를 시로 표현한 바 있다.

고객이란

고객은 까다롭다
불평불만을 늘어놓는다
우리를 귀찮게 하고,
일을 번거롭게 한다
그러나 잊지 마라
그들이 있어야 우리가 있다

고객은 변덕스럽다
아무 거리낌없이 우리를 배반한다
돌아서면 거들떠보지도 않는다
하지만 명심하라
우리의 운명은 그들에게 달려 있다

우리가 맘에 들면

그들은 다시 오고

또 산다

더 사주고

좋은 입소문을 내준다

그러나 흡족하지 않으면

그들은 미련 없이 등을 돌린다

주변 사람들도 발길을 끊게 한다

그들을 어려워하라

등잔 밑이 어둡다

회사 안의 고객을 소홀히 하지 마라

대접을 받아본 사람만이

남을 대접할 줄 아는 까닭에

고객에게 더 가까이 다가가라

더 자주 만나라

그들의 처지가 되어보고,

그들의 마음을 읽어라

회사와 고객은 둘이 아니다

5. 맺음말

오늘날 중생들의 삶에 가장 크고 광범위한 영향을 미치는 경제 주체는 기업이다. 우선 수많은 중생들이 현재 기업에서 일하고 있다. 기업에서 일하는 분들의 가족까지 생각하면, 거의 대부분의 중생이 기업의 그늘 아래 있다고 해도 지나친 말이 아니다.

기업의 성과는 이들의 소득뿐만 아니라 사기에도 크나큰 영향을 주므로, 그것은 그들의 행복을 결정하는 주요 변수이다. 또한 회사원들은 깨어 있는 시간의 대부분을 회사에서 보내고 그들이 기업에서 근무하는 기간은 그들 인생의 아주 큰 부분을 차지한다. 그래서 그들이 하루하루 회사에서 겪고 느끼는 모든 것 역시 그들 인생의 행복의 중요 변수라고 말할 수 있다.

이렇게 기업의 성과와 기업에서의 일상생활이 대다수 중생의 행복 또는 고통의 큰 몫을 차지하므로, 중생을 괴로움에서 벗어나게 하는 것이 목표인 불교는 당연히 현대의 기업 경영에 지대한 관심을 가져야 한다. 또한 우주 삼라만상 모든 것에 적용되는 붓다의 지혜는 기업이 좋은 성과를 올리고 또 그곳에서 일하는 사람들이 매일매일 행복하게 지내도록 하는 데 큰 도움을 줄 수 있다. 앞으로도 붓다의 무궁무진한 지혜를 담고 있는 불교의 경전은 기업의 그늘 아래에 있는 수많은 중생들의 행복감을 올리는 데 크게 이바지할 수 있을 것이다.

승자의 공부

강건기(1990), 마음 닦는 길, 불일출판사.

강건기(1993), 불교와의 만남, 불지사.

강건기(1996), 현대사회와 불교, 불일출판사.

강건기(2004), 참마음 이야기, 불일출판사.

강건기(2006), 정혜결사문 강의, 불일출판사.

강진구(1996), 삼성전자 : 신화와 그 비결, 고려원.

고석규·고영진(1996), 역사 속의 역사읽기, 풀빛.

고영섭(1996), 불교경전의 수사학적 표현, 경서원.

고익진(1984), 현대 한국불교의 방향, 경서원.

곽철환(1995), 불교 길라잡이, 시공사.

김동민(1996), 쓰지 않아도 됐을 글들 – 어느 환경공학 원로교수의 삶과 생각, 우림문화사.

김상현(1994), 역사로 읽는 원효, 고려원.

김장수(2009), 비스마르크: 독일제국을 탄생시킨 현실정치가, 살림출판사.

김주영(2004), 충무공 이순신의 리더십, 백만문화사.

김헌식(2009), 이순신의 일상에서 리더십을 읽다, 평민사.

나관중·이문열 평역(1988), 삼국지 제9권, 민음사.

대한불교 조계종 교육원(2004), 조계종사 고중세편, 조계종출판사.

대한불교진흥원 (1988), 설법자료집, 대한불교진흥원.

대한불교진흥원 (1995), 불타의 가르침, 대한불교진흥원.

도미니크 엔라이프, 임정래 옮김 (2007), 위트의 리더 윈스턴 처칠, 한스컨텐츠.

도법 (1995), 길 그리고 길, 선우도량.

류동호 (1996), 땅에서 넘어진 자 땅을 딛고 일어나라, 우리출판사.

마이클 레딘, 김의영 외 옮김 (2000), 마키아벨리로부터 배우는 리더십, 리치북스.

무비 (1997), 화엄경 강의, 불광출판부.

민승규·김은환 (1996), 경영과 동양적 사고, 삼성경제연구소.

박선영 (1982), 불교와 교육, 동국대학교 역경원.

박희선 (1988), 과학자의 생활참선기, 정신세계사.

박희선 (1994), 기적의 두뇌혁명, 한강수.

박희선 (1995), 생활참선 건강법, 문창, 1995.

법륜 (1991), 알기 쉬운 반야심경, 중앙불교교육원 출판부.

법륜 (1996), 그냥 살래? 바꾸고 살래?, 모색.

법성 (1994), 자네도 부처님 되시게, 고려원미디어.

법정 (1988), 산방한담, 샘터.

법정 (1988), 신역 화엄경, 동국대학교 역경원.

법정 (1990), 그물에 걸리지 않는 바람처럼, 샘터.

법정 (1991), 숫타니파타, 샘터.

법정 (1996), 새들이 떠나간 숲은 적막하다, 샘터.

법정 (2006), 살아있는 것은 다 행복하라, 위즈덤하우스.

보조선사·법정 옮김 (1989), 밖에서 찾지 말라, 불일출판사.

사마천·김원중 옮김 (2007), 사기열전 1권, 2권, 민음사.

사마천·김원중 옮김 (2010), 사기세가, 민음사.

삼성경제연구소(편집) (1989), 호암의 경영철학, 중앙일보사.

서경수 옮김 (1987), 미린다 팡하, 동국대학교 역경원.

서암 (1995), 도가 본시 없는데 내가 무엇을 깨쳤겠나, 둥지.

석지명 (1993), 허공의 몸을 찾아서, 불교시대사.

석지명 (1995), 큰 죽음의 법신, 불교시대사.

성열 (1992), 부처님 말씀, 법등.

성전편찬회 (1987), 불교성전, 동국대학교 역경원.

손자·박일봉 옮김 (1987), 손자병법, 육문사.

송광사 수련원 (1989), 수련교재, 불일출판사.

스티븐 맨스필드, 김정수 옮김 (2003), 윈스턴 처칠의 리더십, 청우.

실리아 샌디스·조너선 리트만, 박강순 옮김(2004), 우리는 결코 실패하지 않는다, 한스미
디어.

오긍·김원중 옮김 (2011), 정관정요, 글항아리.

유광렬 해설 (1972), 세계의 인간상 제6권 정치가편, 신구문화사.

유교문화연구소 (2005), 논어, 성균관대학교 출판부.

유필화 (1991), 가격정책론, 박영사.

승자의 공부

유필화 (1993), 시장전략과 경쟁우위, 박영사.

유필화 (1997), 부처에게서 배우는 경영의 지혜, 한언.

유필화 (2006), 사랑은 사람이 아닙니다 (시집), 교보문고.

유필화 (2007), CEO, 고전에서 답을 찾다, 흐름출판.

유필화 (2010), 역사에서 리더를 만나다, 흐름출판.

유필화 (2016), 무엇을 버릴 것인가, 비즈니스북스.

유필화·김용준·한상만 (2009), 현대마케팅론 제7판, 박영사.

유필화·신재준 (2002), 기업문화가 회사를 말한다, 한언.

유필화·헤르만 지몬 (1995), 생각하는 경영 비전 있는 기업, 매일경제신문.

유필화·헤르만 지몬 (2010), 유필화와 헤르만 지몬의 경영담론, 오래.

유필화·헤르만 지몬 (2013), 아니다, 성장은 가능하다, 흐름출판.

유필화·헤르만 지몬·마틴 파스나하트 (2012), 가격관리론, 박영사.

윤석철 (1991), 프린시피아 매네지멘타, 경문사.

이기동 (2005), 논어강설, 성균관대학교 출판부.

이기영 (1987), 종교사화, 한국불교연구원.

이나모리 가즈오, 김형철 옮김 (2005), 카르마 경영, 서돌.

이나모리 가즈오, 정택상 옮김 (2009), 이나모리 가즈오에게 경영을 묻다, 비즈니스북스.

이선호 (2001), 이순신의 리더십, 팔복원.

이영무 (1989), 유마경강설, 월인출판사.

일타 (1995a), 시작하는 마음, 효림.

일타 (1995b), 영원으로 향하는 마음, 효림.

일타 (1995c), 자기를 돌아보는 마음, 효림.

임원빈 (2008), 이순신 승리의 리더십, 한국경제신문.

장자, 김동성 옮김 (1968), 장자, 을유문화사.

전용욱·한정화 (1994), 초일류 기업으로 가는 길, 김영사.

정승석 (1990), 100문 100답 불교강좌편, 대원정사.

조계종 교육원 (2010), 부처님의 생애, 조계종 출판사.

조계종 포교원 (1998), 불교교리, 조계종 출판사.

조계종 포교원 (1998), 불교입문, 조계종 출판사.

지눌, 김달진 옮김 (1987), 보조국사 전서, 고려원.

한용운 편찬·이원섭 역주 (1991), 불교대전, 현암사.

홍자성·박일봉 옮김 (1988), 채근담, 육문사.

홍하상 (2001), 이병철 vs. 정주영, 한국경제신문사.

홍하상 (2004), 이병철 경영대전, 바다출판사.

伊丹敬之 (1984), 新·経営戦略の論理, 日本経済新聞社.

井上信一 (1993), 佛教経営学入門, ごま書房.

稲葉襄 (1994), 佛教と経営, 中央経済社.

稲盛和夫 (1999), 成功への情熱, PHP研究所.

稲盛和夫·梅原猛 (1995), 哲学への回帰, PHP研究所.

小前 亮 (2012), 中國皇帝伝, 講談社文庫.

坂本力信 (1991), 佛教に学ふ経営の秘訣, ソーテック社.

ダイヤモンド·ハーバード·ビジネス編集部 (1995), 未來創造企業の絶對優位戦略, ダイヤモンド社.

鹽野七生 (1992), ローマ人の物語Ⅰ:ローマは一日にしてならず, 新潮社.

鹽野七生 (1993), ローマ人の物語Ⅱ:ハンニバル戰記, 新潮社.

鹽野七生 (1994), ローマ人の物語Ⅲ:勝者の混迷, 新潮社.

鹽野七生 (1995), ローマ人の物語Ⅳ:ユリウス·カエサルルビコン以前, 新潮社.

鹽野七生 (1996), ローマ人の物語Ⅴ:ユリウス·カエサルルビコン以後, 新潮社.

ダイヤモンド·ハーバード·ビジネス編集部 (1995), 未來創造企業の絶對優位戦略, ダイヤモンド社.

松村寧雄 (1988), 新経営戦略「MY法」の奇跡, 講談社.

松村寧雄 (1994), 佛教システムを活かす経営計畫の實踐, ソーテック社.

守屋淳 (2014), 最高の戦略教科書 孫子, 日本経済新聞出版社.

守屋洋 (1984), 中國古典の人間学, プレジデント社.

守屋洋 (1987), 中國古典の名言錄, プレジデント社.

守屋洋 (1988), 帝王学の知惠 三笠書房.

守屋洋 (1989), 續 中國古典の人間学, プレジデント社.

守屋洋 (1989), 論語の人間学, プレジデント社.

守屋洋 (1990), 中國古典の家訓集, プレジデント社.

守屋洋 (1991), 韓非子の人間学, プレジデント社.

守屋洋 (1992), 十八史略の人物列伝, プレジデント社.

守屋洋 (1993), 中國宰相列伝, プレジデント社.

守屋洋 (1994), 中國古典人生の知慧, PHP研究所.

守屋洋(2006), 中國皇帝列伝, PHP文庫.

守屋洋(2007), 中國武將列伝, PHP文庫.

守屋洋(2007), 中國古典 一日一話, 三笠書房.

守屋洋(2007), 老子の人間学, プレジデント社.

守屋洋(2009), 莊子の人間学, 一経BP社.

守屋洋(2010), 中國名參謀の心得, ダイヤモンド社.

守屋洋(2010), 人を惹きつけるリーダーの条件, 日経ビジネス文庫.

守屋洋(2010), 史記 人間関係力の教科書, ダイヤモンド社.

守屋洋(2010), 帝王学の教科書, ダイヤモンド社.

守屋洋(2011), 男の器量 男の値打ち, KKロングセラーズ.

守屋洋(2011), リーダーのための中國古典, 日経ビジネス文庫.

守屋洋(2012), 中國古典の教之, フォレスト出版.

守屋洋(2014), 中國古典 一日一言, PHP文庫.

守屋洋(2014), 兵法 三十六計, 三笠書房.

守屋洋(2014), 孫子の兵法, 産業能率大学出版部.

守屋洋(2014), 孫子の兵法, 三笠書房.

守屋洋(2014), 孫子の兵法がわかる本, 三笠書房.

守屋洋(2015), 世界最高の處世術 菜根譚, SB Creative.

守屋洋·守屋淳(2014), 全訳 武経七書 1) 孫子 呉子,

司馬法 尉繚子 李衛公問対, 3) 六韜 三略, プレジデント社.

吉武孝祐(1987), 佛敎による経營革新, ソーテック社.

Boston Consulting Group (1988), Perspectives, Time-based Competition Series, Boston: Boston Consulting Group, Inc.

Brunken, Ingmar S. (2005), Die 6 Meister der Strategie, Berlin: Ullstein Buchverlag GmbH.

Caesar, Julius, translated by H. J. Edwards (2004), The Gallic War, Cambridge: Harvard University Press.

Chandler, Alfred D. (1990), "The Enduring Logic of Industrial Success," Harvard Business Review, March-April, 130-140.

Clausewitz, Carl von (1976), On War, Princeton, New Jersey: Princeton University Press

357

Clausewitz, Carl von (1980), Vom Kriege, Bonn: Fred. Dummlers Verlag.

Craig, Gordon A. (1978), Germany 1866-1945, New York: Oxford University Press.

Drucker, Peter F. (1967), The Effective Executive, New York, NY: Harper & Row

Drucker, Peter F. (1972), The Practice of Management, Tokyo, Japan: Charles E. Tuttle Company

Drucker, Peter F. (1994), Adventures of a Bystander, New York, NY: John Wiley & Son

Drucker, Peter F. (1995), Managing in a Time of Great Change, New York, NY: Truman Talley Books/Dutton

Drucker, Peter F. (1999), Management Challenges for the 21st Century, Oxford: Butterworth-Heinemann

Drucker, Peter F. (2002), Managing in the Next Society, New York, NY: Truman Talley Books.

Freund, Michael (1985), Deutsche Geschichte, Munchen: Bertelsmann GmbH.

George, Bill (2007), True North, San Francisco: Jossey-Bass.

Jo, Seong-do (2005), Admiral Yi Sun-Sin A National Hero of Korea, Seoul: Sinseowon.

Kennedy, Paul (1987), The Rise and Fall of The Great Powers, New York: Random House.

Levitt, Theodore (1960), "Marketing Myopia," Harvard Business Review, July-August.

Machiavelli, Niccolo (1978), Der Furst, Stuttgart: Alfred Kroner Verlag

Machiavelli, Niccolo (1983), The Prince, Harmondsworth, Middlesex, England: Penguin Books

Mintzberg, Henry (1975), "The manager's job: folklore and fact," Harvard Business Review, July-August, 49-61.

Mommsen, Wilhelm (1966), Bismarck, Hamburg: Rowohlt Verlag GmbH. Nalebuff, Barry J. and Brandenburger, Adam M. (1996), Coopetition, London: Harper Collins Business.

Nimer, D. (1971), "Nimer on Pricing," Industrial Marketing (March), 48-55.

Ohmae, Kenichi (2002), Triad Power, The Coming Shape of Global Competition, New York : Free Press.

Pfeffer, Jeffrey (1994), Competitive Advantage through People, Harvard Business

승자의 공부

School Press: Boston, Massachusetts.

Porter, M (1980), Competitive Strategy, New York: The Free Press.

Porter, M (1985), Competitive Advantage, New York: The Free Press.

Reischauer, Edwin O. (1994), Japan The Story of a Nation, New York: Alfred A. Knopf.

Schenider, Wolf (2004), Große Verlierer, Hamburg: Rowohlt Verlag GmbH.

Schulze, Hagen (1998), Kleine Deutsche Geschichte, Munchen: C.H.Beck.

Seneca, Lucius A. (1978), Vom Gluckseligen Leben, Stuttgart: Alfred Kroner Verlag.

Shapiro, Benson P. (1984), Hints for Case Teachings: President and Fellows of Harvard College.

Simon, H. (1989a), Price Management, Amsterdam: North-Holland.

Simon, H. (1989b), "Die Zeit als strategischer Erfolgsfaktor," Zeitschrift für Betriebswirtschaft, 59, H. 1, 70-93.

Simon, Hermann (1990), "Unternehmenskultur-Modeerscheinungoder mehr?" in Hermann Simon (Hrsg.): Herausforderung Unternehmenskultur, Stuttgart: Schaffer-Poeschel Verlag.

Simon, Hermann (1991), Simon für Manager, Düsseldorf: ECON Verlag.

Simon, Hermann (1994), "Lernoberflache des Unternehmens," in Hermann Simon und Karlheinz Schwuchow (Hrsg.): Managementlernen und Strategie, Stuttgart: Schaffer-Poeschel Verlag.

Simon, Hermann (1996), Hidden Champions, Boston: Harvard Business School Press.

Simon, Hermann (2000a), Geistreiches für Manager, Frankfurt/Main: Campus Verlag GmbH.

Simon, Hermann (2000b), "Führungsherausforderungengen im 21. Jahrhundert", Festvortrag anlässlich der Verleihungen der Jakob-Fugger-Medaille an Reinhard Mohn.

Simon, Hermann (2004), Think!, Frankfurt/Main: Campus Verlag GmbH.

Simon, Hermann (2007), Hidden Champions des 21. Jahrhunderts, Frankfurt: Campus Verlag.

Simon, Hermann und Fassnachet, Martin (2009), Preismanagement, 3. Auflnge, Wiesbaden: Gabler.

359

Simon, Hermann und Fassnachet, Martin (2016), Preismanagement, 4. Auflnge, Wiesbaden: Gabler.

Spiegel, B. (1988), Führung der eigenen Person, Vortrag am Universitätsseminar der Wirtschaft, Schloß Gracht.

Stalk, G., Jr. (1988), "Time-the Next Source of Competitive Advantage,"Harvard Business Review, 66, July-August, 41-51.

Stephenson, P.R., W.L. Cron and G.L. Frazier (1979), "Delegating Pricing Authority to the Sales Force: the Effects on Sales and Profit Performance, "Journal of Marketing, 43 (Spring), 21-28.

Sun Tzu (1982), The Art of War, New York: Oxford University Press.

Sun Tzu (1988), The Art of War (translated by Thomas Cleary), Boston: Shambhala.

Ullrich, Volker (1998), Otto von Bismarck, Hamburg: Rowohlt Verlag GmbH.

Weber, Max (1981), Die protestantische Ethik und der Geist des Kapitalismus, Gütersloh: Gütersloher Verlagshaus Mohn.

Wolfrum, Edgar (2007), Die geglückte Demokratie, Stuttgart: Pantheon.

Yoo, P.H., R.J. Dolan and V.K. Rangan (1987), "Dynamic Pricing Strategy for New Consumer Durables," Zeitschrift für Betriebswirtschaft, 57 (Oktober), 1024-1043.

Zelikow, Philip and Rice, Condoleezza (1995), Germany Unified and Europe Transformed, Cambridge: Harvard University Press.

3000년 고전에서 찾아낸 승부의 인문학

승자의 공부

초판 1쇄 발행 2017년 6월 14일
초판 3쇄 발행 2017년 7월 14일

지은이 유필화

펴낸이 유정연
주간 백지선
책임편집 신성식 기획편집 장보금 조현주 김수진 김경애 디자인 안수진 김소진
마케팅 임충진 이재후 김보미 제작 임정호 경영지원 전선영 교정·교열 허지혜

펴낸곳 넥스트웨이브미디어(주) 출판등록 제313-2003-199호(2003년 5월 28일)
주소 서울시 마포구 홍익로 5길 59 남성빌딩 2층
전화 (02)325-4944 팩스 (02)325-4945 이메일 book@hbooks.co.kr
홈페이지 http://www.nwmedia.co.kr 블로그 blog.naver.com/nextwave7
출력·인쇄·제본 (주)현문 용지 월드페이퍼(주) 후가공 (주)이지앤비(특허 제10-1081185호)

ISBN 978-89-6596-221-2 03320

이 도서의 국립중앙도서관 출판예정도서목록(CIP)은 서지정보유통지원시스템 홈페이지(http://seoji.nl.go.kr)와
국가자료공동 목록시스템(http://www.nl.go.kr/kolisnet)에서 이용하실 수 있습니다.(CIP제어번호: CIP2017013299)

살아가는 힘이 되는 책 **흐름출판**은 넥스트웨이브미디어(주)의 출판 브랜드입니다.

승자의 공부